高等院校应用型规划教材
——经济管理系列

会计信息系统实验教程

（用友ERPU8+V12.0版）

主　编：唐　建　幸素园
副主编：梁　丽　彭易梅　王海萍
　　　　王　伟　兰庆莲

扫码获取
本书数字资源

西南大学出版社
国家一级出版社　全国百佳图书出版单位

图书在版编目(CIP)数据

会计信息系统实验教程/唐建,幸素园主编. -- 重庆:西南大学出版社,2022.6(2025.7重印)
ISBN 978-7-5697-1468-5

Ⅰ.①会… Ⅱ.①唐…②幸… Ⅲ.①会计信息—财务管理系统—高等学校—教材 Ⅳ.①F232

中国版本图书馆CIP数据核字(2022)第073246号

会计信息系统实验教程
KUAIJI XINXI XITONG SHIYAN JIAOCHENG

唐建 幸素园 主编

责任编辑:刘欣鑫
责任校对:张 丽
装帧设计:汤 立
排 版:王 兴
出版发行:西南大学出版社(原西南师范大学出版社)
印 刷:重庆新荟雅科技有限公司
幅面尺寸:185 mm×260 mm
印 张:19.25
字 数:387千字
版 次:2022年6月 第1版
印 次:2025年7月 第2次印刷
书 号:ISBN 978-7-5697-1468-5
定 价:57.00元

高等院校应用型规划教材——经济管理系列

会计信息系统实验教程

主　编　唐　建　西南大学
　　　　　幸素园　重庆工商大学
副主编　梁　丽　重庆交通大学
　　　　　彭易梅　重庆三峡学院
　　　　　王海萍　重庆文理学院
　　　　　王　伟　重庆航天职业技术学院
　　　　　兰庆莲　成都信息工程大学
参　编　郁　智　西南大学
　　　　　张列柯　西南大学
　　　　　肖　燕　西南大学
　　　　　李　丹　西南大学
　　　　　杨　洋　西南大学

内容简介

本书以用友ERPU8+V12.0为蓝本,以业务为主线,设计系统管理与基础设置、总账系统初始化、总账系统日常业务、薪资业务、固定资产业务、采购业务、销售业务、存货业务、成本管理、报表编制、会计信息系统开发实例等11大实验,引导学生在仿真操作环境下,进行会计信息系统主要功能的实验操作训练,便于学习者感知信息化下企业的业务操作流程,使学生了解会计部门的主要岗位,采购部、销售部等相关岗位的职责和操作技能,熟知系统开发与分析过程,培养学生的实务技能和专业胜任能力。

本书每个实例均详细列出了操作步骤及结果,图文并茂,可操作性极强,主要作为高等学校会计、工商管理、企业管理等经管类各专业"会计信息系统"课程的实验教学用书,也可作为职业技术培训教材或财务软件自学参考书,还可作为会计从事者提升会计信息化管理水平的专业用书。

前 言 Preface

　　会计信息化是基于现代信息技术平台,融物流、资金流、信息流与业务流为一体,反映会计与现代信息技术相结合的、高度数字化、多元化、实时化、个性化、动态化的会计信息系统。它将会计信息作为管理信息资源,结合计算机、网络和通信等现代信息技术对其进行获取、加工、传输、存储、应用等处理,具有账务处理职能集中化的特点,为企业组织经营管理、控制决策提供充足、实时的信息。因此,会计信息化是企业信息化的重要组成部分,直接关系到各层次决策,是企业提高管理效率的关键因素。

　　国内《会计信息系统》实验教材较为丰富,主要体现为两大类:一类是侧重于软件的实际操作及技巧,主要是高职类院校和文科类院校采用;另一类侧重于软件的设计与开发,主要是理工科院校采用。目前,现有实验教材主要有两个问题:一是实验模块不完整,财务一体化实验设计不多,且大多不涉及成本核算,导致学生综合实践能力不足;二是实验设计深度不够,多数教材实验案例设计简单,且大多选择普通业务,对于特殊业务的实验设计非常少,导致学生的岗位胜任能力弱。

　　本实验教材突破单纯以财务软件实验为主的局限,基于用友ERP平台,以财务核算和财务管理相结合为指导思想,以财务一体化为主线,以专业应用能力为导向,模拟企业会计信息系统应用环境,为学习者提供一套完整、新颖、操作性强的实训教程。

　　本教材根据课程的性质、任务、要求及学习的对象,设计了11个实验,可根据实验内容划分为四个大类:财务系列实验、购销存系统实验、成本管理实验、系统开发实验。其中,财务系列实验包括系统管理与基础设置、总账系统初始化、总账系统日常业务、薪资业务、固定资产业务、报表编制;购销存系统实验包括采购业务、销售业务、存货业务等;成本管理实验在既定公司背景下,给出实验任务和实验资料,由学生为该公司进行成本会计制度设计和软件设置;系统开发实验以小型财务核算软件为对象,利用Foxpro语言,为学生提供系统开发和分析的全过程。

　　本书特色是:(1)按业务设计实验方案。国内教材大多按各子系统功能设计实验,而本教材按业务设计实验方案,有利于提升学生对相应岗位的认知能力。(2)实验内容的全面性。本教材将成本管理等内容纳入实验范畴,提供相应的实验准备账套和结果账套,以满足高职、本科和研究生等各层次教学需要。(3)实验设计的综合性和深度性。国内实验教材设计侧重于各岗位针对普通业务的软件操作,忽视了会计制度设计和ERP软件的配套设计,未能提供采购暂估、采购折扣、采购退货业务、直运、委托销售、分期收款、零售、销售退货、部门调拨等特殊业务实验,而本书对此提供相应实验。

本书由唐建、幸素园担任主编,梁丽、彭易梅、王海萍、王伟、兰庆莲担任副主编,郁智、张列柯等同志参编,各章分工如下:

第1、9、11章由西南大学唐建编写

第2、8章由重庆工商大学幸素园编写

第3章由重庆三峡学院彭易梅编写

第4章由重庆交通大学梁丽与西南大学肖燕合作编写

第5章由重庆三峡学院彭易梅与西南大学李丹合作编写

第6章由重庆航天职业技术学院王伟与重庆文理学院王海萍合作编写

第7章由成都信息工程大学兰庆莲编写

第10章由西南大学郁智、张列柯和杨洋合作编写

全书由唐建总纂,以及最后定稿。

本书在编写过程中,受到成都用友新道科技公司大力支持,在此表示衷心感谢。由于作者经验和水平有限,书中存在不足之处,敬请读者不吝批评指正。

目 录 Contents

第一章 系统管理与基础设置·············1
- 实验一 建立新账套·············2
- 实验二 新增用户与授权·············5
- 实验三 基础档案设置·············7
- 实验四 账套管理·············11

第二章 总账系统初始化·············15
- 实验一 总账参数与会计科目设置·············16
- 实验二 凭证类别等设置·············22
- 实验三 期初数据录入与试算平衡·············27

第三章 总账系统日常业务·············35
- 实验一 凭证管理·············36
- 实验二 出纳签字和审核凭证等·············42
- 实验三 银行对账·············43
- 实验四 自动转账凭证设置与生成·············47

第四章 薪资业务·············51
- 实验一 初始化设置与工资程序设计·············52
- 实验二 工资数据录入·············67
- 实验三 工资分摊与凭证生成·············71

第五章 固定资产业务 75
实验一 初始化设置与数据录入 76
实验二 固定资产增加业务 83
实验三 固定资产减少业务 87
实验四 固定资产折旧及其他业务 93

第六章 采购业务 99
实验一 初始化设置 100
实验二 普通采购业务 107
实验三 特殊采购业务 118
实验四 采购退货业务 125

第七章 销售业务 129
实验一 初始化设置 130
实验二 普通销售业务 138
实验三 特殊销售业务 150
实验四 销售退货业务 161

第八章 存货业务 167
实验一 初始化设置 168
实验二 入库业务 175
实验三 出库业务 182
实验四 特殊库存业务 186

第九章　成本管理 ··197

实验一　初始化设置 ··198
实验二　各成本项目日常数据录入 ···209
实验三　成本计算与验证等 ···216

第十章　报表编制 ··221

实验一　自定义报表设置与使用 ··222
实验二　资产负债表和利润表的生成 ··234
实验三　现金流量表的定义与生成 ···236

第十一章　会计信息系统开发实例 ··245

实验一　业务流程与数据库构建 ··246
实验二　表单设计 ···252
实验三　菜单设计与主程序生成 ··291

参考文献 ··295

第一章 系统管理与基础设置

本章实验目的

1. 掌握系统管理模块的作用和基础设置的内容。
2. 理解建账过程与设置依据。
3. 了解基础设置的重要性。

本章实验准备

1. 已正确安装SQL数据库,以及用友新道ERPU8+V12.0。
2. 在控制面板"区域和语言设置"中设置系统日期格式为"yyyy-mm-dd"。
3. 将操作系统的日期改为2020-01-01。
4. 关闭杀毒软件。
5. 关闭Windows系统更新和防火墙,或者将用友服务器网址加为白名单。
6. 以管理员身份运行用友批处理程序,启动数据库服务。
7. 双击桌面的UU程序,选择demo,输入密码"DEMO",单击登录,测试网络连接情况。

本章实验环境

1. 操作系统:Windows 7等。
2. 软件系统:用友新道ERPU8+V12.0。

实验一　建立新账套

【实验内容】

1.新建账套

2.账套设置与修改

【实验资料】

1.账套信息

账套号:001;账套名称:阳光摩托车配件加工厂;采用默认账套路径;启用会计期:2020年1月;会计期间:默认。

2.单位信息

单位名称:阳光摩托车配件加工厂;单位简称:阳摩厂;单位地址:重庆市北碚区歇马街3182#;法人代表:武胜;邮政编码:400700;联系电话及传真:02368123456;税号:510 123 456 789 666 333。(电子邮件:11025460@SOHU.COM)

3.核算类型

记账本位币:人民币(RMB);企业类型:工业;行业性质:2007新会计制度;账套主管:demo;"按行业性质预置科目"。

4.基础信息

该企业有外币核算,进行经济业务处理时,需要对存货、客户、供应商进行分类。

5.分类编码方案

会计科目编码级次:42222;客户和供应商分类编码级次:234;收发类别编码级次:111;部门编码级次:222;结算方式编码级次:12;地区分类编码级次:234;存货分类编码:2223。其余默认。

6.数据精度

所有类型,小数位均为2位。

7.系统启用

启用总账、应收、应付、采购管理、销售系统、库存管理、存货核算、成本管理、固定资产、薪资管理、计件管理等系统,启用时间均为2020-01-01。

【实验步骤与指导】

1.启动系统管理

开始→程序→用友ERPU8→系统服务→系统管理。

第一章　系统管理与基础设置

2.以系统管理员身份注册登录系统管理

系统→注册→出现登录对话框,输入服务器网址127.0.0.1,"admin",没有密码,单击确定,进入系统管理子系统。

3.建立账套

账套→建立,打开"创建账套"对话框,创建过程步骤如下:输入账套信息→输入单位信息→输入核算类型→确定基础信息→确定编码方案→数据精度定义→退出。(微课视频:1-1.MP4。打开方式:扫描二维码后,选择在浏览器打开点击播放按钮,选择全屏播放。下同)

1-1

1)账套信息。如图1-1所示,按资料输入账套信息。适用UU和启用智能输入均打勾。

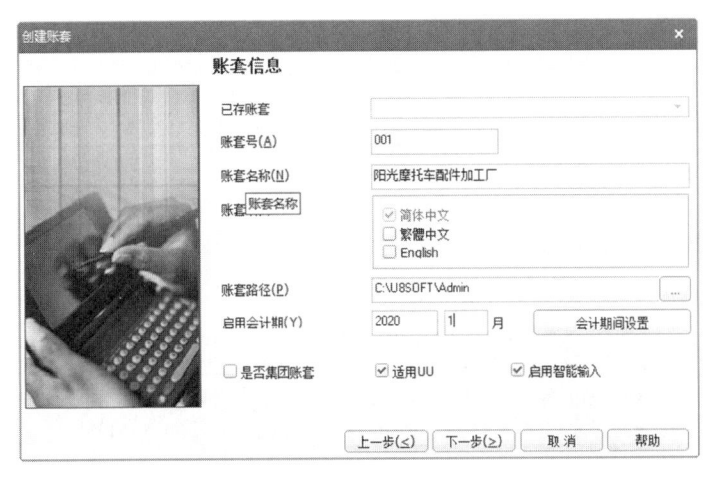

图1-1　账套信息

2)单位信息。如图1-2所示,按资料输入单位信息。其中,邮政编码、电子邮件等输入须符合规则。

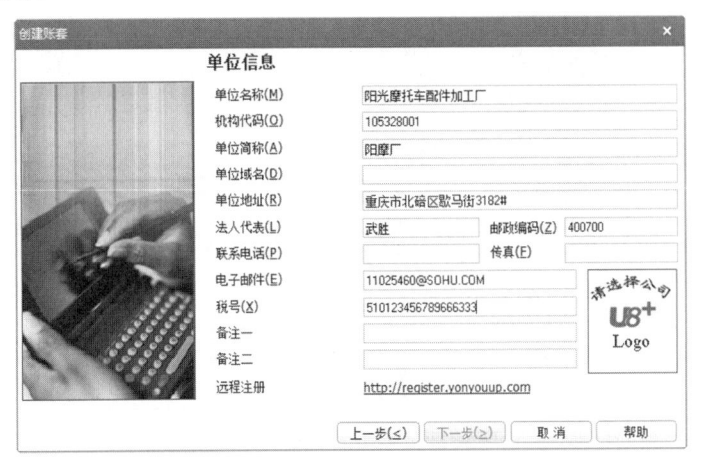

图1-2　单位信息

· 3 ·

3)核算类型和基础信息。如图1-3所示,根据资料选择核算类型,行业性质正确选择2007年新会计制度科目,科目预置语言:中文(简体)。按行业性质预置会计科目,完成后,单击下一步,基础信息按客户、供应商和存货分类,有外币业务。

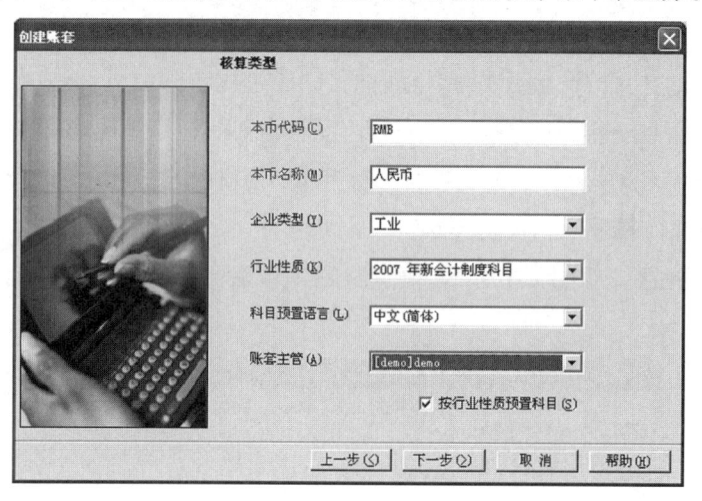

图1-3 核算类型

4)编码方案和数据精度。如图1-4所示,按资料设置编码方案。完成后,单击"确定",进入数据精度窗口,默认设置,并退出。

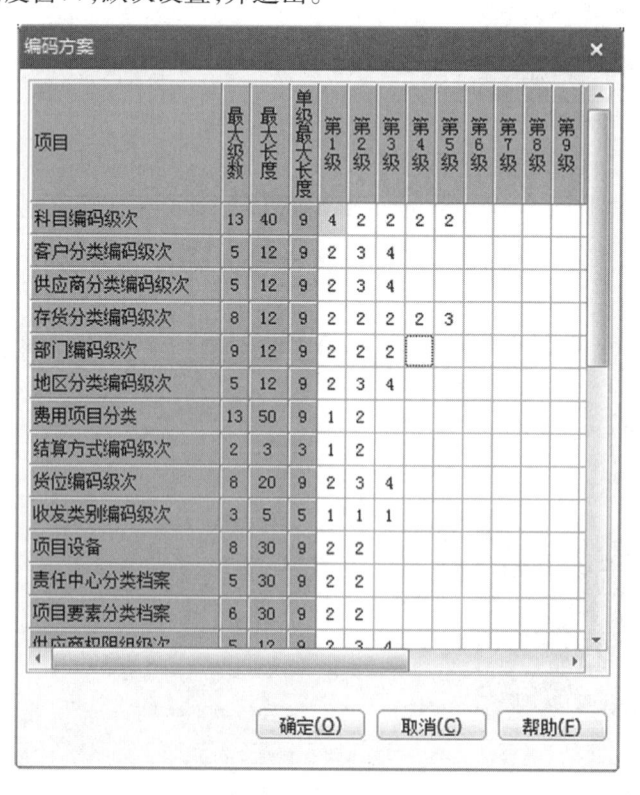

图1-4 编码方案

5）启用子系统。账套创建成功后，系统提示"启用子系统吗？"，选择"是"，根据资料，启用相应子系统，并将启用日期设定为2020-01-01。

实验二　新增用户与授权

【实验内容】

1.新增用户

2.对用户授权

【实验资料】

1.新增用户资料

均为认证方式：用户+口令（传统）。

表1-1

用户编码	用户全名	用户类型	口令
001	张大力	普通用户	1
002	王网	普通用户	2
003	李莉	普通用户	3
004	钱起	普通用户	4
005	原来	普通用户	5
006	王四	普通用户	6

2.权限设置资料

1）001：账套主管。所在部门：财务部。具有系统所有模块的全部权限。

2）002：出纳。所在部门：财务部。负责现金、银行账管理工作；具有"总账—凭证—出纳签字"、"总账—出纳"的操作权限。

3）003：会计。所在部门：财务部。负责总账系统的凭证管理工作以及客户往来、供应商往来管理工作。具有总账管理、应收款管理、应付款管理和固定资产管理的全部操作权限。

4）004：采购主管、仓库主管、存货核算员。所在部门：采购部。主要负责采购业务处理。具有公共目录设置、应收款管理、应付款管理、总账管理、采购管理、销售管理、库存管理、存货核算的全部操作权限。

5）005：销售主管、仓库主管、存货核算员。所在部门：销售部。主要负责销售业务处理。权限同004。

6)006：内审员。具有"总账—凭证—凭证查询""总账—账表"权限。

3.操作指导

1)启动系统管理：开始→程序→用友ERPU8→系统服务→系统管理。

2)以系统管理员身份注册登录系统管理：系统→注册→出现登录对话框，输入"admin"，确定。

3)增加操作员：权限→用户→进入"用户管理"→增加，出现"增加用户"对话框，如图1-5所示，依次输入资料所给内容。注意：在此，不需要选择角色。如果选择角色，则需要对相应角色授权。

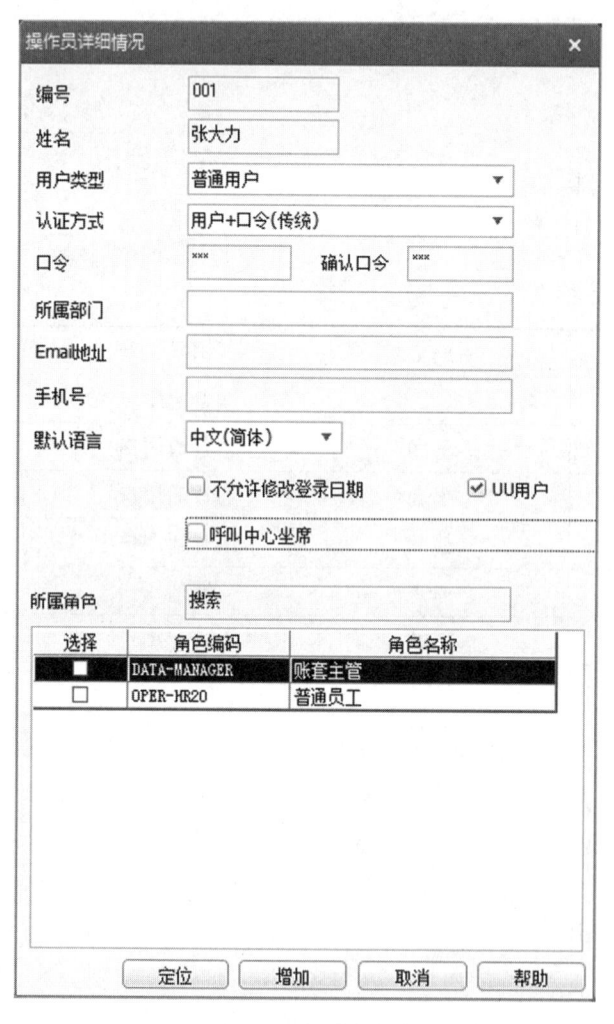

图1-5 新增用户

4)权限设置。在菜单项中，选择"权限"，进入"操作员权限"窗口，选001账套，选定用户，单击修改，打开"增加和调整权限"对话框，按资料设置各用户权限，完成后退出。

实验三　基础档案设置

1. 设置部门档案、人员类别、人员档案
2. 设置地区分类，供应商和客户分类
3. 设置客户管理类型、客户档案和供应商档案

【实验资料】

1. 部门档案

表1-2

序号	部门编码	部门名称	部门属性
1	01	厂办	管理部门
2	0101	行政办	行政管理
3	0102	党办	党务管理
4	0103	纪检	纪律管理
5	02	财务部	财务核算
6	03	采购部	采购部门
7	04	销售部	销售部门
8	05	后勤部	后勤管理
9	0501	基建科	基建部门
10	0502	水电能源科	能源部门
11	0503	食堂	生活部门
12	0504	仓管科	仓库管理
13	06	生产部	生产部门
14	0601	锻压车间	生产中心
15	0602	加工车间	生产中心
16	0603	包装车间	生产中心
17	0604	质检车间	生产中心
18	0605	配套保障车间	生产中心
19	060501	机修车间	生产中心
20	060502	动力车间	生产中心
21	07	研发部	研究部门
22	08	人力资源科	人事部门

2. 人员类别

表 1-3

档案编码	档案名称	是否有下级	是否显示
101	正式工	是	是
10101	管理人员	否	是
10102	行政人员	否	是
10103	一线员工	否	是
10104	研发人员	否	是
102	合同工	否	是
103	实习生	否	是
104	临时工	否	是

3. 人员档案

表 1-4

人员编码	姓名	部门名称	雇佣状态	人员类别	性别	是否业务员	是否操作员	对应操作员编码
101	王员	行政办	在职	行政人员	女	是		
102	王小四	财务部	在职	行政人员	男	是	是	002
103	李小莉	财务部	在职	行政人员	女	是	是	003
104	钱铬	财务部	在职	行政人员	男	是	是	004
105	张大力	财务部	在职	行政人员	男	是	是	001
0109	王佳	厂办	在职	管理人员	男			
0110	唐朝	党办	在职	管理人员	男			
0111	王田	纪检	在职	行政人员	男	是		
0188	武胜	行政办	在职	管理人员	男			
201	原小小	后勤基建科	在职	一线员工	女	是	是	005
301	周慧	采购部	在职	管理人员	女	是		
302	李鹏飞	采购部	在职	一线员工	男	是		
401	周苇	销售部	在职	管理人员	男	是		
402	张可	销售部	在职	管理人员	男	是		
403	罗列	销售部	在职	一线员工	男	是		
501	吴雪	锻压车间	在职	管理人员	男			
502	郑宇	锻压车间	在职	管理人员	男	是		

续表

人员编码	姓名	部门名称	雇佣状态	人员类别	性别	是否业务员	是否操作员	对应操作员编码
503	张凯	加工车间	在职	一线员工	女	是		
504	王诚	加工车间	在职	一线员工	男	是		
505	孙静	包装车间	在职	一线员工	男	是		
601	古大力	生产部	在职	管理人员	男			
602	刘能	锻压车间	在职	一线员工	男	是		
603	刘图	加工车间	在职	一线员工	男	是		
604	赵角	包装车间	在职	一线员工	男	是		
605	倪菲	包装车间	在职	一线员工	女	是		
606	宁夏	质检车间	在职	一线员工	女	是		
701	白国	研发部	在职	研发人员	男			
702	钱百	研发部	在职	管理人员	男			
801	顾问	人力资源科	在职	一线员工	男	是		

4. 地区分类

表 1-5

地区编码	01	02	03	04	05	06
地区名称	东北地区	西南地区	华南地区	西北地区	华东地区	华中地区

5. 供应商分类

表 1-6

序号	分类编码	分类名称
1	01	原料供应商
2	02	成品供应商
3	03	辅件供应商

6. 客户分类

表 1-7

序号	分类编码	分类名称
1	01	VIP客户
2	02	一般客户
3	03	小客户

7.客户管理类型

表1-8

序号	客户管理类型编码	客户管理类型名称	客户管理类型描述	停用	是否默认值
1	001	VIP	重要大客户	否	否
2	002	一般客户	普通客户	否	是
3	003	小客户	年业务额不超过10万元	否	否
4	999	普通客户	系统默认(忽略)	否	否

8.客户档案（税率均为13%）

表1-9

编码	客户名称	客户简称	客户分类	地区编码	发展日期	税号	开户行	银行账号
0001	嘉陵摩托车有限公司	嘉陵	VIP	02	2019-1-1	120009884732788	工行	73853654
0002	隆兴摩托车有限公司	隆兴	一般客户	02	2019-1-1	120008456732310	工行	69325581
0003	力帆摩托车有限公司	力帆	一般客户	02	2019-1-1	310106548765432	工行	36542234
0004	大发摩托车企业	大发	小客户	04	2019-1-1	108369856003251	中行	43810548
0005	隆志机械加工厂	隆志	小客户	03	2019-1-1	120008456732315	工行	69325585
0006	西就机械加工公司	西就	小客户	01	2019-1-1	310106548765433	工行	36542233
0007	德美机械厂	德美	小客户	05	2019-1-1	108369856003256	中行	43810546

9.供应商档案（发展日期设为2019年1月1日,税率均为13%）

表1-10

编码	供应商名称	简称	地区编码	分类	发展日期	税号	开户行	银行账号
0101	光彩集团	光彩	01	01	2019-1-1	110567453698462	中行	48723367
0102	长捷公司	长捷	01	01	2020-1-1	110479865267583	中行	76473293
0103	富民集团	富民	02	01	2019-1-1	320888465372657	工行	55561278
0104	胜利摩托车公司	胜利	03	01	2019-1-1	310103695431012	工行	85115076
0201	光辉企业	光辉	04	02	2020-1-1	110567453698461	中行	48723361
0202	缙发供销公司	缙发	05	02	2020-1-1	110479865267581	中行	76473291

续表

编码	供应商名称	简称	地区编码	分类	发展日期	税号	开户行	银行账号
0203	永生摩托车集团	永生	06	02	2019-1-1	320888465372651	工行	55561271
0204	辉皇机械厂	辉皇	06	02	2019-1-1	310103695431011	工行	85115071
0301	克明企业	克明	02	03	2020-1-1	110567453698465	中行	48723365
0302	富力企业	富力	01	03	2020-1-1	110479865267585	中行	76473295
0303	富贵企业	富贵	05	03	2020-1-1	320888465372655	工行	55561275
0304	光明机械加工集团	光明	04	03	2019-1-1	310103695431015	工行	85115075
0305	民发机械厂	民发	02	03	2019-1-1	320888465372658	工行	55561279
0306	润生摩托车有限公司	润生	01	03	2019-1-1	310103695431018	工行	85115079

【实验步骤与指导】

1.登录"企业应用平台"

开始→程序→用友ERPU8→企业应用平台,打开登录对话框→输入服务器网址为127.0.0.1,输入账套主管001及密码,选择001账套号,进行登录。

2.进行基础设置

基础设置→基础档案→选择录入项目→部门,进行部门界面,单击增加按钮,按资料录入相关信息,并保存。

设置人员类别、人员档案、地区分类、客户分类、供应商分类、客户档案（微课视频:1-2.MP4）和供应商档案,录入程序类似。

1-2

注意:在人员档案、客户档案和供应商档案中,人员入职时间、客户发展日期和供应商发展日期须按资料要求录入,不能在系统启动日期之后。否则,后续相关业务不能操作。

实验四　账套管理

【实验内容】

1.修改账套

2.备份账套

3.引入账套

【实验资料】

1.将公司简称修改为阳光厂,将公司邮政编码修改为:400716

2.将001账套备份在目标文件夹

3.引入001账套到C:/uf8soft文件夹中

【实验步骤与指导】

1.修改账套

以账套主管001身份,输入设定密码,选择账套号001,注册登录系统管理,在"账套"菜单项中,选择"修改"栏,进入修改账套界面,单击下一步,进入单位信息界面,如图1-6所示,按资料修改相关内容。

注意:账套号和账套启用日期不能修改。

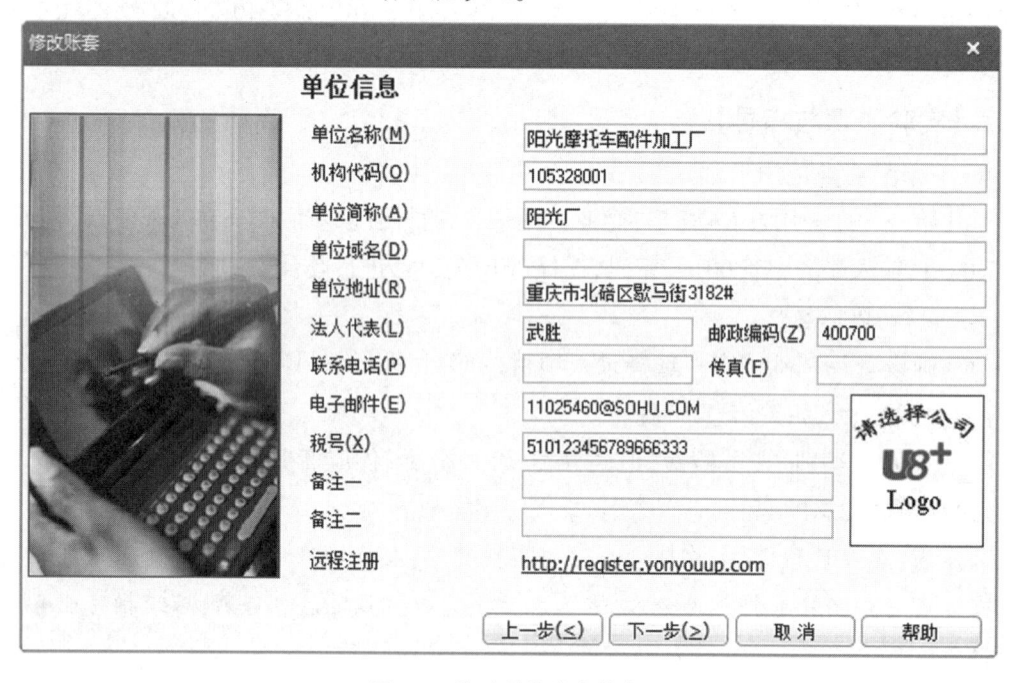

图1-6 修改单位账套信息

2.备份账套

先在D盘上建立备份文件夹,如2019级会计1班→以系统管理员admin身份注册登录系统管理→账套→输出,打开"账套输出"对话框,如图1-7所示,选择备份账套001→选择数据备份所在目录,双击打开所在文件夹→确定。(微课视频:1-3.MP4)

提示:备份完成后,可以检查备份文件夹中是否存在2个备份文件,可将整个备份文件夹拷贝到U盘,以备下一次实验使用。

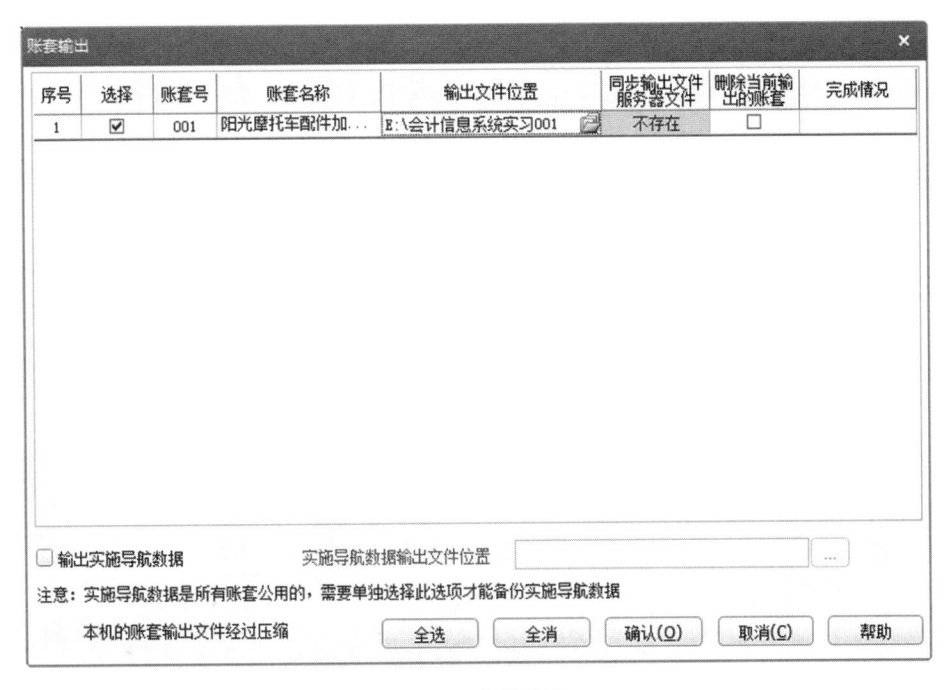

图 1-7　备份账套

3.引入账套

以系统管理员 admin 身份注册登录系统管理→账套→引入，打开"账套引入"对话框，如图 1-8 所示，选择备份账套 001 所在的文件位置，找到并选择文件"UferpAct.Lst"→选择引入的目录→确认。正常情况下系统将提示，引入账套成功。

图 1-8　引入账套

第二章 总账系统初始化

本章实验目的

1. 掌握用友新道 ERPU8+V12.0 管理软件中总账管理系统参数的设置。
2. 理解总账系统初始设置的含义。
3. 掌握总账管理系统初始设置的具体内容和操作方法。
4. 了解与总账系统相关的基础档案设置。

本章实验准备

1. 区域和语言设置日期格式为"yyyy-mm-dd"、关闭杀毒软件、关闭 Windows 系统更新和防火墙，以管理员身份运行 U8 批处理程序，运行 UU 程序。此部分也是以后各章的实验准备内容，后面不再赘述。

2. 设置系统日期为 2020-01-01，引入第一章实验完成后的账套数据：(1)以系统管理员的身份注册进入系统管理，执行"账套—引入"命令，打开"请选择账套备份文件"对话框；(2)选择账套数据所在的磁盘驱动器，找到文件"UferpAct.Lst"所在位置，选择该文件按提示完成账套引入操作。

本章实验环境

1. 操作系统：Windows 7 等。
2. 软件系统：用友新道 ERPU8+V12.0。
3. 将控制面板中设置系统日期格式为"yyyy-mm-dd"。
4. 将操作系统的日期改为 2020-01-01。

实验一　总账参数与会计科目设置

【实验内容】

1. 总账参数设置
2. 会计科目设置

【实验资料】

1. 总账控制参数

表 2-1

选项卡	参数设置
凭证	制单序时控制:打勾　支票控制:打勾 可以使用应收款、应付款、存货受控科目:打勾 取消"现金流量科目必须录入现金流量项目"选项 √自动填补凭证断号 √银行科目结算方式必录 √往来科目票据号必录 √主管签字后不可以取消审核和出纳签字 凭证编号方式采用系统编号
权限	制单权限控制到科目;制单权限控制至凭证类别 操作员进行金额权限控制;凭证审核控制到操作员 凭证必须由主管会计签字;出纳凭证必须经由出纳签字 允许修改、作废他人填制的凭证;可查询他人凭证 明细账查询权限控制到科目
其他	数量小数单位和单价小数单位设置为2位 外币核算采用固定汇率;部门、个人、项目按编码方式排序

2. 会计科目资料

表 2-2

类型	科目编码	科目名称	计量单位	辅助账类型	账页格式	余额方向
资产	1001	库存现金		日记账	金额式	借
资产	1002	银行存款		银行账、日记账	金额式	借
资产	100201	工行存款		银行账、日记账	金额式	借
资产	100202	中行存款		银行账、日记账	金额式	借
资产	10020201	美元户		银行账、日记账	外币金额式	借
资产	10020202	日元户		银行账、日记账	外币金额式	借

续表

类型	科目编码	科目名称	计量单位	辅助账类型	账页格式	余额方向
资产	1010	使用权资产			金额式	借
资产	1121	应收票据		客户往来	金额式	借
资产	1122	应收账款		客户往来	金额式	借
资产	1123	预付账款		供应商往来	金额式	借
资产	1221	其他应收款		个人往来	金额式	借
资产	1220	应收融资租赁款			金额式	借
资产	122001	租赁收款额			金额式	借
资产	122002	未实现融资收益			金额式	借
资产	1402	在途物资			金额式	借
资产	1403	原材料			金额式	借
资产	140301	原胚生铁件	个		数量金额式	借
资产	140302	原胚熟铁件	个		数量金额式	借
资产	140303	原胚精钢件	个		数量金额式	借
资产	140304	辅料件	件		数量金额式	借
资产	1405	库存商品			金额式	借
资产	140501	生铁方向杆	个		数量金额式	借
资产	140502	生铁连接杆	个		数量金额式	借
资产	140503	熟铁方向杆	件		数量金额式	借
资产	140504	熟铁连接杆	件		数据金额式	借
资产	140505	精钢方向杆	件		数量金额式	借
资产	140506	精钢连接杆	件		数量金额式	借
资产	140507	其他配件	个		数量金额式	借
负债	2010	租赁负债			金额式	贷
负债	201001	租赁付款额			金额式	贷
负债	201002	未确认融资费用			金额式	贷
负债	2201	应付票据		供应商往来	金额式	贷
负债	2202	应付账款		供应商往来	金额式	贷
负债	2203	预收账款		客户往来	金额式	贷
负债	2211	应付职工薪酬			金额式	贷
负债	221101	工资与奖金			金额式	贷
负债	221102	工会经费			金额式	贷

续表

类型	科目编码	科目名称	计量单位	辅助账类型	账页格式	余额方向
负债	221103	职工教育经费			金额式	贷
负债	221104	福利费			金额式	贷
负债	221105	五险一金			金额式	贷
负债	2221	应交税费			金额式	贷
负债	222101	应交增值税			金额式	贷
负债	22210101	进项税额			金额式	借
负债	22210102	销项税额			金额式	贷
负债	22210103	进项税额转出			金额式	贷
负债	22210104	转出多交增值税			金额式	贷
负债	22210105	转出未交增值税			金额式	借
负债	22210106	已交税金			金额式	借
负债	22210107	出口退税			金额式	贷
负债	22210108	待抵扣进项税			金额式	借
负债	222102	应交消费税			金额式	贷
负债	222103	应交所得税			金额式	贷
负债	222104	未交增值税			金额式	贷
负债	2241	其他应付款		个人往来	金额式	贷
负债	2401	递延收益			金额式	贷
权益	4001	实收资本			金额式	贷
权益	400101	张菲			金额式	贷
权益	400102	王力宏			金额式	贷
权益	400103	古力			金额式	贷
权益	4104	利润分配			金额式	贷
权益	410401	未分配利润			金额式	贷
权益	410402	提取法定盈余公积			金额式	贷
权益	410403	提取任意盈余公积			金额式	贷
权益	410404	提取公益金			金额式	贷
权益	410405	分配现金股利			金额式	贷
成本	5001	生产成本			金额式	借
成本	500101	直接材料		项目核算	金额式	借
成本	500102	直接人工		项目核算	金额式	借

续表

类型	科目编码	科目名称	计量单位	辅助账类型	账页格式	余额方向
成本	500103	其他直接支出		项目核算	金额式	借
成本	500104	折旧费		项目核算	金额式	借
成本	500105	共同费用		项目核算	金额式	借
成本	5101	制造费用			金额式	借
成本	510101	共同材料			金额式	借
成本	510102	共同人工			金额式	借
成本	510103	共同折旧			金额式	借
成本	510104	其他共同费用			金额式	借
损益	6001	主营业务收入			金额式	贷
损益	600101	方向杆			金额式	贷
损益	600102	连接杆			金额式	贷
损益	600103	其他配件			金额式	贷
损益	6010	资产处置损益			金额式	贷
损益	6601	销售费用			金额式	借
损益	660101	工资			金额式	借
损益	660102	广告费			金额式	借
损益	660103	折旧费			金额式	借
损益	660104	其他			金额式	借
损益	6602	管理费用		部门核算	金额式	借
损益	660201	薪资		部门核算	金额式	借
损益	660202	福利费		部门核算	金额式	借
损益	660203	办公费		部门核算	金额式	借
损益	660204	差旅费		部门核算	金额式	借
损益	660205	招待费		部门核算	金额式	借
损益	660206	折旧费		部门核算	金额式	借
损益	660207	其他		部门核算	金额式	借

3.指定科目

将"库存现金1001"科目指定为现金总账科目;将"银行存款1002"科目指定为银行总账科目。

【实验步骤与指导】

1. 总账控制参数

以账套主管001的身份,登录企业应用平台→业务工作→财务会计→总账,选择设置,单击"选项",进入总账参数设置界面,单击编辑按钮,如图2-1所示,选择凭证页面,根据资料进行相应设置。完成后,进入权限页面,如图2-2所示,按资料设置,最后单击确定。

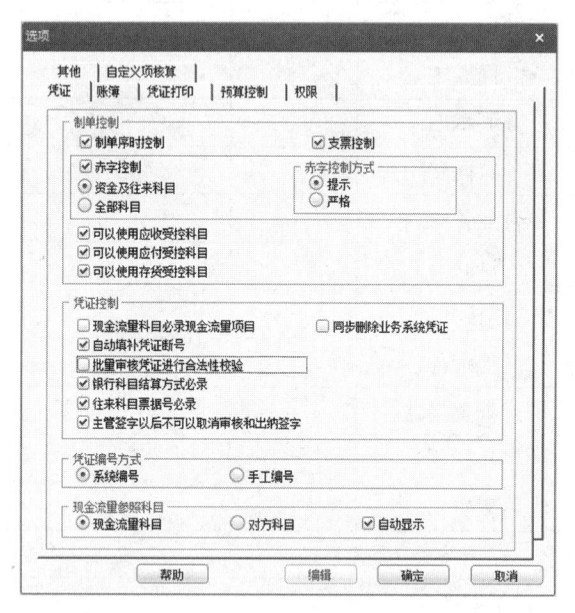

图2-1 凭证控制参数

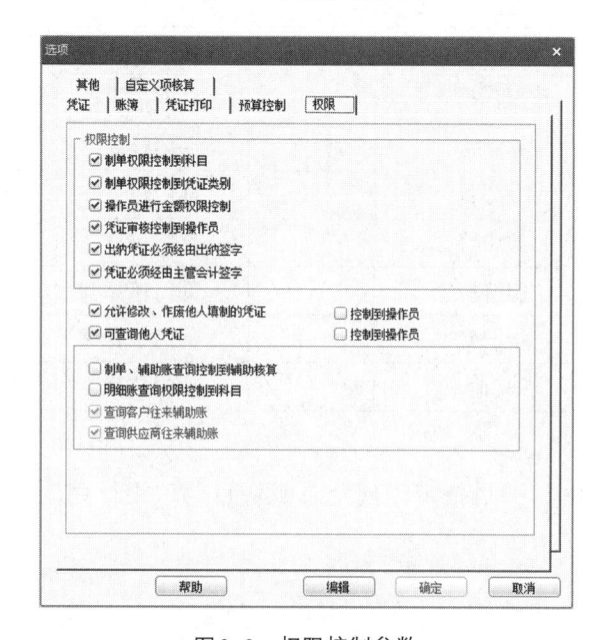

图2-2 权限控制参数

2.新增会计科目和属性设置

在总账系统中,选择"设置"菜单中的"会计科目"项,进入相应窗口,单击"增加"按钮,如图2-3所示,根据资料新增会计科目,按要求进行属性设置,完成后保存。如果需要修改会计科目属性,则单击"修改"按钮,进行相应修改,完成后保存。(微课视频:2-1.MP4)

2-1

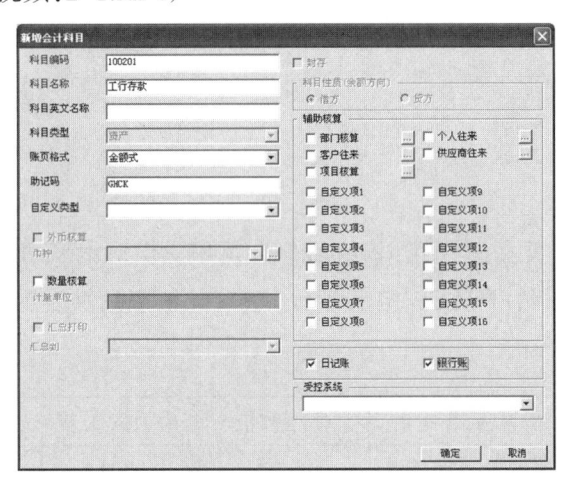

图2-3 新增会计科目及属性设置

注意:对照系统会计科目表,提出新增系统中没有的会计科目或明细科目,并修改会计科目属性。系统中的其他会计科目,若业务资料上没有,不必删除;可在企业应用平台中,选择基础档案中的会计科目,进入会计科目界面。

3.指定科目

在"企业应用平台"统中,选择"基础设置——基础档案——财务"中的"会计科目"项,进入相应窗口后,选择"编辑"菜单中"指定科目"命令项,分别指定现金科目和银行科目,如图2-4所示。

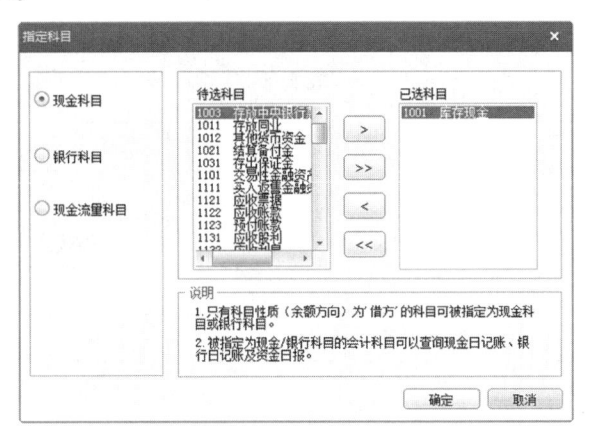

图2-4 指定科目

实验二　凭证类别等设置

【实验内容】

1.外币及汇率和凭证类别设置

2.结算方式和项目目录设置

3.数据和金额权限设置

【实验资料】

1.外币及汇率

1)币符:$;币名:美元;固定汇率1:7.25(此汇率只供演示账套使用)。

2)币符:JPY¥;币名:日元;固定汇率1:0.062(此汇率只供演示账套使用)。

表2-3

币符	币名	折算方式	汇率小数位	外币最大误差	是否本币	汇率类型
$	美元	外币*汇率=本位币	5	0.0001	否	固定汇率
JPY¥	日元	外币*汇率=本位币	5	0.0001	否	固定汇率

2.凭证类别

表2-4

凭证类别	限制类型	限制科目
收款凭证	借方必有	1001,1002
付款凭证	贷方必有	1001,1002
转账凭证	凭证必无	1001,1002

3.结算方式

表2-5

序号	结算方式编码	结算方式名称	是否票据管理	适用零售	对应票据类型
1	1	现金结算	否	是	
2	2	现金支票	是	是	现金支票
3	3	转账支票	是	是	转账支票
4	4	普通支票	否	是	普通支票
5	5	其他	否	是	普通支票
6	6	对公转账	否	是	

4.项目目录

项目大类：生产成本5001，成本对象，分级1-2。

核算科目：生产成本及其下级所有明细科目。

项目分类：1——方向杆，2——连接杆。

项目档案：101——熟铁方向杆，102——精钢方向杆；201——熟铁连接杆，202——精钢连接杆。

5.数据和金额权限分配

1)数据权限控制。控制部门、仓库、会计科目、供应商和客户档案。

2)数据权限分配。会计可以查询和使用全部会计科目制单；出纳可以查询全部会计科目；操作员王四具有应收账款、预付账款、应付账款、预收账款、其他应收款5个科目的明细账查询权限。004和005用户具有所有部门的查询和录入权限。（金额权限：级别四）

3)金额权限与分配如表2-6和表2-7。

表2-6

科目编码	科目名称	级别一	级别二	级别三	级别四	级别五	级别六
1001	库存现金	2 000	5 000	20 000	100 000	500 000	1 000 000
1002	银行存款	20 000	200 000	2 000 000	20 000 000	800 000 000	—

表2-7

用户编码	用户名称	级别
002	王网	级别三
003	李莉	级别四
004	钱起	级别二
005	原来	级别五
006	王四	级别六

【实验步骤与指导】

1.外币及汇率设置

以账套主管001的身份，登录企业应用平台→业务导航→基础设置→基础档案→财务→外币设置，如图2-5所示，根据资料，输入币符、币名，选择折算方式，单击确认，然后，输入记账汇率。另一种外币设置，重复上述操作即可。

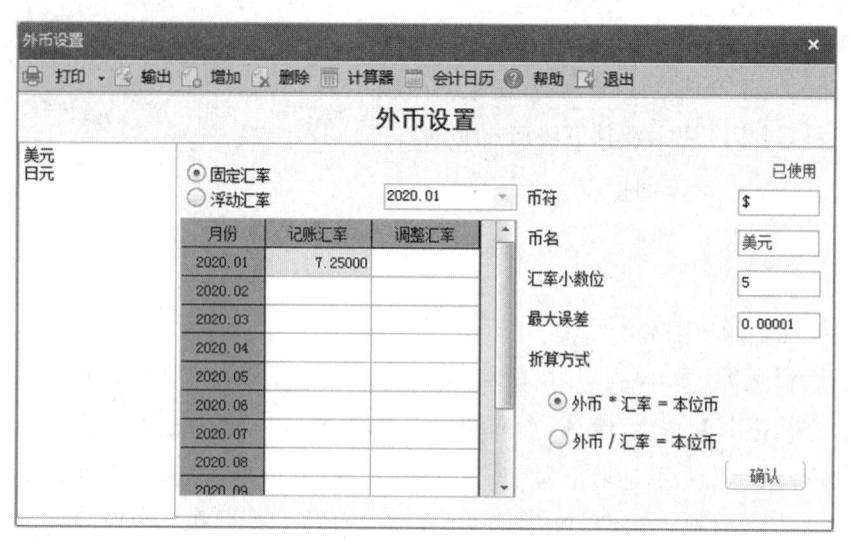

图2-5 外币设置

2.凭证类别设置

在业务导航→基础设置→基础档案→财务→凭证类别,选择第二种(收付转分类方式),单击确定,进入凭证类别预置界面,如图2-6所示,根据资料,分别设置收、付、转三种凭证的限制类型和限制科目。

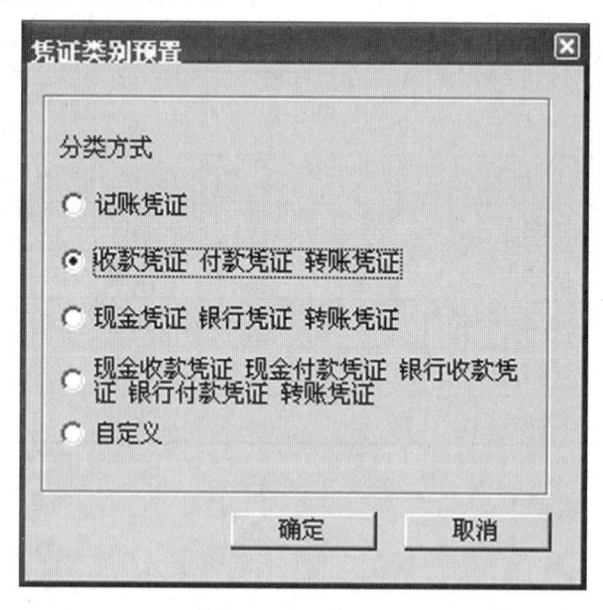

图2-6 凭证类别设置

3.结算方式

在业务导航→基础设置→基础档案→收付结算→结算方式,如图2-7所示,单击增加,根据资料输入结算方式编码和名称,保存。

图2-7 结算方式设置

4.项目目录

首先检查生成成本科目是否按项目核算,如果没有,则需要设置为项目核算,完成后,按新建项目大类、选择核算科目、项目分类和增加项目目录的顺序进行相关操作(微课视频:2-2.MP4),具体如下:

2-2

1)新建项目大类。在业务导航→基础设置→基础档案→财务→项目大类,如图2-8所示,新增大类,名称为"生产成本",选择"成本对象"类型,项目级次为1-2,完成后,将核算科目,选择到右边,并保存。

图2-8 项目大类结算

2)项目分类。在业务导航→基础设置→基础档案→财务→项目大类,进入相应窗口,项目大类选择成本对象,根据资料增加分类编码和分类名称,并保存。

3)增加项目目录。在业务导航→基础设置→基础档案→财务→项目目录,进入相应窗口,项目大类选择成本对象,单击确定,进入项目目录界面。根据资料增加相应项目档案。

注意:增加项目档案时,"项目是否结算",不选。如果选择"是",表示该项目已完工,后续业务将无法操作。

5.数据和金额权限分配

1)进行数据权限控制设置。以001身份登录企业应用平台,业务导航→系统服务→权限→数据权限控制,进入相应界面,如图2-9所示,部门、仓库、科目、供应商和供应商档案,均打勾。

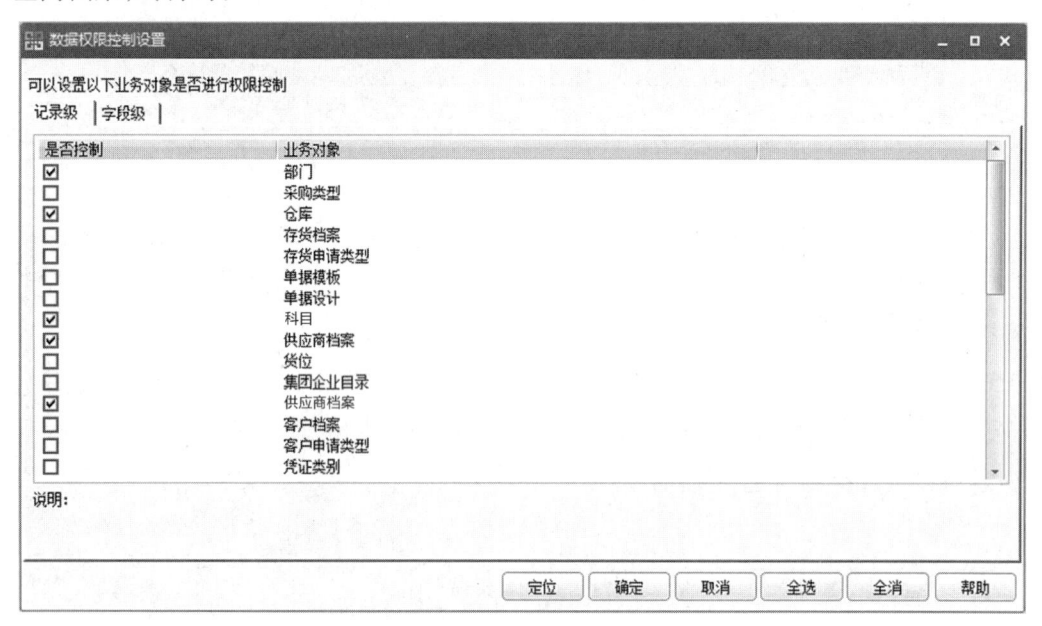

图2-9 记录级数据权限控制设置

2)数据权限分配。以主管001身份,对相关人员进行权限分配,企业应用平台→业务导航→系统服务→权限→数据权限分配,进入相应界面,如图2-10所示,选中相应用户,在业务对象中选择相应的数据项(如科目),根据业务资料授予相应权限。

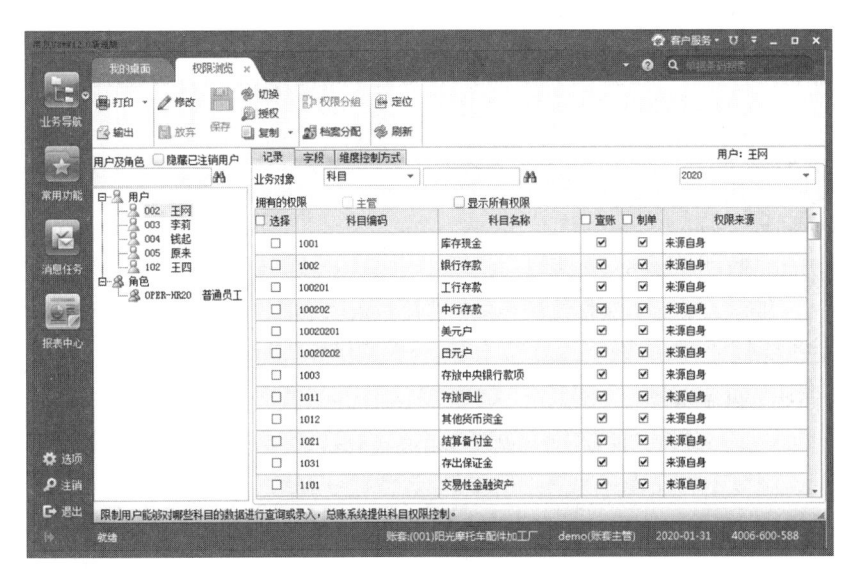

图 2-10　数据权限分配

3）金额权限设置与分配。业务导航→系统服务→权限→金额权限分配,进入界面,如图 2-11 所示,选择业务对象"科目级别",点击〖级别〗按钮,显示"金额级别设置"界面,进行金额级别设置。双击"科目编码",参照选择科目编码,系统自动显示相应的科目名称。手工输入级别 1-6 的金额。

图 2-11　金额级别设置

业务导航→系统服务→权限→金额权限分配,进入界面,点击〖增加〗按钮,在列表最后增加一个用户金额级别权限记录。双击"用户编码",参照选择,系统自动显示用户名,选择已设置好的金额级别,一个用户只能选择一个级别。

实验三　期初数据录入与试算平衡

【实验内容】

1. 辅助账期初信息录入
2. 非辅助账期初余额录入

【实验资料】

1. 会计科目期初余额

表 2-8

科目名称	方向	币别计量	期初余额/元
库存现金(1001)	借		15 000 000
银行存款(1002)	借		94 550 000
工行存款(100201)	借		85 000 000
中行存款(100202)	借		9 550 000
美元户(10020201)	借		7 250 000
	借	美元	1 000 000
日元户(10020202)	借		2 300 000
交易性金融资产(1101)	借		1 260 000
应收票据(1121)	借		1 000 000
应收账款(1122)	借		8 550 000
预付账款(1123)	借		1 450 000
其他应收款(1221)	借		2 500
坏账准备(1231)	贷		50 000
在途物资(1402)	借		3 580 000
原材料(1403)	借		3 225 500
原胚生铁件01(140301)	借		180 000
	借	件	40 000
原胚熟铁件02(140302)	借		500 000
	借	件	10 000
原胚精钢件(140303)	借		2 400 000
	借	件	30 000
辅料件	借		145 500

续表

科目名称	方向	币别计量	期初余额/元
库存商品(1405)	借		118 150 000
生铁方向杆(140501)	借		6 000 000
	借	个	30 000
生铁连接杆(140502)	借		500 000
	借	个	50 000
熟铁方向杆(140503)	借		80 500 000
	借	件	35 000
熟铁连接杆(140504)	借		750 000
	借	件	30 000
精钢方向杆(140505)	借		30 000 000
	借	件	100 000
精钢连接杆(140506)	借		400 000
	借	件	20 000
存货跌价准备(1471)	贷		5 000
固定资产(1601)	借		17 249 000
累计折旧(1602)	贷		2 184 050
在建工程(1604)	借		100 000 000
无形资产(1701)	借		60 000 000
累计摊销(1702)	贷		34 500 000
无形资产减值准备(1703)	贷		576 611 550
短期借款(2001)	贷		10 000 000
应付票据(2201)	贷		126 100
应付账款(2202)	贷		560 000
预收账款(2203)	贷		78 000
应付职工薪酬(2211)	贷		5 000 000
工资与奖金(221101)	贷		3 846 000
工会经费(221102)	贷		38 460
职工教育经费(221103)	贷		57 690
福利费(221104)	贷		538 440
五险一金(221105)	贷		519 410
应交税费(2221)	贷		2 560 000

续表

科目名称	方向	币别计量	期初余额/元
应交增值税(222101)	贷		2 000 000
进项税额(22210101)	借		6 000 000
销项税额(22210102)	贷		8 000 000
应交消费税(222102)	贷		500 000
应交所得税(222103)	贷		60 000
其他应付款(2241)	贷		2 300
长期借款(2501)	贷		35 000 000
实收资本(4001)	贷		790 736 710
张菲(400101)	贷		500 000 000
王力宏(400102)	贷		250 000 000
古力(400103)	贷		40 736 710
盈余公积(4101)	贷		20 000 000
利润分配(4104)	贷		35 000 000
未分配利润(410401)	贷		35 000 000
生产成本(5001)	借		1 673 610
直接材料(50010101)	借		详见本章实验三中表2-17和表2-18
直接人工(50010102)	借		同上
其他直接支出(50010103)	借		同上
折旧费(50010104)	借		同上
共同费用(50010105)	借		同上

说明:部门核算期初数据均假设为总经理办公室。

2.辅助账期初余额

(1)应收票据

会计科目:1121   应收票据   期初余额:借1 000 000元

表2-9

日期	客户	业务员	摘要	方向	本币金额/元	票号	票据日期	年度
2019-12-25	嘉陵	王小四	精钢方向杆销售	借	300 000	0231	2019-12-25	2020
2019-12-31	隆兴	王小四	熟铁连接杆销售	借	700 000	0235	2019-12-31	2020

(2)应收账款

应收账款 期初余额:借 8 550 000 元

表 2-10

日期	客户	业务员	摘要	方向	本币金额/元	票号	票据日期	年度
2019-12-31	嘉陵	王小四	生铁连接杆销售	借	2 500 000	10001	2019-12-15	2020
2019-12-31	隆兴	王小四	生铁方向杆销售	借	4 000 000	10002	2019-12-16	2020
2019-12-13	力帆	王小四	精钢方向杆销售	借	1 800 000	10003	2019-12-08	2020
2019-12-31	大发	王小四	熟铁连接杆销售	借	250 000	10004	2019-12-25	2020

(3)预收账款

会计科目:2203 预收账款 78 000 元 期初余额:贷 78 000 元

表 2-11

日期	客户	业务员	摘要	方向	本币金额/元	票号	票据日期	年度
2019-12-31	隆志	王小四	精钢方向杆销售	贷	50 000	08999	2019-12-3	2020
2019-12-31	西就	王小四	熟铁连接杆销售	贷	28 000	05360	2019-12-15	2020

(4)其他应收款

会计科目:122102 其他应收款—应收个人款 期初余额:借 2 500 元

表 2-12

日期	部门	个人	摘要	方向	本币金额/元	票号	票据日期	年度
2019-12-31	财务部	李小莉	吵架罚款	借	500	0328	2019-12-30	2020
2019-12-31	财务部	钱铬	出差借款	借	2 000	0621	2019-12-12	2020

(5)预付账款

会计科目:1123 预付账款 期初余额:借 1 450 000 元

表 2-13

日期	供应商	业务员	摘要	方向	本币金额/元	票号	票据日期	年度
2019-12-3	光彩	周慧	生铁件采购	借	500 000	50321	2019-12-3	2020
2019-12-31	光彩	周慧	熟铁件采购	借	200 000	50322	2019-12-12	2020
2019-12-14	富民	周慧	精钢件采购	借	750 000	60123	2019-12-8	2020

(6)应付账款

会计科目:2202 应付账款 期初余额:贷 560 000 元

表2-14

日期	供应商	业务员	摘要	方向	本币金额/元	票号	票据日期	年度
2019-12-31	辉皇	周慧	精钢件采购	贷	150 000	06013	2019-12-6	2020
2019-12-31	光明	周慧	生铁件采购	贷	60 000	03188	2019-11-30	2020
2019-12-31	民发	周慧	熟铁件采购	贷	350 000	04688	2019-12-22	2020
合计				贷	560 000			

(7)应付票据

会计科目:2201　　应付票据　　期初余额:贷126100元

表2-15

日期	供应商	业务员	摘要	方向	本币金额/元	票号	票据日期	年度
2019-12-31	胜利	周慧	生铁件采购	贷	100 000	10526	2019-12-6	2020
2019-12-31	永生	周慧	熟铁件采购	贷	26 100	23062	2019-12-18	2020
合计				贷	126 100			

(8)其他应付款

会计科目:2241 其他应付款 期初余额:贷2 300元

表2-16

日期	部门	个人	摘要	方向	本币金额	票号	票据日期	年度
2019-12-31	财务部	王小四	业务招待费个人垫款	贷	1 500	07891	2019-12-26	2020
2019-12-31	财务部	张大力	企业办理消防业务个人垫款	贷	800	09128	2019-12-28	2020
合计				贷	2 300			

(9)生产成本

会计科目:5001　　生产成本——方向杆　　期初余额:借908 000

表2-17

科目名称	熟铁方向杆/元	精钢方向杆/元	合计/元
直接材料	250 000	160 000	410 000
直接人工	45 000	35 000	80 000
其他直接支出	100 000	80 000	180 000
折旧费	70 000	26 000	96 000
共同费用	64 000	78 000	142 000

会计科目:5001　　　　生产成本——连接杆

表 2-18

科目名称	熟铁连接杆/元	精钢连接杆/元	合计/元
直接材料	128 000	28 000	156 000
直接人工	158 080	27 500	185 580
其他直接支出	119 230	42 000	161 230
折旧费	68 000	58 000	126 000
共同费用	80 800	56 000	136 800

【实验步骤与指导】

1.辅助账期初信息录入

1)应收票据。以账套主管001身份登录企业应用平台→业务导航→财务会计→总账→期初→期初余额,进入相应界面,找到应收票据会计科目所在行,双击其期初余额单元(黄色单元),进入应收票据的辅助期初余额录入界面,选择"往来明细",如图2-12所示,根据资料增加相应业务信息,并保存,完成后,单击汇总到辅助明细(微课视频:2-3.MP4)。业务应收账款至业务其他应付款,操作类似。

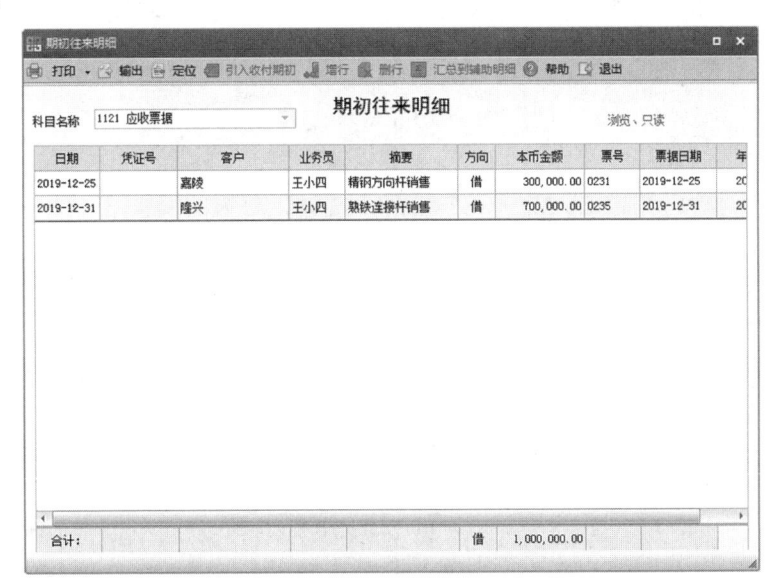

图 2-12　往来明细

2)生产成本。操作同前。业务导航→财务会计→总账→期初→期初余额,进入相应界面,如图2-13所示,找到生产成本——直接材料会计科目所在行,双击其期初余额单元(黄色单元),进入其辅助期初余额录入界面,根据资料增加相应数据,并保存。

[图片：辅助期初余额窗口，科目名称 50010101 直接材料，生铁方向杆 借 200,000.00，熟铁方向杆 借 50,000.00，精钢方向杆 借 160,000.00，合计 借 410,000.00]

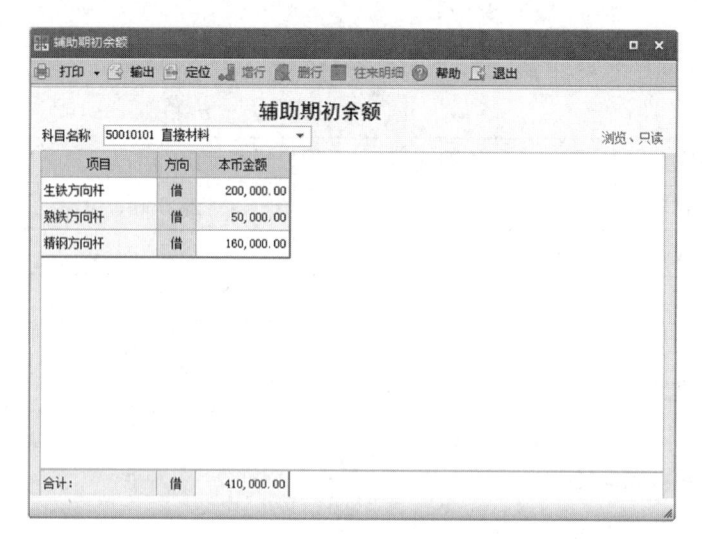

图 2-13 生产成本期初余额

2.非辅助账期初信息录入

业务导航→财务会计→总账→期初→期初余额，进入相应界面，如图 2-14 所示，根据资料，将剩下的会计科目期初余额等信息录入。录入完成后，进行试算，看是否平衡，如果不平衡，逐项检查错误并修改。

[图片：期初余额录入窗口，期初 2020年01月，显示各科目及期初余额：银行存款 9,455,000.00，工行存款 8,500,000.00，中行存款 955,000.00，美元户 725,000.00（美元 100,000.00），日元户 230,000.00（日元），交易性金融资产 1,260,000.00 等]

图 2-14 期初余额

注意：一般科目只录入末级会计科目数据；辅助核算科目进入相应的辅助账窗口录入。数据输入完毕后要进行试算平衡。

第三章 总账系统日常业务

本章实验目的

1. 熟悉总账系统日常业务处理的各种操作。
2. 掌握凭证管理、出纳管理和账簿管理的具体内容和操作技能。
3. 掌握用友新道ERPU8+V12.0管理软件中总账管理系统月末处理的相关内容。
4. 掌握银行对账、自动转账设置与生成、对账和月末结账的操作技能。

本章实验准备

1. 设置系统日期为2020-01-31,引入第二章实验完成后的账套数据。
2. 在控制面板中设置系统日期格式为"yyyy-mm-dd"。
3. 关闭操作系统的更新功能。
4. 关闭windows7防火墙,以及360等防火墙软件。或者在这些防火墙中,将用友实验服务器网址设为白名单。

本章实验环境

1. 操作系统:Windows 7等。
2. 软件系统:用友新道ERPU8+V12.0。

实验一　凭证管理

【实验内容】

1. 填制和修改凭证
2. 冲销凭证
3. 删除凭证

【实验资料】

2020年1月份企业发生的经济业务如下：

1）1月1日，财务部钱辂购买了800元的办公用品，以现金支付，附单据一张。

借：管理费用——办公费（660203）　　　　　　　　　　　800
　　贷：库存现金（1001）　　　　　　　　　　　　　　　800

2）1月2日，财务部李小莉从工行提取现金20 000元，作为备用金，现金支票号XJ00001。

借：库存现金（1001）　　　　　　　　　　　　　　　20 000
　　贷：银行存款——工行存款（100201）　　　　　　20 000

3）1月2日，销售部支付本月租金5 000元，以转账支票方式支付，结算号ZZ1001。

（付款凭证）摘要：支付租金

借：销售费用——其他（660104）　　　　　　　　　　5 000
　　贷：银行存款——工行存款（100201）　　　　　　5 000

4）1月3日，收到古力追加投资，资金200 000美元，记账汇率为1∶7.25，转账支票号为ZZ1002。

（收款凭证）摘要：收到投资

借：银行存款——中行存款_美元户（10020201）　　1 450 000
　　贷：实收资本——古力（400103）　　　　　　　1 450 000

5）1月8日，采购部周慧采购富民集团的生铁件100箱，每箱10个，每箱180元，增值税为2 340元，材料直接入库，货款以银行存款支付，转账支票号ZZ1003。

借：原材料——原胚生铁件（140301）　　　　　　　18 000
　　应交税费——应交增值税——进项税额（22210101）　2 340
　　贷：银行存款——工行存款（100201）　　　　　20 340

6）1月9日，采购部周慧采购长捷公司的熟铁件500件，每件21元，增值税为1 365元，材料直接入库，货款尚未支付。业务单号：CGYWH202001001。

借：原材料——原胚熟铁件(140302) 10 500
　　应交税费——应交增值税——进项税额(22210101) 1 365
　　贷：应付账款——长捷(2202) 11 865

7) 1月9日，采购部周慧采购光彩集团的精钢件600件，每件28元，增值税为2 184元，材料直接入库，本企业开具商业汇票1张，票号SYHP1001。

借：原材料——原胚精钢件(140303) 16 800
　　应交税费——应交增值税——进项税额(22210101) 2 184
　　贷：应付票据——光彩(2201) 18 984

8) 1月10日，收到富民集团发出的精钢件，其计8 000件，每件25元，增值税为26 000元，抵扣以前的预付款。业务单号：YFKCA201912005。

借：原材料——原胚精钢件(140303) 200 000
　　应交税费——应交增值税——进项税额(22210101) 26 000
　　贷：预付账款——富民(1123) 226 000

9) 1月11日，销售部收到嘉陵公司转来一张转账支票，金额2 500 000元，用以偿还以前欠的货款，转账支票号ZZ1004。应收账款单号：XS201912008。

借：银行存款——工行存款(100201) 99 600
　　贷：应收账款——嘉陵(1122) 99 600

10) 1月11日，销售部张可销售给隆兴公司精钢方向杆500件，每件185元，货款未收。适用税率为13%，商品成本为150元。销售应收票号：XS202001001。

借：应收账款——隆兴（1122） 104 525
　　贷：主营业务收入——方向杆(600101) 92 500
　　　　应交税费——应交增值税——销项税额(22210102) 12 025
借：主营业务成本(6401) 75 000
　　贷：库存商品——精钢方向杆(140505) 75 000

11) 1月12日，销售部张可销售给嘉陵集团生铁方向杆3 500件，每件120元，适用税率为13%，对方开具转账支票1张，票号：ZZ1005，结清款项。（收款凭证）

借：银行存款——工行存款(100201) 474 600
　　贷：主营业务收入——方向杆(600101) 420 000
　　　　应交税费——应交增值税——销项税额(22210102) 54 600

12) 1月12日，发出商品给隆志公司，共发出精钢连接杆500件，每件190元，适用税率为13%，企业已于上月预收部分货款。业务票号：YSXS201912007

借：预收账款——隆志(2203) 107 350
　　贷：主营业务收入——精钢连接杆(600101) 95 000

　　　　应交税费——应交增值税——销项税额（22210102）　　　　　　　　　12 350

13）1月13日，财务部钱铬出差归来，报销差旅费1 800元，退回200元现金。出差单号：CC202001001。（收款凭证）

　　借：管理费用——差旅费（660204）　　　　　　　　　　　　　　　　1 800
　　　　库存现金（1001）　　　　　　　　　　　　　　　　　　　　　　　　200
　　　　贷：其他应收款——钱铬（1221）　　　　　　　　　　　　　　　　2 000

14）1月13日，向银行借款150 000元，借款期限3个月，月利率为0.6%。结算方式：其他。结算号：QT202001001。

　　借：银行存款——工行存款（100201）　　　　　　　　　　　　　　150 000
　　　　贷：短期借款（2001）　　　　　　　　　　　　　　　　　　　　150 000

15）1月15日，行政办公室向三峡大酒店支付业务招待费1 800元，转账支票号：ZZ1006。

　　借：管理费用——招待费（660205）　　　　　　　　　　　　　　　　1 800
　　　　贷：银行存款——工行存款（100201）　　　　　　　　　　　　　1 800

16）1月16日，用现金支票支付财务部王小四所垫款1 500元，业务单号：DF201912001，现金支票号：XJ00002。

　　借：其他应付款——王小四（2241）　　　　　　　　　　　　　　　　1 500
　　　　贷：银行存款——工行存款（100201）　　　　　　　　　　　　　1 500

17）生产精钢方向杆，本月发生的直接材料、直接人工、其他直接支出、折旧费分别为100万元、200万元、50万元、350万元。原胚精钢数量50 000件，每件单价20元。银行结算方式：其他。票号：QT202001002。

　　借：生产成本——直接材料（方向杆）（550101）　　　　　　　　1 000 000
　　　　　　　　——直接人工（方向杆）（550102）　　　　　　　　2 000 000
　　　　　　　　——其他直接支出（方向杆）（550103）　　　　　　　500 000
　　　　　　　　——折旧费（方向杆）（550104）　　　　　　　　　3 500 000
　　　　贷：原材料——原胚精钢件（140303）　　　　　　　　　　　1 000 000
　　　　　　应付职工薪酬——工资与奖金（221101）　　　　　　　　2 000 000
　　　　　　银行存款（100201）　　　　　　　　　　　　　　　　　　500 000
　　　　　　累计折旧（1602）　　　　　　　　　　　　　　　　　　3 500 000

18）生产精钢连接杆，本月发生的直接材料、直接人工、其他直接支出、折旧费分别为20万元、15万元、3万元、50万元。银行结算方式：其他。票号：QT202001003。

　　借：生产成本——直接材料（连接杆）（550101）　　　　　　　　　200 000
　　　　　　　　——直接人工（连接杆）（550102）　　　　　　　　　150 000

　　　　——其他直接支出(连接杆)(550103)　　　　　　　　　　30 000
　　　　——折旧费(连接杆)(550104)　　　　　　　　　　　　 500 000
　　贷:原材料——原胚精钢件(140303)　　　　　　　　　　　 200 000
　　　　应付职工薪酬——工资与奖金(221101)　　　　　　　 150 000
　　　　银行存款(100201)　　　　　　　　　　　　　　　　　 30 000
　　　　累计折旧（1602)　　　　　　　　　　　　　　　　　　500 000

19)生产精钢连接杆、精钢方向杆,本月发生的共同材料、共同人工、其他共同支出、共同折旧分别为10万元、12万元、8万元、6万元。银行结算方式:其他。票号:QT202001004。

　　借:制造费用——共同材料(510101)　　　　　　　　　　　100 000
　　　　　　　——共同人工(510102)　　　　　　　　　　　　120 000
　　　　　　　——其他共同支出(510104)　　　　　　　　　　 80 000
　　　　　　　——共同折旧(510103)　　　　　　　　　　　　 60 000
　　贷:原材料——原胚精钢件(140303)　　　　　　　　　　　100 000
　　　　应付职工薪酬——工资与奖金(221101)　　　　　　　 120 000
　　　　银行存款（100201)　　　　　　　　　　　　　　　　　 80 000
　　　　累计折旧（1602)　　　　　　　　　　　　　　　　　　 60 000

20)按标准分配共同费用,分配给精钢连接杆的共同费用为22万元,分配给精钢方向杆的共同费用为14万元。

　　借:生产成本——共同费用(连接杆)(500105)　　　　　　　220 000
　　　　　　　——共同费用(方向杆)(500105)　　　　　　　 140 000
　　贷:制造费用——共同材料(510101)　　　　　　　　　　　100 000
　　　　　　　　——共同人工(510102)　　　　　　　　　　　 120 000
　　　　　　　　——其他共同支出（510104)　　　　　　　　　 80 000
　　　　　　　　——共同折旧(510103)　　　　　　　　　　　　60 000

21)1月25日,精钢方向杆产品完工20 000件,已入库,每件成本为155元,其中直接材料、直接人工、其他直接支出、折旧费、共同费用分别120万元、80万元、40万元、60万元和10万元。

　　借:库存商品——精钢方向杆(140505)　　　　　　　　　3 100 000
　　贷:生产成本——直接材料(方向杆)(500101)　　　　　　1 200 000
　　　　　　　　——直接人工(方向杆)(500102)　　　　　　　800 000
　　　　　　　　——其他直接支出(方向杆)(500103)　　　　　400 000
　　　　　　　　——折旧费(方向杆)(500104)　　　　　　　　600 000

　　　　——共同费用(方向杆)(500105)　　　　　　　　　　　　　　　100 000

22)1月28日,采购部周慧借现金支票一张,票号XJ10003,金额3 000元。
　　借:其他应收款——周慧(1221)　　　　　　　　　　　　　　　3 000
　　　　贷:银行存款 ——工行存款(100201)　　　　　　　　　　　3 000

23)月末,工行通知,发生利息收入3 000元。银行结算方式:其他。票号:QT202001005。
　　借:银行存款 ——工行存款(100201)　　　　　　　　　　　　　3 000
　　　　贷:财务费用(6603)　　　　　　　　　　　　　　　　　　　3 000

24)本月发生销售宣传费8 500元,已用银行存款支付。银行结算方式:其他。票号:QT202001006。
　　借:销售费用——广告费(660102)　　　　　　　　　　　　　　8 500
　　　　贷:银行存款——工行存款(100201)　　　　　　　　　　　　8 500

25)经计算,本月发生所得税费用为32 600元。
　　借:所得税费用(6801)　　　　　　　　　　　　　　　　　　　32 600
　　　　贷:应交税费——应交所得税(222103)　　　　　　　　　　　32 600

26)冲销业务。1月28日,管理部门迎接上级领导,发生招待费300元,以现金形式支付;30日,上级领导秘书将300元现金交给财务部,以减轻企业负担。
　　借:管理费用——招待费(660205)　　　　　　　　　　　　　　　300
　　　　贷:库存现金(1001)　　　　　　　　　　　　　　　　　　　　300

27)删除凭证业务。本月28日,职工张可违反公司规章,公司决定对其罚款500元。30日,工会调查了解到该员工家庭困难,且其认识到自身错误,公司决定撤销对其罚款处罚。其他单据代码:QT001。
　　借:其他应收款——张可(1221)　　　　　　　　　　　　　　　　500
　　　　贷:营业外收入(6301)　　　　　　　　　　　　　　　　　　　500

【实验步骤与指导】

1.填制和修改凭证

以"003"会计身份注册进入企业应用平台,完成"实验资料1)-25)"。

具体操作步骤:业务工作→财务会计→总账→凭证→填制凭证,进入"填制凭证"窗口→增加,增加一张空白的凭证,如图3-1所示,然后结合会计知识、按照资料内容、根据软件提示完成相关会计业务的分录,会计科目代码输入或选择后,点击回车键,输入相关会计科目的辅助信息,每张凭证填制完成后均需保存(微课视频:3-1.MP4)。

3-1

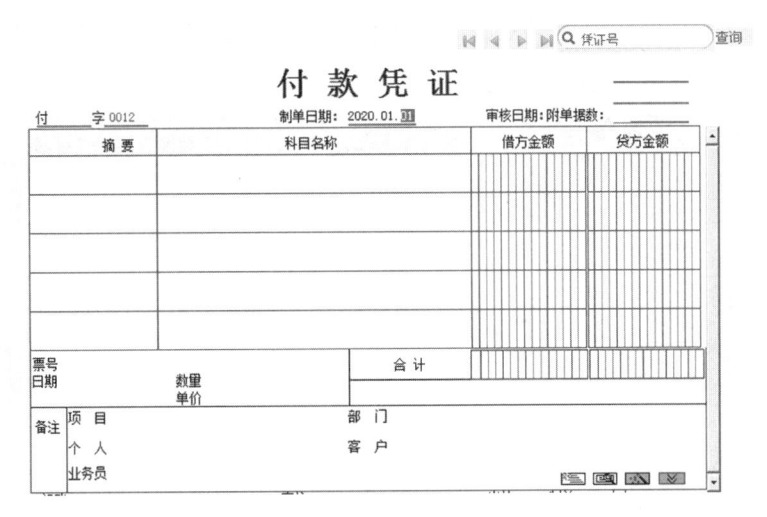

图3-1 填制凭证界面

注意:记账凭证中的辅助信息必须录入,以便于相关操作。如果未录入辅助信息,可以进入填制凭证窗口中,补充相关信息。

2.冲销凭证

1)"填制凭证"窗口,如图3-2所示,将"实验资料1)"发生的办公费制单,并通过其他人员进行审核和记账。2)在"填制凭证"窗口操作:制单→冲销凭证,打开"冲销凭证"对话框→输入条件(月份、凭证类别、凭证号)→确定,自动生成一张红字冲销凭证,最后保存。3)以相关人员的身份,对该张凭证进行出纳签字、审核和记账。

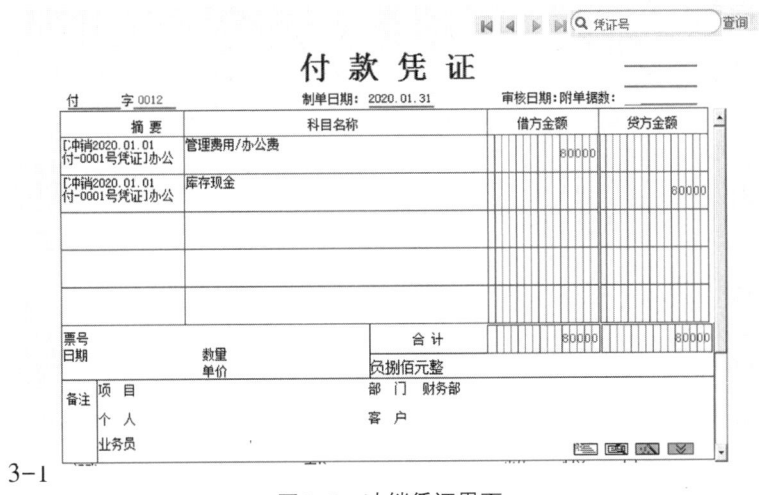

图3-2 冲销凭证界面

3.删除凭证

1)在"填制凭证"窗口,将"实验资料27)"的罚款费制单;2)在"填制凭证"窗口→查询到要删除的凭证,如图3-3所示→单击作废,在当前凭证左上角出现"作废"字样;在

"填制凭证"窗口,制单→整理凭证,出现作废凭证表,选择要删除的凭证,按软件提示进行操作,删除该凭证,并重排凭证号。

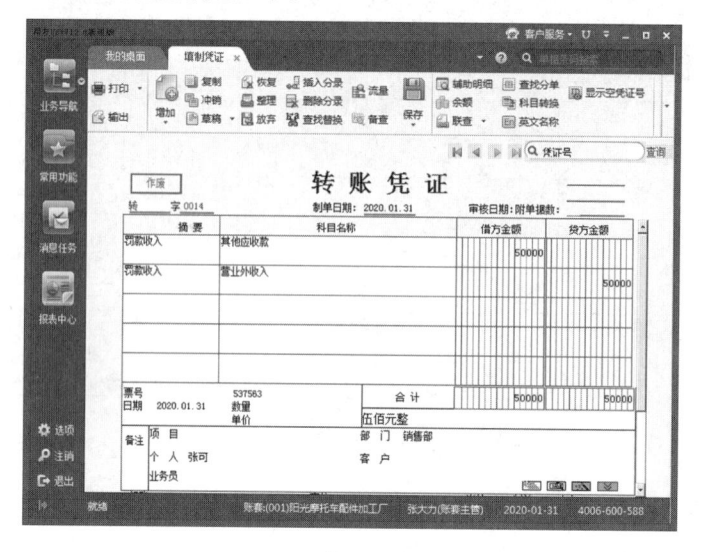

图3-3 整理凭证界面

实验二 出纳签字和审核凭证等

【实验内容】

1. 出纳签字

2. 审核凭证

3. 凭证记账

4. 账簿查询

【实验资料】

凭证业务资料见本章实验一。

【实验步骤与指导】

1. 出纳签字

以"002"出纳的身份进行出纳签字。重注册→以"002"身份注册进入企业应用平台。选择业务工作→财务会计→总账→凭证→出纳签字→输入查询条件,确定,出现"出纳签字"的窗口,如图3-4所示,选择要签字的凭证,双击该行,进行单张签字(或成批签字)。

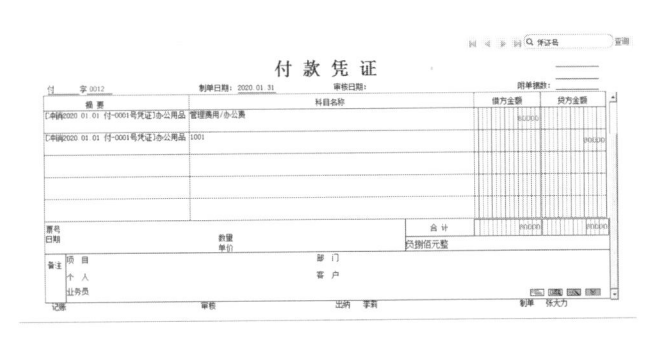

图 3-4　出纳签字

2.审核凭证

以"001"账套主管身份进行审核凭证及主管签字:重注册→以账套主管"001"身份注册进入企业应用平台。选择业务工作→财务会计→总账→凭证→审核凭证→输入查询条件,确定,出现"凭证审核"列表窗口→审核。

业务工作→财务会计→总账→凭证→主管签字→输入查询条件,确定,出现"主管签字"窗口→签字(或成批签字)。

3.凭证记账

重注册→以账套主管"001"身份注册进入企业应用平台。操作如下:业务工作→财务会计→总账→凭证→记账→选择记账范围,全选→下一步→记账。

注意:若需取消记账,在总账→期末→对账窗口,按Ctrl+H组合键,"恢复记账功能已被激活",在凭证菜单下出现"恢复记账前状态"菜单。

4.账簿查询

以账套主管身份注册进入企业应用平台。(1)操作如下:业务工作→财务会计→总账→账表→选择要查询的会计科目账,如库存现金100201;(2)选择查询部门账:部门辅助账,如管理费用(6602)。

实验三　银行对账

【实验内容】

银行对账

【实验资料】

1.银行对账期初

阳光公司银行账的启用日期为2020-01-01,工行人民币户企业日记账调整前余额为850万元,银行对账单调整前余额为860万元,未达账项一笔,系银行已收企业未收款10万元(2019年12月28日,结算方式为转账支票2,票号为ZZ201901)。

2.银行对账单

表3-1 1月份银行对账单

日期	结算方式	票号	借方金额/元	贷方金额/元
2020-01-02	2	XJ00001		20 000
2020-01-02	3	ZZ1001		5 000
2020-01-03	3	ZZ1003		20 340
2020-01-11	3	ZZ1004	99 600	
2020-01-12	3	ZZ1005	474 600	
2020-01-13	5	QT202001001	150 000	
2020-01-16	2	XJ00002		1 500
2020-01-25	5	QT202001002		500 000
2020-01-25	5	QT202001003		30 000
2020-01-28	2	XJ1003		3 000
2020-01-30	5	QT202001005	3 000	
2020-01-30	2	XJ10004	16 000	
2020-01-30	3	ZZ1010		7 800
2020-01-31	5	QT202001006		100 000

【实验步骤与指导】

1.期初银行对账平衡

以"002"的身份注册进入企业应用平台。业务导航→总账→银行对账→银行对账期初录入,打开"银行科目选择"对话框→选择银行科目,确定→银行对账期初→确定启用日期→输入单位、银行调整前余额→对账单期初未达账项,进入"银行方期初"窗口的界面,如图3-5所示→增加→输入资料内容。(微课视频:3-2.MP4)

3-2

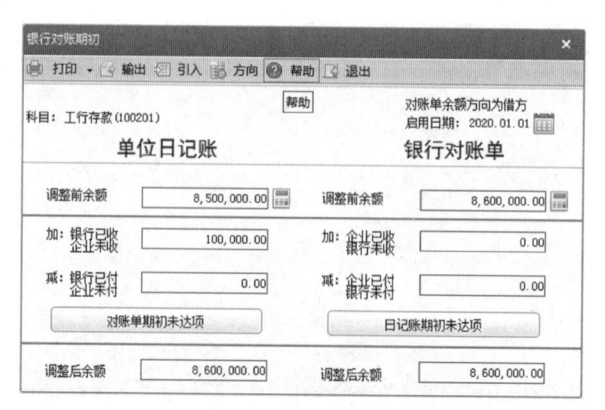

图3-5 期初银行对账

2.录入或引入银行对账单

业务导航→总账→银行对账→银行对账单,打开"银行科目选择"对话框→选择银行科目、月份,确定→进入"银行对账单"的窗口,如图3-6所示,增行→输入资料内容→保存。

图3-6 银行对账单

3.查看银行日记账

业务导航→总账→出纳→银行日记账,选择工行存款,单击确定按钮,界面如图3-7所示,检查是否存在相应的记录,完成后,退出。

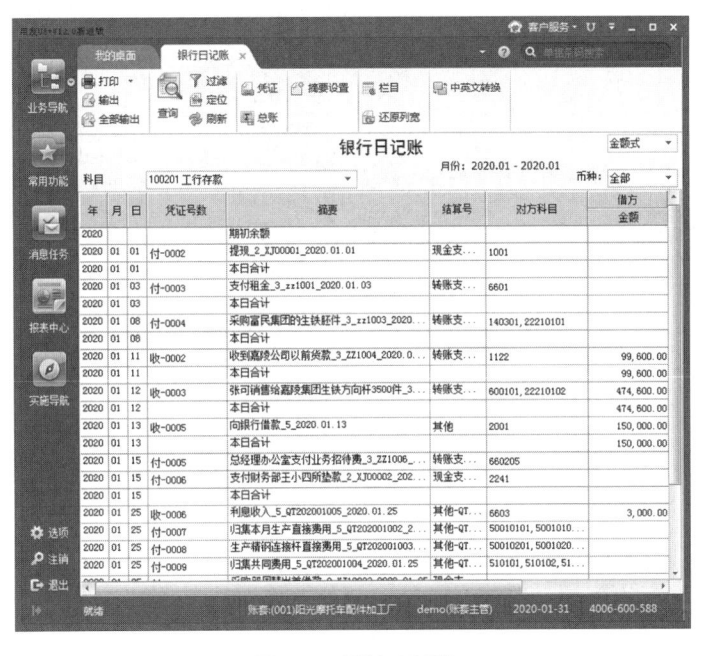

图3-7 银行日记账

4. 进行银行对账

出纳→银行对账→银行对账，打开"银行科目选择"对话框→选择银行科目工行存款、月份，确定→进入"银行对账"窗口→对账，打开"自动对账"条件对话框，界面如图3-8所示→选择条件，确定→对账结果如图3-9所示。

注意：自动对账条件中的方向、金额相同是必选条件，对账截止日期可以不输入；对于双方都记账的业务，但不符合自动对账条件的，可以进行手动指写，通过左右边两选择相应业务，单击，打勾即可，最后保存。

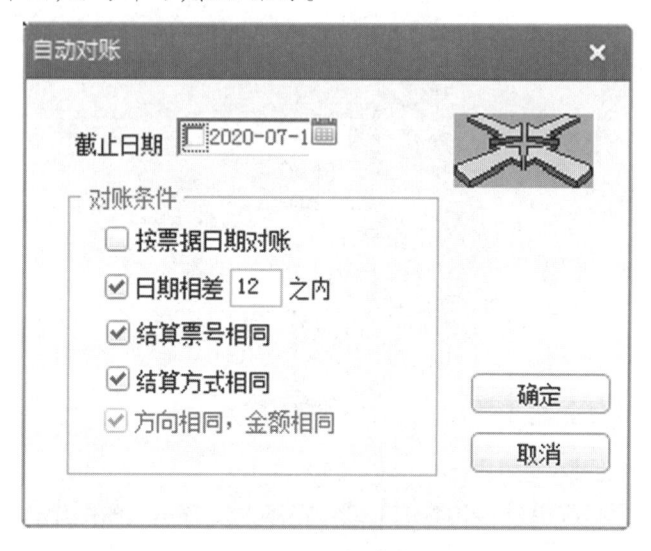

图3-8 自动对账条件

图3-9 银行对账

5.输出余额调节表

出纳→银行对账→余额调节表查询,打开"银行科目选择"对话框→选择银行科目→查看。双击可查看银行存款余额调节表,单击详细,可查看具体未达账项业务,如图3-10所示。

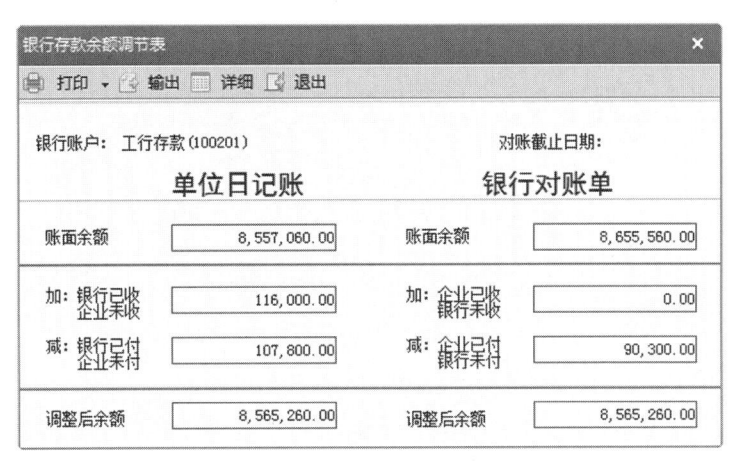

图3-10 银行存款余额调节表

实验四　自动转账凭证设置与生成

【实验内容】

1.自定义转账凭证设置

2.自定义转账凭证生成

3.期间损益转账生成

【实验资料】

1)31日,利用自动转账,计提本月短期借款利息,按0.2%计算月息。

2)31日,利用自动转账,进行无形资产摊销,假定企业采用平均年限法,按10年摊销无形资产价值。

3)利用自动转账功能,将所得税费用结转到本年利润。

4)月末,统计结转期间损益。

【实验步骤与指导】

1.自定义转账凭证设置

1)借款利息自动转账凭证定义。以"003"会计的身份登录企业应用平台,业务工作→财务会计→总账→期末→转账定义→自定义转账,进入"自定义转账设置"窗口→增加,打开"转账目录"对话框→转账序号为0001,转账说明为计提短期借款利息,凭证类别为转账凭证→确定,增行→按资料定义转账凭证分录信息,具体如图3-11所示(微课视频:3-3.MP4)。

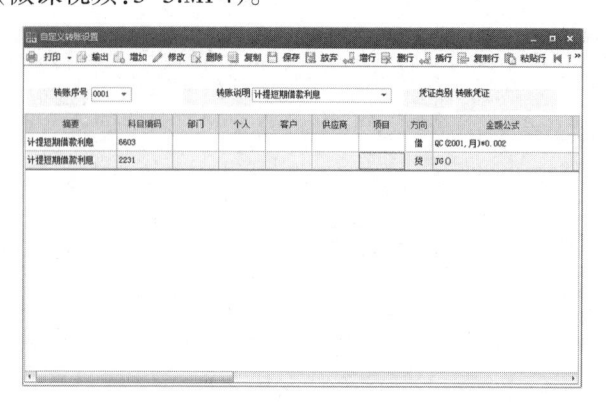

图3-11 自定义转账

2)无形资产摊销自动转账凭证定义。本月按无形资产净值的1/120来摊销无形资产。具体操作同上。

借:管理费用——折旧费(660206) JG( )

　贷:累计摊销 （QC(1701,月)- QC(1702,月)- QC(1703,月))/120

3)将所得税费用结转到本年利润的自动转账凭证定义。具体操作同上。

借:本年利润 JG( )

　贷:所得税费用 FS(6801,月,借)

4)期间损益结转设置。业务工作→财务会计→总账→期末→转账定义→期间损益,进入"期间损益结转设置"窗口→选择凭证类别"转账凭证",选择本年利润科目4103,如图3-12所示,单击"确定"按钮。

图3-12 期间损益结转设置

2.自定义转账生成

以"003"会计的身份进入企业应用平台,业务工作→财务会计→总账→期末→转账生成,进入"转账生成"窗口,选择计提短期借款利息,单击确定按钮,保存凭证(微课视频:3-4.MP4)。完成后,再次重复操作,分别选择无形资产摊销、所得税费用结转,生成和保存相应凭证。最后,以"001"主管身份登录企业应用平台,进入总账系统,对自定义凭证进行审核、主管签字、记账。

3.期间损益转账生成

以"003"身份重注册,业务工作→财务会计→总账→期末→转账生成,进入"转账生成"窗口→选择"期间损益结转"按钮→全选→确定,生成转账凭证→保存→再以"001"主管身份注册后审核、主管签字、记账。

注意:本部分完成后,不能进行结账操作,因为工资、固定资产等其他系统的日常业务没有进行处理和结账,相应数据没有传递到总账系统中,此时结账,会导致财务数据不完整。

第四章 薪资业务

本章实验目的

1. 了解和掌握用友新道ERPU8+V12.0管理软件中薪资管理系统的相关内容。

2. 掌握薪资管理系统初始化设置、日常业务处理、工资分摊、凭证生成以及期末处理的操作。

本章实验准备

1. 设置系统日期为2020-01-01，引入"第三章"的账套数据。

2. 其他设置与第三章实验准备相同。

本章实验环境

1. 操作系统：Windows 7等。

2. 软件系统：用友新道ERPU8+V12.0。

实验一　初始化设置与工资程序设计

【实验内容】

1. 薪酬管理系统的初始设置
2. 计件工资要素设置、工序设置以及计件工价设置

【实验资料】

1. 建立工资账套

工资类别个数:多个;核算计件工资;核算币种:人民币(RMB);代扣个人所得税;不进行扣零处理;启用日期:2020年1月1日。

2. 基础信息设置

(1)工资类别

正式工:全部部门。

临时工:加工车间、包装车间。

(2)银行名称

中国工商银行重庆市分行;账号定长为11位。

(3)代扣个人所得税

扣税基数为5 000元,附加费用为0元。

表4-1　2020年个人所得税月度税率表

级数	应纳税所得额	税率/%	速算扣除数/元
1	不超过3 000元的	3	0
2	超过3 000元至12 000元的部分	10	210
3	超过12 000元至25 000元的部分	20	1 410
4	超过25 000元至35 000元的部分	25	2 660
5	超过35 000元至55 000元的部分	30	4 410
6	超过55 000元至80 000元的部分	35	7 160
7	超过80 000元部分	45	15 160

(4)工资项目设置

表4-2

项目名称	类型	长度	小数位数	增减项
基本工资	数字	8	2	增项
绩效工资	数字	8	2	增项

续表

项目名称	类型	长度	小数位数	增减项
岗位奖金	数字	8	2	增项
交通补助	数字	8	2	增项
计件工资	数字	8	2	增项
月优秀员工奖	数字	8	2	增项
加工工资	数字	8	2	增项
包装工资	数字	8	2	增项
应发合计	数字	10	2	增项
请假扣款	数字	8	2	减项
缺勤扣款	数字	8	2	减项
养老保险金	数字	8	2	减项
医疗保险金	数字	8	2	减项
失业保险金	数字	8	2	减项
住房公积金	数字	8	2	减项
代扣税	数字	10	2	减项
用水量	数字	10	2	其他
用电量	数字	10	2	其他
水电费	数字	10	2	减项
扣款合计	数字	10	2	减项
实发合计	数字	10	2	增项
专项附加扣除	数字	8	2	其他
应纳税额	数字	8	2	其他
绩效得分	数字	8	2	其他
请假天数	数字	8	2	其他
迟到或早退次数	数字	8	2	其他
旷工次数	数字	8	2	其他
加工工时	数字	8	2	其他
加工小时工资率	数字	8	2	其他
包装工时	数字	8	2	其他
包装小时工资率	数字	8	2	其他
合格数量	数字	8	2	其他

（5）人员档案设置

A 工资类别1：正式工。

部门选择：所有部门。

表4-3 原有人员档案导入名单

人员编码	姓名	行政部门名称	雇佣状态	人员类别	性别	银行账号	核算计件工资
101	王员	行政办	在职	行政人员	女	10100000001	
102	王小四	财务部	在职	行政人员	男	10100000002	
103	李小莉	财务部	在职	行政人员	女	10100000003	
104	钱铬	财务部	在职	行政人员	男	10100000004	
105	张大力	财务部	在职	行政人员	男	10100000005	
0109	王佳	厂办	在职	管理人员	男	10100000009	
0110	唐朝	党办	在职	管理人员	男	10100000010	
0111	王田	纪检	在职	行政人员	男	10100000011	
0188	武胜	行政办	在职	管理人员	男	10100000088	
201	原小小	后勤部	在职	管理人员	女	10100000021	
301	周慧	采购部	在职	管理人员	女	10100000031	
302	李鹏飞	采购部	在职	一线员工	男	10100000032	
401	周苇	销售部	在职	管理人员	男	10100000041	
402	张可	销售部	在职	管理人员	男	10100000042	
403	罗列	销售部	在职	一线员工	男	10100000043	
501	吴雪	锻压车间	在职	管理人员	男	10100000051	
502	郑宇	锻压车间	在职	一线员工	男	10100000052	是
503	张凯	加工车间	在职	一线员工	女	10100000053	是
504	王诚	加工车间	在职	一线员工	男	10100000054	是
505	孙静	包装车间	在职	一线员工	男	10100000055	是
601	古大力	生产部	在职	管理人员	男	10100000061	
602	刘能	锻压车间	在职	一线员工	男	10100000062	是
603	刘图	加工车间	在职	一线员工	男	10100000063	是
604	赵角	包装车间	在职	一线员工	男	10100000064	是
605	倪菲	包装车间	在职	一线员工	女	10100000065	是
606	宁夏	质检车间	在职	一线员工	女	10100000066	是
701	白国	研发部	在职	研发人员	男	10100000071	
702	钱百	研发部	在职	管理人员	男	10100000072	
801	顾问	人力资源科	在职	一线员工	男	10100000081	

注：以上所有人员的代发银行均为中国工商银行重庆市分行。该银行代码：95588。

表4-4　新增人员档案

人员编码	姓名	性别	部门名称	职务	人员类别	银行账号	中方人员	是否计税	核算计件工资
106	赵强	男	党办	主任	行政人员	10100000016	是	是	否
107	钱美	女	纪检	主任	行政人员	10100000017	是	是	否
202	孙志	男	基建科	员工	一线员工	10100000022	是	是	否
203	李红	女	水电能源科	员工	一线员工	10100000023	是	是	否
204	周星	女	食堂	员工	一线员工	10100000024	是	是	否
506	陈强	男	包装车间	工人	一线员工	10100000056	是	是	是
507	严彬	男	质检车间	车间主任	管理人员	10100000057	是	是	否
508	何浩	男	质检车间	工人	一线员工	10100000058	是	是	否
704	吴轩	男	研发部	开发人员	研发人员	10100000062	是	是	否
802	苏欣	女	人力资源部	经理	管理人员	10100000073	是	是	否

注：以上所有人员的代发银行均为中国工商银行重庆市分行。该银行代码：95588。

工资项目：基本工资、绩效工资、岗位奖金、交通补助、月优秀员工奖、计件工资、应发合计、请假扣款、缺勤扣款、养老保险金、医疗保险金、失业保险金、住房公积金、代扣税、扣款合计、实发合计、专项附加扣除、应纳税额、请假天数、迟到或早退次数、旷工次数、合格数量。

表4-5　计算公式设置

工资项目	定义公式
交通补助	iff(人员类别="管理人员".or.人员类别="行政人员",500,300)
绩效工资	绩效得分*100
岗位奖金	iff(人员类别="管理人员".or.人员类别="行政人员",600,400)
请假扣款	基本工资/22*请假天数
缺勤扣款	迟到或早退次数*20+旷工次数*基本工资/22
养老保险金	(基本工资+绩效工资+岗位资金+交通补助+月优秀员工奖+计件工资)*0.08
医疗保险金	(基本工资+绩效工资+岗位资金+交通补助+月优秀员工奖+计件工资)*0.02
失业保险金	(基本工资+绩效工资+岗位资金+交通补助+月优秀员工奖+计件工资)*0.01
住房公积金	(基本工资+绩效工资+岗位资金+交通补助+月优秀员工奖+计件工资)*0.05
水电费	用水量*3.5+用电量*2.3
应纳税额	基本工资+绩效工资+岗位工资+交通补助+月优秀员工奖+计件工资-养老保险金-医疗保险金-失业保险金-住房公积金-专项附加扣除

B 工资类别2:临时工。

部门选择:加工车间、包装车间。

表4-6 临时人员档案(新增)

人员编号	姓名	性别	部门名称	人员类别	银行账号	中方人员	是否计税	核算计件工资
511	王阳	男	加工车间	临时工	10100000025	是	是	否
512	冯强	男	包装车间	临时工	10100000026	是	是	否

注:以上所有人员的代发银行均为中国工商银行重庆市分行。该银行代码:95588。

工资项目:加工工时、加工小时工资率、加工工资、包装工时、包装小时工资率、包装工资、应发合计、代扣税、扣款合计、实发合计、专项附加扣除、应纳税额。

计算公式设置:

表4-7

工资项目	定义公式
加工工资	加工工时*加工小时工资率
包装工资	包装工时*包装小时工资率
应纳税额	加工工资+包装工资-专项附加扣除

(6)计件工资标准

计件工资标准:合格产品数量。

表4-8

部门	方案编号	方案名称	计件标准	计件单价(元/件)
锻压车间	01	锻压方向杆	合格产品数量	1
	02	锻压连接杆	合格产品数量	0.9
加工车间	03	加工方向杆	合格产品数量	1
	04	加工连接杆	合格产品数量	1
包装车间	05	包装方向杆	合格产品数量	0.8
	06	包装连接杆	合格产品数量	0.9
检验车间	07	检验方向杆	检验产品数量	0.5
	08	检验连接杆	检验产品数量	0.5

【操作部门及人员】

以账套主管"001"的身份进行薪酬管理系统的初始化设置。

【实验步骤与指导】

1.启动薪资系统

1)启动用友新道"企业应用平台",输入操作员"001",选择"001阳光摩托车配件加工厂"账套,操作日期"2020-01-01",登录企业应用平台。

2)执行"基础设置"→基础信息→系统启用,启用"薪资管理"和"计件工资管理"两个模块,启用日期为"2020-01-01"。

3)选择"业务工作"→人力资源→薪酬管理,进行薪酬管理建账工作。

2.建立工资账套

(1)参数设置

建立工资账套的第一步是参数设置,弹出"建立工资套"的对话框,如图4-1所示。工资类别个数:多个;币别:人民币(RMB),核算计件工资,单击"下一步"。

注意:本实验"是否核算计件工资",打勾选择。

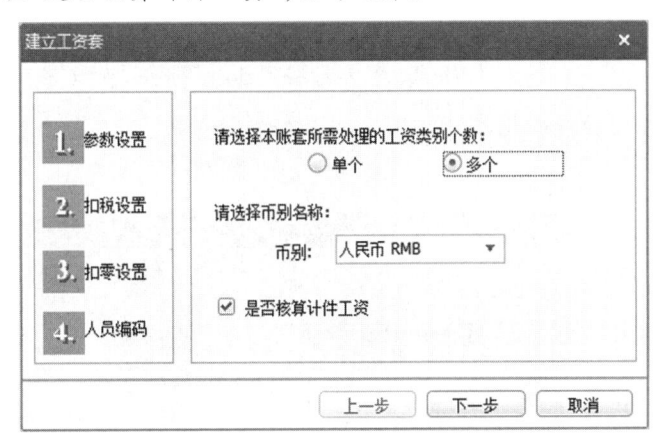

图4-1 建立工资套

(2)扣税设置

选择从工资中代扣个人所得税。

(3)扣零设置和人员编码

默认设置。最后,选择"完成",工资账套建立完毕。部分建账参数可以在薪酬系统下"设置"→"选项"中修改。

3.初始设置

(1)部门档案设置

执行"基础设置"→基础档案→机构人员→机构→部门档案,检查部门设置是否正确。

执行"业务工作"→人力资源→薪酬管理→部门档案,可按打开工资类别的业务需要选择相应部门。

(2)人员类别设置

执行"基础设置"→基础档案→机构人员→人员→人员类别命令,从左侧人员类别目录中选择一个人员类别,单击"增加"对人员类别进行设置,单击"确定",保存增加的人员类别,并作为当前人员类别的下级。

(3)工资项目设置

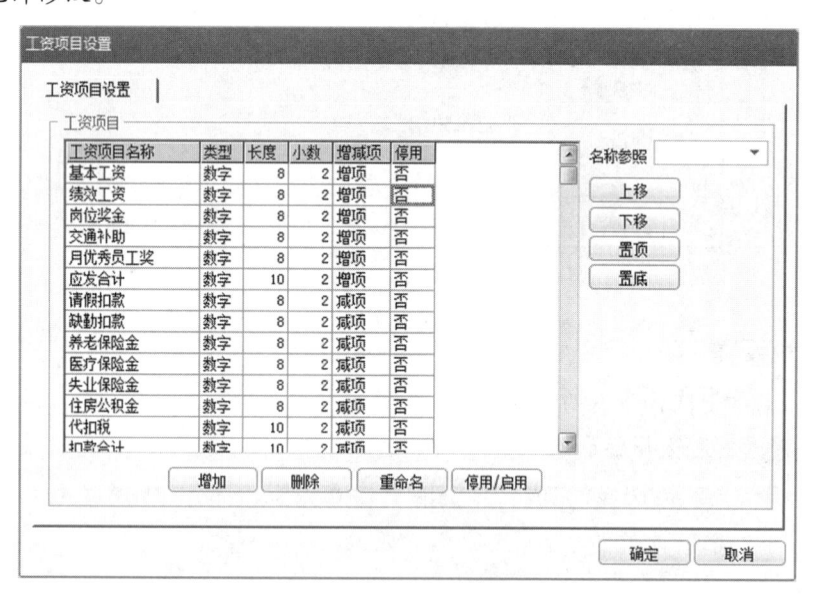

在薪酬管理系统中,执行"设置"→"工资项目设置",弹出"工资项目设置"对话框,如图4-2所示。单击"增加",在工资项目列表末增加一空行,可直接输入工资项目或在"名称参照"中选择工资项目名称,并设置新建工资项目的类型、长度、小数位数和工资增减项。

单击界面上的"上移"、"下移"可调整工资项目的排列顺序。单击"增加",增加其他工资项目;单击"重命名",可修改工资项目名称;工资项目设置完成后,单击"确定",弹出"工资项目已经改变,请确认工资类别的公式是否正确。否则计算结果可能不可能"信息提示对话框,单击"确定"。

注意:增项直接计入应发合计,减项直接计入扣款合计;在多类别工资管理时,只有关闭工资类别后,才能新增工资项目;项目名称必须唯一,工资项目一经使用,数据类型不允许修改。

图4-2 工资项目设置

(4)银行设置

执行"基础设置"→基础档案→收付结算→银行档案,进入"银行档案"界面。单击"增加"或者双击要修改的银行档案的栏目,弹出"修改银行档案"对话框,如图4-3所示,默认个人账户为"定长",账号长度11,自动带出账号长度7。

图4-3 修改银行档案

4.工资类别设置

在薪酬系统中,执行"工资类别"→"新建工资类别"命令,弹出"新建工资类别"对话框,如图4-4所示,输入第一个工资类别"正式工",单击"下一步",弹出部门选择对话框,如图4-5所示,选择"选定全部部门",单击"完成",弹出"是否以2020-01-01为当前工资类别的启用日期"信息提示对话框,选择"是","正式工"工资类别建立完成。

返回薪酬系统,执行"工资类别"→"关闭工资类别"命令,关闭"正式工"工资类别。重复上述步骤建立第二个工资类别"临时工",在部门选择中,选择"生产部"下"加工车间"和"包装车间","临时工"工资类别建立完成后,返回薪酬系统,执行"工资类别"→"关闭工资类别"命令,关闭"临时工"工资类别。

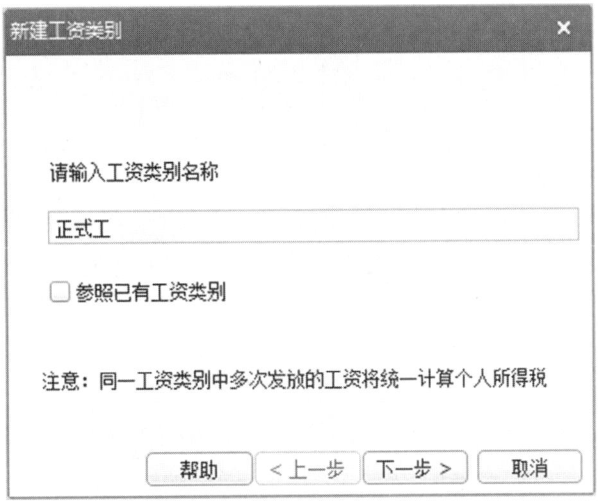

图4-4 新建工资类别

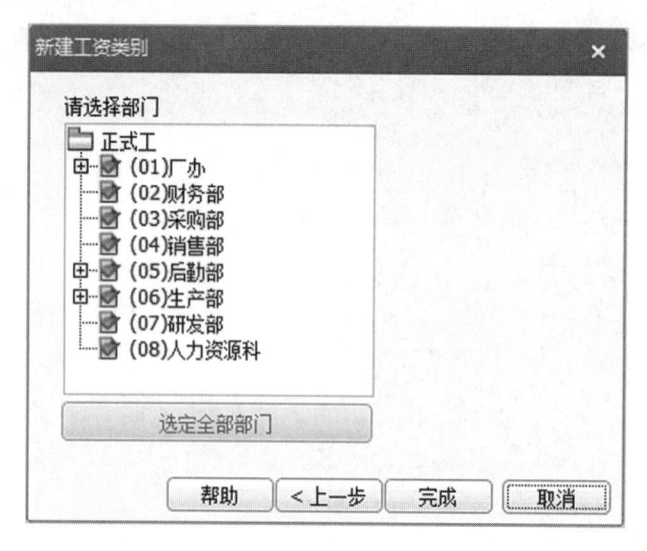

图4-5 工资类别部门选择

5. 人员档案设置

(1) 打开工资类别

在薪酬系统中,执行"工资类别"→"打开工资类别"命令,弹出工资类别选择的对话框,如图4-6所示。选择"001正式工",单击"确定",进入"正式工"工资类别。

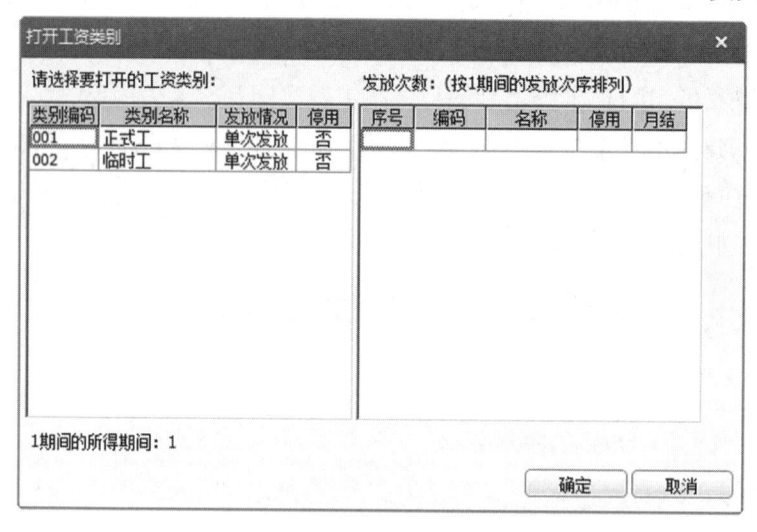

图4-6 工资类别选择

(2) 正式工人员档案引入与新增设置

批量增加原有人员档案。进入人员档案界面后,单击"批增",进入"人员批量增加"对话框,如图4-7所示,选中左侧当前工资类别中的所有部门,在条件查询处,单击"人员类别"的搜索栏,选择"正式工",单击"查询",显示所有未进入本工资类别的人员,单击"全选"→"确定"。人员档案界面将选择的所有人员信息列示在人员档案表中,选中需要修改信息的人员,单击"修改"或者双击待修改人员,对人员信息进行修改,在修改后,单击"确定"再进行下一个人员信息的修改。

新增人员。先在基础档案中增加人员档案,接着在薪酬管理系统中,执行"设置"→"人员档案"命令,进入人员档案界面,单击"增加",弹出"人员档案明细"对话框,如图4-8所示,按资料输入相关信息,并对"计税"、"核算计件工资"、"现金发放"进行正确选择。完成后,单击"确定"。(微课视频:4-1.MP4)

4-1

注意:附加信息中,人员启用日期应早于或等于本系统启用日期,即早于2020年1月1日;一线生产人员,需要选择"核算计件工资";

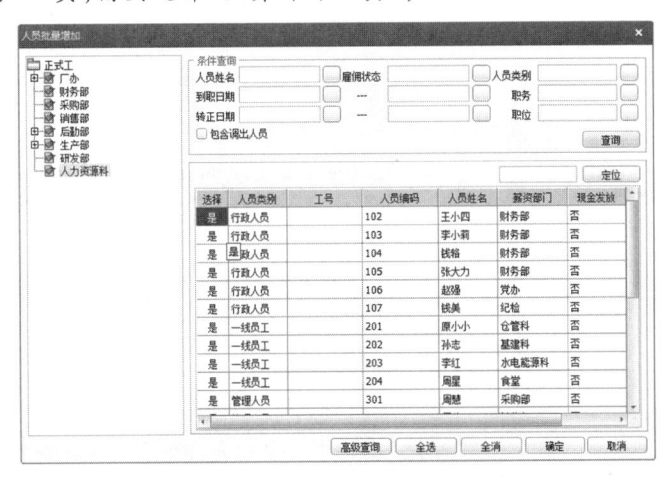

图4-7 人员档案批量增加

图4-8 人员档案明细

(3)临时工人员档案设置

在薪酬系统中,退出正式工人员档案,选择"打开工资类别",选中"临时工",进入临时工人员档案,人员档案增加方法与正式工人员档案增加操作一致,注意在条件查询中"人员类别"选择"临时工"。

6.工资项目设置和公式设置

(1)正式人员工资项目设置

在薪酬系统中,打开"正式工"工资类别,执行"设置"→"工资项目设置"命令,弹出"工资项目设置"对话框,如图4-9所示,选择"增加",在"名称参照"下拉菜单中,选中工资项目,单击界面上的"上移"、"下移"调整工资项目的排列顺序。将所有工资项目设置完成后,单击"确定"。

注意:多类别工资管理时,在某一工资类别设置工资项目时,只能在"名称参照"中进行选择,只有关闭工资类别时,才能新增工资项目。

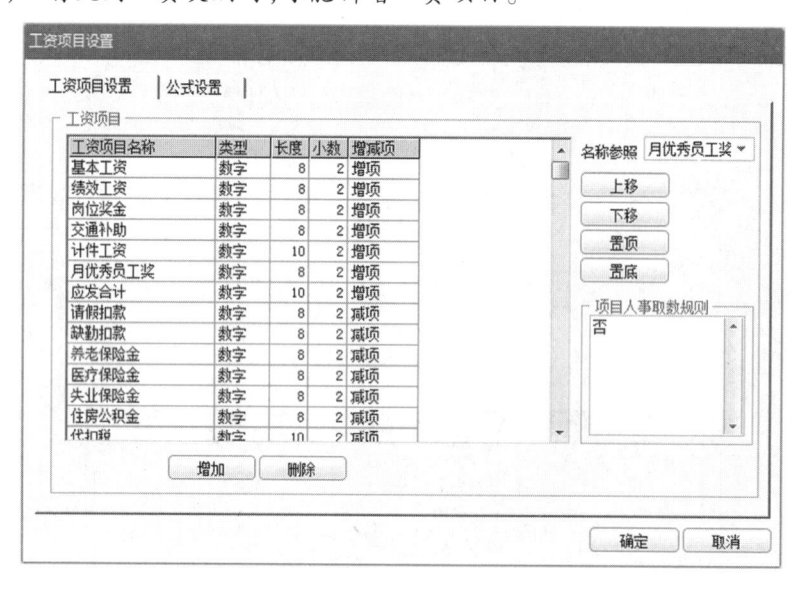

图4-9 工资项目设置

(2)正式人员公式设置

执行"设置"→"工资项目设置"命令,选择"公式设置"选项卡,进入"公式设置"界面,如图4-10所示。单击"增加",在工资项目列表中增加一空行,单击该空行,在下拉菜单中选择需要进行公式计算的工资项目,如选择"请假扣款",单击"公式定义"文本框。单击工资项目列表下的"基本工资",单击运算符"/",单击"公式定义"文本框,输入数字22,单击运算符"*",单击工资项目列表下的"请假天数",单击"公式确认"进行保存。

根据实验资料,参考"请假扣款"的公式设置,依次添加"绩效工资"、"缺勤扣款"、"养老保险金"、"医疗保险金"、"失业保险金"、"住房公积金"、"应纳税额"的公式设置。

函数公式向导输入。单击"增加",在工资项目列表中增加一空行,单击该空行,在下拉菜单中选择选择"交通补助",单击"函数公式向导输入",打开"函数向导→步骤之1"对话框,在函数名中选择"iff"函数,单击"下一步",打开"函数向导→步骤之2",如图4-11所示,单击"逻辑表达式。"搜索栏,打开"参照"对话框,从"参照列表"下拉菜单中选择"人员类别"→行政人员→确定,在逻辑表达式文本框中的公式后单击鼠标,空格后输入"OR",空格后再次单击"逻辑表达式"搜索栏,打开"参照"对话框,从"参照列表"下拉菜单中选择"人员类别"→管理人员→确定,在"算术表达式1"中输入500,在"算术表达式2"中输入300,单击"完成",返回"公式设置"窗口,单击"公式确认"。同理,设置"岗位奖金"的公式设置。单击"确认",退出公式设置(微课视频:4-2.MP4)。

注意:在一个工资项目的公式设置后,一定要单击"公式确认",对该公式进行保存;在"OR"前后应有空格。

图 4-10 公式设置

图 4-11 iff函数向导

(3)临时工工资项目设置和公式设置

打开临时工工资类别，参照正式工工资项目设置和公式设置完成临时工工资项目设置和公式设置。

7.个人所得税

(1)扣税设置

在薪酬系统中，打开"正式工"资类别，执行"选项"命令，选择"扣税设置"选项卡，单击"编辑"，对扣税设置进行修改，选择工资项目"应纳税额"，单击"税率设置"，进入"个人所得税申报表-税率表"界面，设置基数5 000，附加费用0，按照实验资料修改"应纳税所得额上限"、"应纳税所得额下限"、"税率"、"速算扣除数"，单击"确定"，返回"扣税设置"界面，单击"确定"，完成扣税设置。同理，设置临时工的扣税设置。

注意：设置工资的扣税工资项目，系统默认为"实发合计"，在实际业务中，因可能存在免税收入项目和税后列支项目，有时需单独设置一个项目来计算应纳税工资。本实验中，考虑到"五险一金"、"附加扣除"等项目的存在，单独设置了"应纳税额"工资项目。

(2)扣缴所得税

在薪酬管理系统中，打开"正式工"工资类别，执行"业务处理"→"扣缴所得税"命令。弹出"个人所得税申报模板"窗口，如图4-12所示。单击"请选择所在地区名称"下拉菜单，单击"新建"，进入"新增地区"界面，输入地区名称"重庆"，单击"确定"，返回"个人所得税申报模板"界面。

单击"请选择所在地区名称"下拉菜单，选择"重庆"，选择报表名称"代扣个人所得税报表"，弹出"所得税申报"窗口，单击"确定"，进入"所得税申报"界面。单击"栏目"，进入"所得税申报格式设置"界面，如图4-13所示。单击"增行"，增加栏目，在栏目处输入名称，单击"数据源"下拉菜单，选择该栏目数据来源，根据企业需求对扣缴所得税报表进行设置。

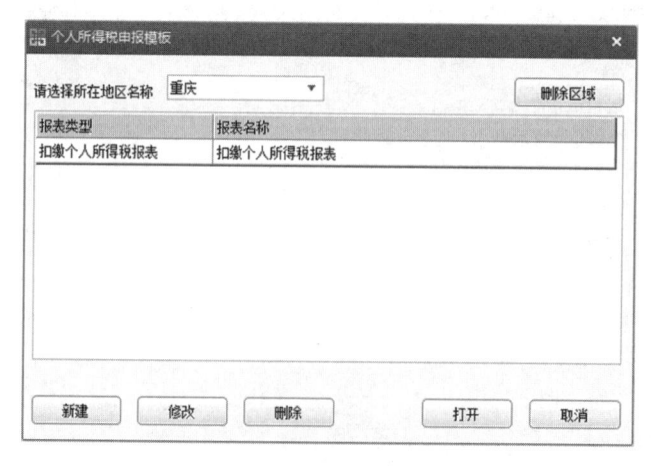

图4-12 个人所得税申报模板

图4-13 所得税申报格式设置

8.计件工资初始设置

(1)初始参数设置

执行"业务工作"→人力资源→计件工资→选项设置→选项,弹出"选项"对话框,如图4-14所示。单击"编辑",可对"计件模式"、"计件工价审核"、"参照控制"进行设置。设置完成后,单击"确定"保存。

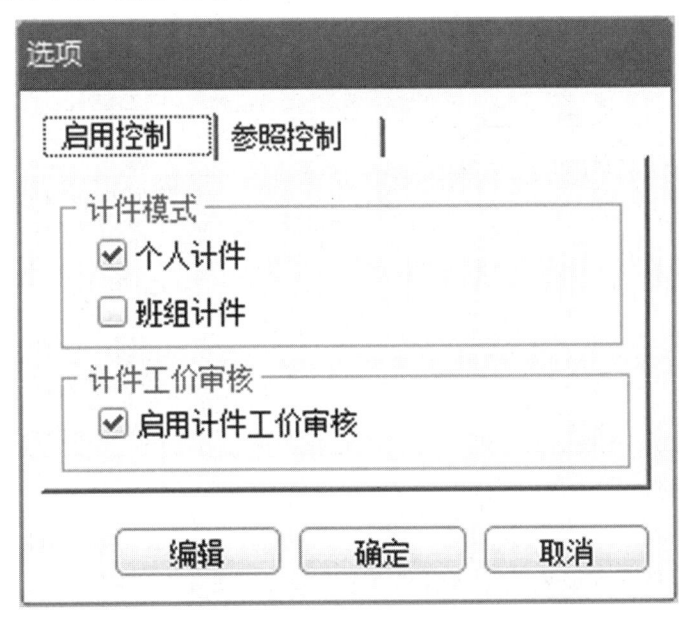

图4-14 计件工资参数设置

· 65 ·

(2)计件要素设置

执行"业务工作"→人力资源→计件工资→设置→计件要素设置,打开"计件要素设置"对话框,如图4-15所示。查看"工序"、"工价"等计件要素是否为"启用"状态。

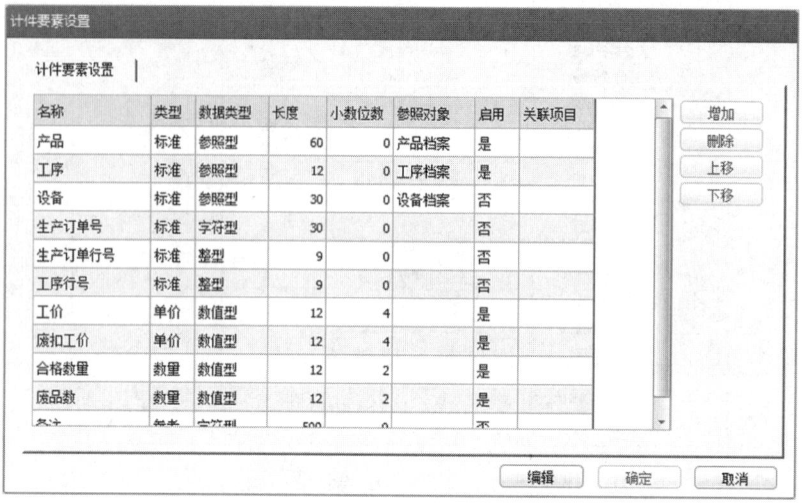

图4-15 计件要素设置

(3)工序设置

执行"基础设置"→基础档案→生产制造→标准工序资料维护,进入"标准工序资料维护"窗口,单击"增加",按照实验资料增加8种工序,结果下表所示。

表4-9

工序代号	工序说明
01	锻压方向杆
02	锻压连接杆
03	加工方向杆
04	加工连接杆
05	包装方向杆
06	包装连接杆
07	检验方向杆
08	检验连接杆

(4)计件工价设置

在计件工资系统中,执行"设置"→"计件工价设置"命令,进入"计价工价设置"界面,单击"增加",按照实验资料输入计件工价,全选后单击"审核",具体结果下表所示。

注意:因在参数设置时启用了计件工价审核,即只有已审核的工价才能参与计件工资的计算,所以在此时要对计价工价进行审核。

表 4-10

序号	工序编码	工序	工价/元	不合格工价/元	是否审核	审核人
1	01	锻压方向杆	1.000 0	0.000 0	是	王小四
2	02	锻压连接杆	0.900 0	0.000 0	是	王小四
3	03	加工方向杆	1.000 0	0.000 0	是	王小四
4	04	加工连接杆	1.000 0	0.000 0	是	王小四
5	05	包装方向杆	0.800 0	0.000 0	是	王小四
6	06	包装连接杆	0.900 0	0.000 0	是	王小四
7	07	检验方向杆	0.500 0	0.000 0	是	王小四
8	08	检验连接杆	0.500 0	0.000 0	是	王小四

实验二 工资数据录入

【实验内容】

1.薪资管理系统日常业务处理；

2.代扣所得税处理。

【实验资料】

(1)工资数据

正式人员1月初工资情况如下表：

表 4-11

姓名	基本工资/元	绩效得分	专项附加扣除/元	请假天数/天	迟到或早退次数/次	旷工次数/次	用水量/吨	用电量/度
王员	10 000	160	2 500				10	500
王小四	7 000	120	2 000					
李小莉	4 500	70	1 800	2				
钱格	4 500	75	1 500					
张大力	4 500	70	1 500		2		8	300
赵强	8 000	110	1 000	1				
钱美	8 000	125	1 000					
原小小	3 500	35	500			2		

续表

姓名	基本工资/元	绩效得分	专项附加扣除/元	请假天数/天	迟到或早退次数/次	旷工次数/次	用水量/吨	用电量/度
孙志	3 500	30	600					
李红	3 500	33	500					
周星	3 500	32	600					
周慧	7 000	100	1 200					
周苇	7 000	110	1 000				5	260
张可	4 000	40	1 500			1		
吴雪	5 000	45	500	3				
郑宇			500					
张凯	5 000	50	800	1				
王诚			600					
孙静	5 000	55	1 000					
陈强			500					
严彬	5 000	50	800					
何浩			600					
吴轩	5 500	60	1 000					
苏欣	7 000	90	1 500	1				
王佳	6 500	40	1 000					
唐朝	4 500	30	1 000					
王田	4 500	70	1 000					
武胜	5 000	40	1 000					
李鹏飞	3 500	30	1 000					
罗列	6 000	30	1 000					
古大力	4 500	30	1 000					
刘能			1 000					
刘图			1 000					
赵角			1 000					
倪菲			1 000					
宁夏			1 000					
白国	5 000	130	1 000					
钱百	5 000	80	1 500					
顾问	5 000	60	1 500					

临时人员1月工资情况如下表:

表4-12

姓名	日期	加工工时/小时	包装工时/小时	加工小时工资率	包装小时工资率
王阳	2020-01-31	150		20	
冯强	2020-01-31		160		18

计件工资情况如下表:

表4-13

姓名	部门	产品名称	计件标准	计件数量/件
郑宇	锻压车间	熟铁方向杆	合格产品数量	2 000
		熟铁连接杆	合格产品数量	2 400
王诚	加工车间	熟铁方向杆	合格产品数量	1 900
		熟铁连接杆	合格产品数量	2 300
陈强	包装车间	精钢方向杆	合格产品数量	1 800
		精钢连接杆	合格产品数量	2 100
何浩	质检车间	熟铁方向杆	检验产品数量	4 500
		熟铁连接杆	检验产品数量	3 800
刘能	锻压车间	精钢方向杆	合格产品数量	3 500
刘图	加工车间	精钢方向杆	合格产品数量	4 000
赵角	包装车间	精钢方向杆	合格产品数量	5 625
倪菲	包装车间	精钢方向杆	合格产品数量	4 750
宁夏	质检车间	精钢方向杆	检验产品数量	9 000

(2)1月份工资变动情况

月优秀员工情况:绩效得分大于等于100的员工,奖励500元,绩效得分大于等于50,小于100的员工,奖励300元,绩效得分50以下的员工,无奖励。

生产工人合格计件数量大于4 000件,奖励300元。

人员调动情况:2020年1月15日,因公司需要,决定聘用冯雪(编号128;性别:女;银行账号:10100000128)到厂办中的纪检部门工作,基本工资4 000元,本月无其他奖励,专项附加扣除500元。

【实验步骤与指导】

1.录入正式人员工资数据

在薪酬系统中,打开"正式工"工资类别,执行"业务处理"→"工资变动"命令,进入"工资变动"界面。单击"过滤器"的下拉菜单,单击"过滤设置",弹出"项目过滤"窗口,从"工资项目"列表框中选择"基本工资"、"绩效得分"和"专项附加扣除"、"请假天数"、"迟到或早退次数"、"旷工次数"六项到"已选项目"列表框中,单击"确定",返回"工资变动"窗口,此时每个人的工资项目就只显示6项,根据实验资料录入"正式工"工资类别的工资数据。

2. 正式人员工资变动

(1)录入正式人员工资变动数据

月优秀员工奖变动。单击"全选",选择成功,人员前面的"选择"栏会出现"Y",单击"替换",进入"工资项数据替换"界面。单击"将工资项目"下拉菜单,选择"月优秀员工奖",在"替换成"文本框中输入"500",在替换条件分别选择"绩效得分"、">="、"100",单击"确定",系统弹出"数据替换后不可恢复。是否继续?"信息提示框,选择"是",系统会弹出"6条记录被替换,是否重新计算?"信息提示框,单击"是",系统自动完成工资计算。同理,完成其余月优秀员工奖的设置。

(2)人员变动

执行"基础设置"→基础档案→机构人员→人员→人员档案,单击"增加",增加冯雪的人员档案。在薪酬管理系统中,打开"正式工"人员类别,执行"设置"→"人员档案"命令,增加冯雪的人员档案。

(3)数据计算与汇总

在"工资变动"窗口,单击"计算",计算工资数据;单击"汇总",汇总工资数据。退出"工资变动"窗口。

3. 临时工工资变动

打开临时工工资类别,参照"正式工"工资类别的工资变动完成临时工工资变动。(微课视频:4-3.MP4)

4. 计件工资统计

在计件工资系统中,执行"个人计件"→"工资计件录入",进入"计件工资录入"窗口,选择工资类别"正式工",部门"生产部",单击"批增"→"人员录入",进入"批量增加计件工资(人员)"界面,如图4-16所示。选择姓名"郑宇",计件日期"2020-01-31"。单击"增行",输入合格数量,单击"计算",算出计件工资,单击"确定",返回"计件工资录入"界面。同理,录入其余计件工资数据。

全部录入后,单击"审核",对录入的计件工资数据进行审核。

执行"汇总"→"计件工资汇总"命令,进入"计件工资汇总"界面,选择工资类别"正式工",部门"生产部",单击"汇总"进行计件工资汇总处理。

图4-16 批量增加计件工资

实验三　工资分摊与凭证生成

【实验内容】

1.工资分摊、生成凭证及月末处理
2.薪资管理系统数据查询

【实验资料】

1.工资分摊类型

应付工资、工会经费、职工教育经费的计提基数以工资表中的"应付工资"为准。

正式员工工资费用分配的转账分录如下表：

表4-14

部门及人员		应付工资/元		工会经费（2%）		职工教育经费（2.5%）	
		借方科目	贷方科目	借方科目	贷方科目	借方科目	贷方科目
行政办、党办、纪检、财务部	行政人员	6602	221101	6602	221102	6602	221103
后勤部	一线人员	6602	221101	6602	221102	6602	221103
采购部、人力资源部	管理人员	6602	221101	6602	221102	6602	221103

续表

部门及人员		应付工资/元		工会经费(2%)		职工教育经费(2.5%)	
		借方科目	贷方科目	借方科目	贷方科目	借方科目	贷方科目
销售部	管理人员	6601	221101	6601	221102	6601	221103
研发部	研发人员	5301	221101	5301	221102	5301	221103
锻压车间、加工车间、包装车间、质检车间	管理人员	510102	221101	510102	221102	510102	221103
锻压车间、加工车间、包装车间、质检车间	一线人员	510102	221101	50010102	221102	50010102	221103

临时工工资费用分配的转账分录如下表：

表4-15

部门及人员		应付工资(100%)	
		借方科目	贷方科目
加工车间	临时工	50010102	221101
包装车间		50010202	221101

【实验步骤与指导】

1. 工资分摊

(1)工资分摊类型设置

在薪酬管理系统中，执行"设置"→"分摊类型设置"命令，选择"正式工"工资类别，进入"分摊类型设置"界面，单击"增加"，打开"分摊类型设置"窗口，根据实验资料输入分摊类型名称，分摊比例，凭证类别字，单击"增行"，选择部门名称、人员类别、工资项目、借方项目、贷方科目(微课视频：4-4.MP4)。

4-4

注意：在计件工资分摊中，需要将生产工人工资分摊到两种产品成本，并以"应付工资"为计提基数时，要注意分摊比例的设置；分摊类型名称必须输入，不允许重复；分摊比例(百分比)必须输入，大于0小于等于100。

(2)分摊工资费用

在薪酬管理系统中，执行"业务处理"→"工资分摊"命令，弹出"工资分摊"对话框，如图4-17所示，选择全部计提费用类型，选择全部核算部门，计提会计月份"2020-1"，计提分配方式"分配到部门"，勾选"明细到工资项目"、"按项目核算"，单击"确定"，进入"工资分摊"窗口，查看工资分摊一览表。

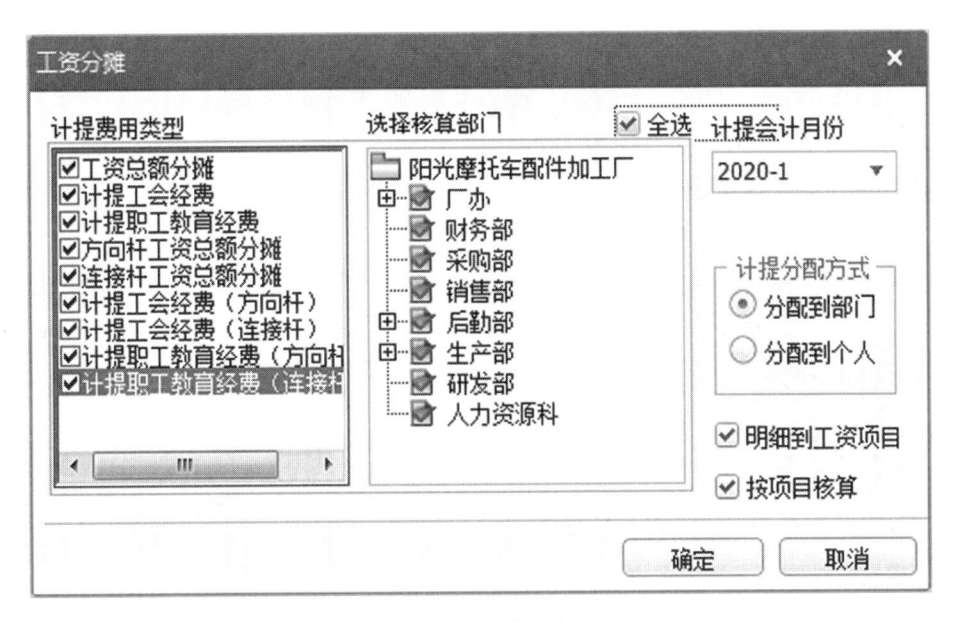

图4-17 工资分摊

(3)生产分摊凭证

在"工资分摊"窗口,勾选"合并科目相同、辅助项相同的分录",单击"制单"或者"批制",生成记账凭证。选择凭证字"转账凭证",选择制单日期"2020-01-31",单击"保存",凭证左上角会出现"已生成"字样,代表该凭证已传递到总账。

注意:

单击"制单"是生成当前所选择的一种"分摊类型"所对应的一张凭证。

单击"批制"是批量制单,可一次将所有本次参与分摊的"分摊类型"所对应的凭证全部生成。

选择"批制"时,需要对每一个分摊类型都勾选"合并科目相同、辅助项相同的分录",否则仅有勾选的分摊类型会合并科目相同、辅助项相同的分录。

(4)临时工工资分摊与凭证生成

打开临时工工资类别,参照"正式工"工资类别的工资分摊与凭证生成完成临时工分摊类型设置、分摊工资费用、生成分摊凭证设置。

(5)凭证审核与记账

注销企业应用平台,更换操作员,在总账系统中,对工资分摊凭证进行审核与记账操作。

2.工资类别汇总

在薪酬管理系统下,执行"工资类别"→"关闭工资类别"命令。执行"维护"→"工资类别汇总"命令,弹出"工资类别汇总"对话框,选择"正式工"、"临时工",单击"确定",完成工资类别汇总。

执行"工资类别"→"打开工资类别"命令,弹出"选择工资类别"窗口,选择"汇总工资类别",单击"确认",查看工资类别汇总后的的各项数据。

3.月末处理

在薪酬管理系统下,打开"正式工"人员类别,执行"业务处理"→"月末处理"命令,弹出"月末处理"对话框,选择"月末处理",单击"确定",弹出"月末处理之后,本月工资将不允许变动!继续月末处理吗?"信息提示框,选择"是",弹出"是否选择清零项?"信息提示框,选择"是",进入"选择清零项目"界面。选择"请假天数"、"迟到或早退次数"、"旷工次数"为清零项,单击"确定",系统自动进行数据结转,并弹出"月末处理完毕"对话框,单击"确定",完成月末处理。

打开临时工工资类别,参照"正式工"工资类别的月末处理完成临时工的月末处理。临时工清零项目选择"加工工时"、"加工工时率"、"包装工时"、"包装工时率"。

注意:若本月工资数据未汇总,系统将不允许执行月末结转命令;月末处理功能只有主管人员才能执行。

4.账表查询

(1)凭证查询

在薪酬管理系统下,执行"凭证查询"→"凭证查询"命令,弹出"凭证查询条件"对话框,选择输入所要查询的起始月份和终止月份,单击"确定",进入"凭证查询"界面。选中一张凭证,单击"删除"按钮可删除标志为"未审核"的凭证;单击"冲销",则可对当前标志为"记账"的凭证,进行红字冲销操作,自动生成与原凭证相同的红字凭证。单击"单据",显示生成凭证的原始凭证即费用一览表 在此显示工资系统生成的所有凭证列表。单击"凭证",显示单张凭证界面。

(2)工资表查询

在薪酬管理系统下,执行"账表"→"工资表"命令,弹出"工资表"对话框,选中需要查看的工资表,单击"查看",选择相应的部门或者人员,单击"确定",即可查询相应的工资表。

(3)工资分析表查询

在薪酬管理系统下,执行"账表"→"工资分析表"命令,弹出"工资分析表"对话框,选择需要查询的工资分析表,单击"确定",即可查询相应的工资分析表。

第五章 固定资产业务

本章实验目的

1. 了解用友新道ERPU8+V12.0管理软件中固定资产管理系统的主要内容。

2. 掌握固定资产管理系统初始化设置、日常增加和减少业务、月末折旧处理和其他业务的具体操作。

本章实验准备

设置系统日期为"2020-01-31",并引入第四章实验的账套数据。

本章实验环境

1. 操作系统:Windows 7。
2. 软件系统:用友新道ERPU8+V12.0。

实验一　初始化设置与数据录入

【实验内容】

1. 固定资产管理系统参数设置、资产类别录入。
2. 固定资产增减方式设置、部门及对应折旧科目设置及原始卡片录入。

【实验资料】

1. 初始设置

(1) 参数设置

表 5-1

控制参数	参数设置
约定与说明	我同意
启用月份	2020-01
折旧信息	本账套计提折旧 折旧方法：平均年限法(二) 折旧汇总分配周期：1个月 当(月初已计提月份=可使用月份-1)时，将剩余折旧全部提足
编码方式	资产类别编码方式：2112 固定资产编码方式：按"类别编码+序号"自动编码 卡片序号长度：3
财务接口	与账务系统进行对账 对账科目： 固定资产对账科目：1601固定资产 累计折旧对账科目：1602累计折旧
补充参数	业务发生后立即制单 月末结账前一定要完成制单登账业务 固定资产缺省入账科目：1601 累计折旧缺省入账科目：1602 减值准备缺省入账科目：1603

(2) 资产类别

表 5-2

编码	类别名称	净残值率	使用年限	单位	计提属性	卡片样式
01	交通运输设备	5%			正常计提	通用样式
011	经营用设备	5%	5年	辆	正常计提	通用样式

续表

编码	类别名称	净残值率	使用年限	单位	计提属性	卡片样式
012	非经营用设备	5%	5年	辆	正常计提	通用样式
02	电子设备及其他通信设备	5%			正常计提	通用样式
021	经营用设备	5%	3年	台	正常计提	通用样式
022	非经营用设备	5%	3年	台	正常计提	通用样式
03	建筑物	5%			正常计提	通用样式
031	经营用建筑物	5%	20年	栋	正常计提	通用样式
032	非经营用建筑物	5%	15年	栋	正常计提	通用样式

（3）部门及对应折旧科目

表5-3

部门	对应折旧科目
厂办	管理费用/折旧费（660206）
财务部	管理费用/折旧费（660206）
采购部	管理费用/折旧费（660206）
销售部	销售费用/折旧费（660103）
后勤部	管理费用/折旧费（660206）
生产部	制造费用/共同折旧（510103）
研发部	管理费用/折旧费（660206）
人力资源科	管理费用/折旧费（660206）

（4）增减方式的对应入账科目

表5-4

增减方式目录	对应入账科目
增加方式	
直接购入	100201,工行存款
投资者投入	400101,实收资本（张菲）
捐赠	6301,营业外收入
盘盈	6901,以前年度损益调整
在建工程转入	1604,在建工程
融资租入	201001,租赁付款额

续表

增减方式目录	对应入账科目
减少方式	
出售	1606,固定资产清理
盘亏	1901,待处理财产损溢
投资转出	1606,固定资产清理
捐赠转出	1606,固定资产清理
报废	1606,固定资产清理
毁损	1606,固定资产清理
融资租出	122001,租赁收款额
拆分减少	1606,固定资产清理

(5)原始卡片

表5-5

固定资产名称	资产代码	类别号	所在部门	增加方式	年限	开始使用日期	原值/元	累计折旧/元	对应折旧科目名称
丰田小客车	011001	011	销售部	捐赠	5	2018-12-31	250 000	47 500	660103
宇通客车	011002	011	后勤部/食堂	直接购入	5	2017-12-31	240 000	91 200	660206
小型货车	011003	011	研发部	直接购入	5	2018-06-30	300 000	85 500	660206
宝马轿车	012001	012	厂办/行政办	直接购入	5	2018-12-31	300 000	57 000	660206
苹果电脑	021001	021	采购部	直接购入	3	2019-06-30	30 000	4 750	660206
方正微机	021002	021	研发部	直接购入	3	2018-12-31	9 000	2 850	660206
联想笔记本电脑	021003	021	销售部	直接购入	3	2018-12-31	30 000	9 500	660103
华为笔记本电脑	022001	022	财务部	直接购入	3	2019-06-30	30 000	4 750	660206
复印机	022002	022	财务部	直接购入	3	2017-12-31	30 000	19 000	660206
台式电脑	022003	022	采购部	直接购入	3	2018-12-31	30 000	9 500	660206
厂房A	031001	031	生产部/加工车间	投资者投入	20	2016-12-31	5 000 000	712 500	510103
办公楼A	031002	031	后勤部/仓管科	在建工程转入	20	2018-12-31	3 000 000	142 500	660206

续表

固定资产名称	资产代码	类别号	所在部门	增加方式	年限	开始使用日期	原值/元	累计折旧/元	对应折旧科目名称
办公楼B	031003	031	采购部	直接购入	20	2018-12-31	5 000 000	237 500	660206
办公楼C	032001	032	人力资源部	直接购入	15	2015-12-31	3 000 000	760 000	660206
合计							17 249 000	2 184 050	

注：净残值均为5%，使用状况均为"在用"，折旧方法采用平均年限法（二）。

【实验步骤与指导】

1.启用并注册固定资产管理系统

1)执行"开始"→程序→用友ERPU8+V12.0→"企业应用平台"命令，打开"登录"对话框。

2)输入操作员"003"，在"账套"下拉列表中选择"001阳光摩托车配件加工厂"，更改操作日期为"2020-01-01"，单击"确定"按钮。

3)执行"基础设置"→基本信息→"系统启用"命令，打开"系统启用"对话框，选中"固定资产"复选框，弹出"日历"对话柜，选择固定资产系统启用日期"2020-01-01"，单击"确定"按钮，系统弹出"确定要启用当前系统吗？"信息提示对话框，单击"是"按钮返回。

4)在"业务导航"选项卡中，单击"财务会计"→"固定资产"选项，系统弹出"这是第一次打开此账套，还未进行过初始化，是否进行初始化？"信息提示对话框，单击"是"按钮，打开固定资产"初始化账套向导"对话框。

2.初始设置

（1）设置控制参数

1)在"初始化账套向导—约定与说明"对话框中，选择"我同意"。

2)单击"下一步"按钮，打开"初始化账套向导—启用月份"对话框，选择启用月份"2020-01"。

3)选中"本账套计提折旧"复选框，选择折旧方法"平均年限法（二）"，折旧分配周期"1个月"，选中"当(月初已计提月份=可使用月份-1)时，将剩余折旧全部提足"复选框。

4)单击"下一步"按钮，打开"初始账套化向导—编码方式"对话柜，确定资产类别编科长度为"2112"，如图5-1所示，选择"自动编码"单选按钮，选择固定资产编码方式"类别编号+序号"选择序号长度3。

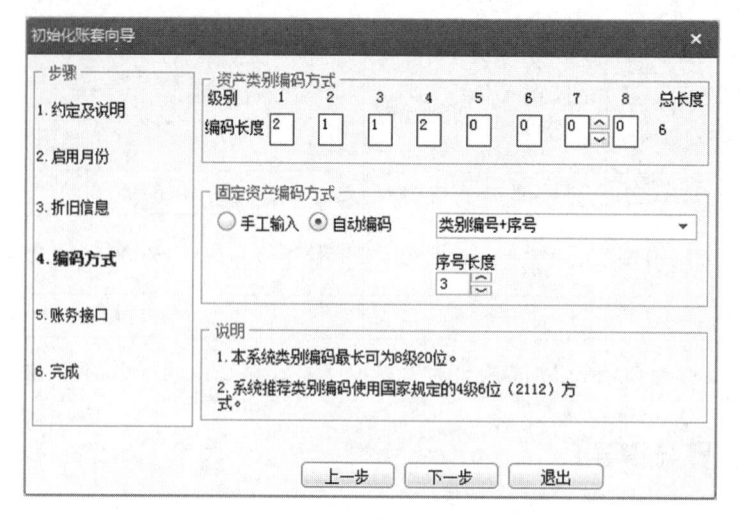

图5-1 资产类别编码方式设置

5)单击"下一步"按钮,打开"初始化账套向导—财务接口"对话框,如图5-2,选中"与账务系统进行对账"复选框,选择固定资产的对账科目"1601,固定资产",累计折旧的对账科目"1602,累计折旧"。

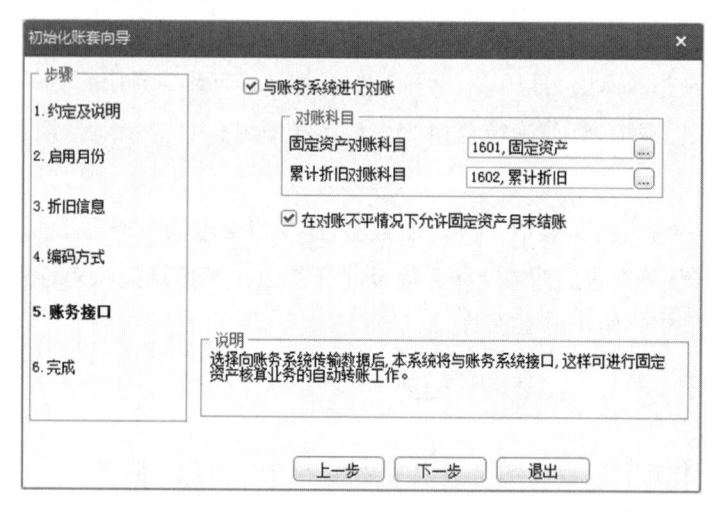

图5-2 账务接口设置

6)单击"下一步"按钮,打开"初始化账套向导—完成"对话框,单击"完成"按钮。
7)系统弹出"是否确定所设置的信息完全正确并保存对新账套的所有设置?"信息提示对话框,单击"是"按钮。系统弹出"已成功初始化本固定资产账套!"信息提示对话框,单击"确定"按钮。

(2)补充参数设置
1)执行"设置"→"选项"命令,进入"选项"窗口,如图5-3。
2)单击"编辑"按钮,打开"与账务系统接口"选项卡。

3）选中"业务发生后立即制单"、"月末结账前一定要完成制单登账业务"复选框，选择缺省入账科目"1601,固定资产"、"1602,累计折旧"、"1603,固定资产减值准备"，单击"确定"按钮。

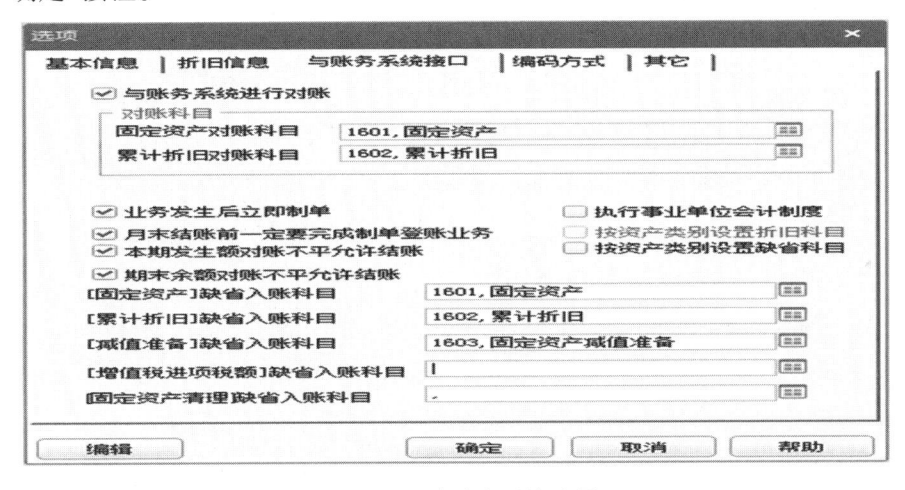

图5-3 固定资产系统选项

3.设置资产类别

1）执行"设置"→"资产类别"命令，进入"固定资产分类编码表"窗口。

2）单击"增加"按钮，输入类别名称"交通运输设备"，净残值率5%，选择计提属性"正常计提"，选择折旧方法"平均年限法（二）"。卡片样式选择"通用样式"，单击"保存"按钮。

3）然后单击"01交通运输设备"，点击"增加"按钮，输入类别名称"经营用设备"，净残值率5%，使用年限为5年，选择计提属性"正常计提"，折旧方法选择"平均年限法（二）"。卡片样式选择"通用样式"，计量单位为"辆"，单击"保存"按钮。

4）同理，完成其他资产类别的设置。

注意：资产类别编码不能重复，同一级的类别名称不能相同；类别编码、名称、计提属性、卡片样式不能为空。已使用过的类别不能设置新的下级。

4.设置部门对应折旧科目

1）执行"设置"→"部门对应折旧科目"命令，进入"固定资产部门编码表"窗口。

2）选择部门"厂办"，单击"修改"按钮。

3）选择折旧科目"管理费用/折旧费（660206）"，单击"保存"按钮，系统弹出"是否将厂办的所有下级部门的折旧科目替换为【折旧费】？"信息提示对话框，单击"是"按钮。

4）替换之后，即可看到厂办下的行政办、党办、纪检部门对应折旧科目都修改为"管理费用/折旧费（660206）"。

5)同理,完成其他部门折旧科目的设置。

5.设置增减方式的对应科目

1)执行"设置"→"增减方式"命令,进入"增减方式"窗口。

2)在左侧列表框中,单击"直接购入"增加方式,单击"修改"按钮。

3)输入对应入账科目"工行存款(100201)",单击"保存"按钮。

4)同理,输入减少方式"出售"的对应入账科目"固定资产清理(1606)"。

5)按照相同的步骤完成其他增加或减少方式对应科目的设置。

注意:当固定资产发生增减变动,系统生成凭证时,会默认采用这些科目。

6.录入原始卡片(微课视频:5-1.MP4)

1)执行"卡片"→"录入原始卡片"命令,进入"固定资产类别档案"窗口,如图5-4,选择资产类别"(011)经营用设备",单击"确定"按钮。

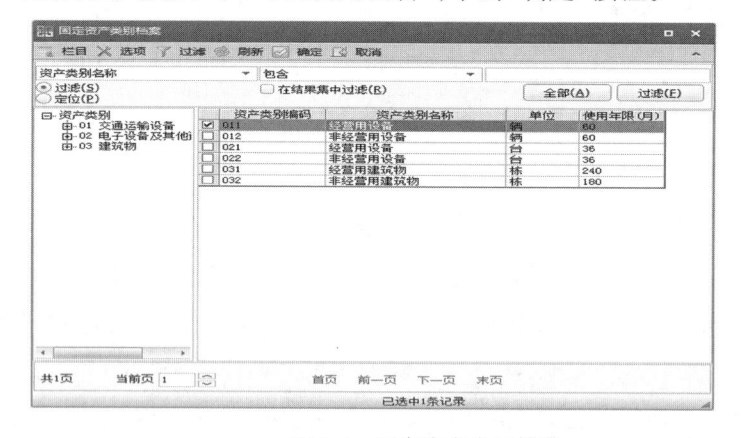

图5-4 固定资产类别档案

2)进入"固定资产卡片录入"窗口,如图5-5,输入固定资产名称"丰田小客车",双击"使用部门"选择"单部门使用",点击"确定",选择"销售部"。双击"增加方式",选择"捐赠"。双击"使用状况",选择"在用"。输入开始使用日期"2018-12-31",输入原值"250 000",累计折旧"47 500",其他信息自动算出。

图5-5 固定资产卡片

3)单击"保存"按钮,系统弹出"数据成功保存!"信息提示对话框,单击"确定"按钮。

4)同理,完成其他固定资产原始卡片的录入。

注意:原始卡片的原值、使用部门、工作总量、使用状况、累计折旧、净残值(率)、折旧方法、使用年限、资产类别在没有做变动单或评估单情况下,录入当月可以修改;如果做过变动单,只有删除变动单才可以修改;系统将根据开始使用日期自动算出已计提月份,但可以修改,应将使用期间停用等不计提折旧的月份扣除;月折旧率、月折旧额与计算折旧有关的项目输入后,系统会按照输入的内容自动算出并显示在相应项目内,可与手工计算的值比较,核对是否有错误。

实验二　固定资产增加业务

【实验内容】

固定资产日常增加业务的处理、增加固定资产卡片的录入、生成凭证。

【实验资料】

业务一:1月1日,生产部锻压车间融资租入一栋厂房B,租赁期为9年,初始租赁期内的不含税租金为每年50 000元,租金于每年年末进行支付。公司无法确定租赁内含利率,其增量借款利率为每年5%,通过计算,得知租赁付款额为450 000元,租赁付款额现值为355 391元,未确认融资费用为94 609元。资产类别031,按平均年限法(二)折旧,净残值率5%。未取得相应的增值税发票。

借:使用权资产　　　　　　　　　　　　　　　　　　　　355 391

　　租赁负债——未确认融资费用　　　　　　　　　　　94 609

　　贷:租赁负债——租赁付款额　　　　　　　　　　　　　450 000

业务二:1月5日,研发部直接购入扫描仪一台,价值3 000元,净残值率5%,预计使用年限3年。款项已通过银行进行支付,结算方式为转账支票,票号为ZZ1008。资产类别021,平均年限法(二)折旧。

借:固定资产——扫描仪　　　　　　　　　　　　　　　3 000

　　应交税费——应交增值税(进项税额)　　　　　　　390

　　贷:银行存款　　　　　　　　　　　　　　　　　　　　3 390

业务三:1月8日,财务部收到投资者张菲投入的一台联想笔记本电脑,投资合同约定的价值为9 000元,按照13%的税率可以抵扣进项税额,实收资本的份额为

8 000元,计入资本公积的价值为2 170元。净残值率5%,预计使用年限3年。资产类别022,平均年限法(二)折旧。

  借:固定资产——联想笔记本电脑   9 000
    应交税费——应交增值税(进项税额)   1 170
   贷:实收资本   8 000
     资本公积——资本溢价   2 170

业务四: 1月9日,采购部收到政府捐赠的一辆小客车,价值120 000元,净残值率5%,预计使用年限5年。资产类别011,平均年限法(二)折旧。

  借:固定资产——小客车   120 000
   贷:递延收益   120 000

业务五: 1月13日,生产部的质检车间收到在建工程转入的一栋厂房C,价值3 000 000元,不能抵扣进项税额,净残值率5%,预计使用年限20年。资产类别031,平均年限法(二)折旧。

  借:固定资产——厂房   3 000 000
   贷:在建工程   3 000 000

业务六: 1月31日,销售部盘盈一台打印机,价值12 000,净残值率5%,预计使用年限3年。资产类别021,平均年限法(二)折旧。

  借:固定资产——打印机   12 000
   贷:以前年度损益调整   12 000
  借:以前年度损益调整   12 000
   贷:盈余公积   900
    利润分配——未分配利润   8 100
    应交税费——应交所得税   3 000

【实验步骤与指导】

业务一(微课视频:5-2.MP4)

1)执行"卡片"→"资产增加"命令,进入"固定资产类别档案"窗口,选择资产类别"(031)经营用建筑物",单击"确定"按钮,进入"固定资产卡片"窗口。

2)输入固定资产名称"厂房B",双击"使用部门"弹出"本资产部门使用方式"信息提示对话框,选择"单部门使用"选项,单击"确定"按钮。

3)打开"部门参照"对话框,选择"生产部锻压车间"选项。双击"增加方式",选择"融资租入"。双击"使用状况"选择"在用"。输入原值"355391",可使用年限"108月",开始使用日期"2020-01-01"。

4)单击"保存"按钮,进入"填制凭证"窗口,。

5)选择凭证类别"转账凭证",修改借方科目固定资产(1606)为"使用权资产(1010)"及制单日期等项目,如图5-6所示,单击"保存"按钮。

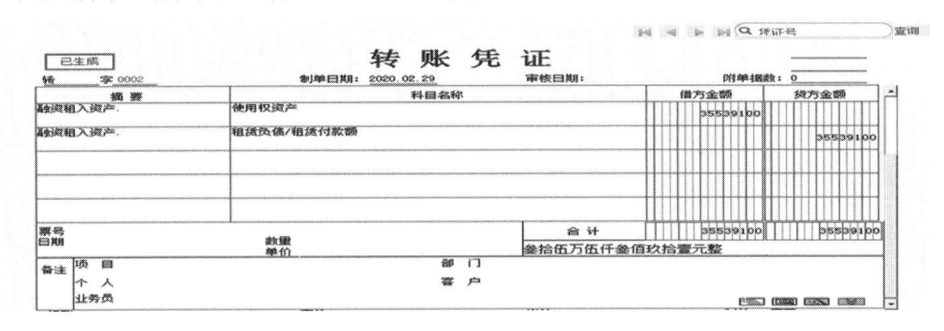

图5-6 融资租入固定资产会计凭证

6)然后点击"财务会计"→总账→凭证→填制凭证,进入"填制凭证"窗口,单击"增加"按钮,填制并生成以下凭证,如图5-7所示。

借:租赁负债——未确认融资费用　　　　　　　　　　　　　　94 609
　　贷:租赁负债——租赁付款额　　　　　　　　　　　　　　　94 609

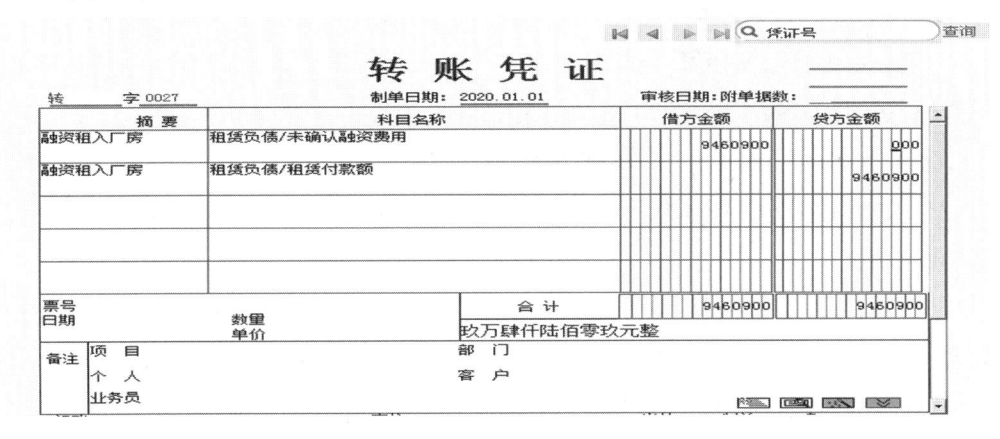

图5-7 融资租入固定资产补充会计凭证

业务二

1)同业务一处理相同,资产类别选择"(021)经营用设备",输入固定资产名称"扫描仪",使用部门选择"研发部"选项,增加方式选择"直接购入",使用状况选择"在用",输入原值"3000",开始使用日期"2020-01-05"。

2)单击"保存"按钮,进入"填制凭证"窗口,如图5-8所示。

3)选择凭证类别"付款凭证",修改制单日期等项目,银行存款结算方式为"转账支票",票号输入"ZZ1008",单击"保存"按钮。

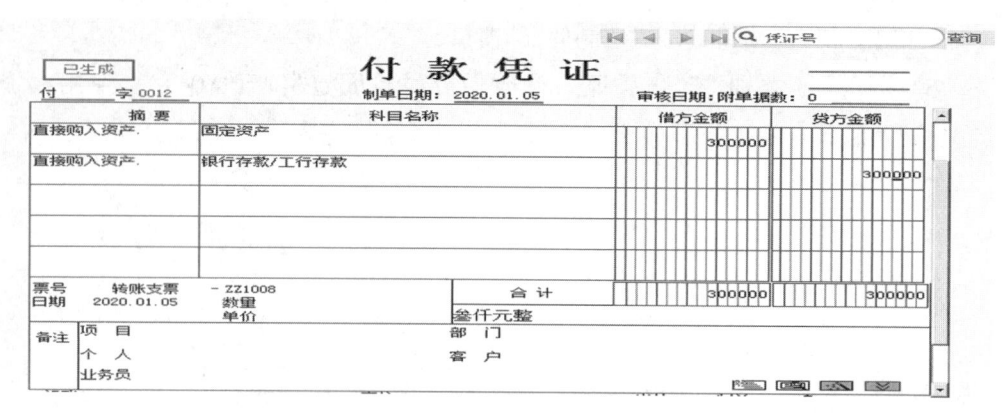

图5-8　外购固定资产会计凭证

4)然后点击"财务会计"→总账→凭证→填制凭证,进入"填制凭证"窗口,单击"增加"按钮,填制并生成以下凭证。

借:应交税费——应交增值税(进项税额)　　　　　　390
　　贷:银行存款　　　　　　　　　　　　　　　　　　　　390

业务三

1)同业务一处理相同,资产类别选择"(022)非经营用设备",输入固定资产名称"联想笔记本电脑",使用部门选择"财务部"选项,增加方式选择"投资者投入",使用状况选择"在用",输入原值"9000",开始使用日期"2020-01-08"。

2)单击"保存"按钮,进入"填制凭证"窗口。

3)选择凭证类别"转账凭证",修改制单日期等项目,单击"保存"按钮。

业务四

1)同业务一处理相同,资产类别选择"(011)经营用设备",输入固定资产名称"小客车",使用部门选择"采购部"选项,增加方式选择"捐赠",使用状况选择"在用",输入原值"120000",开始使用日期"2020-01-09"。

2)单击"保存"按钮,进入"填制凭证"窗口。

3)选择凭证类别"转账凭证",修改制单日期等项目,单击"保存"按钮。

业务五

1)同业务一处理相同,资产类别选择"(031)经营用建筑物",输入固定资产名称"厂房C",使用部门选择"生产部质检车间"选项,增加方式选择"在建工程转入",使用状况选择"在用",输入原值"3000000",开始使用日期"2020-01-13"。

2)单击"保存"按钮,进入"填制凭证"窗口。

3)选择凭证类别"转账凭证",修改制单日期等项目,单击"保存"按钮。

业务六

1)同业务一处理相同,资产类别选择"(021)经营用设备",输入固定资产名称"打印机",使用部门选择"销售部"选项,增加方式选择"盘盈",使用状况选择"在用",输入原值"12000",开始使用日期"2020-01-31"。

2)单击"保存"按钮,进入"填制凭证"窗口,如图5-9所示。

3)选择凭证类别"转账凭证",修改制单日期等项目,单击"保存"按钮。

4)然后点击"财务会计"→总账→凭证→填制凭证,进入"填制凭证"窗口,单击"增加"按钮,填制并生成以下凭证。

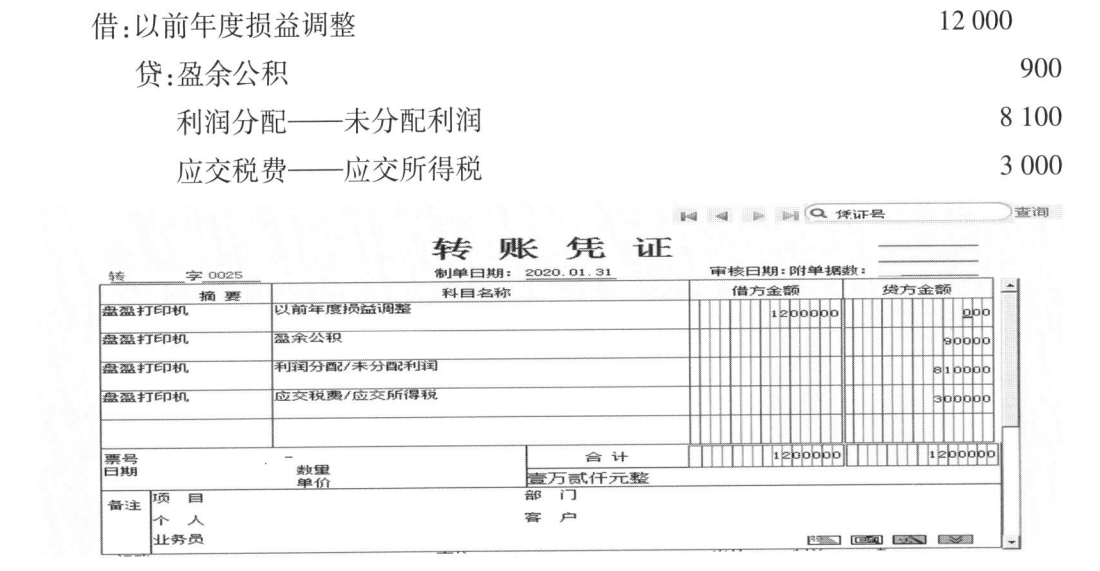

借:以前年度损益调整　　　　　　　　　　　　　　　　　　　12 000
　　贷:盈余公积　　　　　　　　　　　　　　　　　　　　　　　　900
　　　　利润分配——未分配利润　　　　　　　　　　　　　　　8 100
　　　　应交税费——应交所得税　　　　　　　　　　　　　　　3 000

图5-9　盘盈固定资产补充会计凭证

注意:固定资产原值一定要输入卡片录入月初的价值,否则会出现计算错误;卡片输入完后,也可以不用立即制单,可以月末批量制单,一般建议立即制单。

实验三　固定资产减少业务

【实验内容】

固定资产日常减少业务的处理、减少固定资产卡片、生成凭证。

【实验资料】

业务一:1月15日,厂办-行政办将使用过的宝马轿车(00004)对外进行出售,售价为200 000元,按照13%缴纳增值税,价款通过工商银行已收取,该资产没有计提减值准备。结算方式:银行转账,票号:ZZ1009。

  借:固定资产清理   238 250
    累计折旧   61 750
    贷:固定资产   300 000
  借:银行存款   226 000
    贷:应交税费——应交增值税(销项税额)   26 000
      固定资产清理   200 000
  借:资产处置损益   38 250
    贷:固定资产清理   38 250

业务二:1月18日,公司将人力资源科所使用的办公楼C(00014)甲公司进行投资,办公楼的公允价值为2 300 000元,取得长期股权投资计为入账价值为2 400 000元,发生清理费用10 000元,用银行存款支付,票号:ZZ2001。

  借:固定资产清理   2 224 166.67
    累计折旧   775 833.33
    贷:固定资产   3 000 000
  借:长期股权投资   2 400 000
    贷:固定资产清理   2 400 000
  借:固定资产清理   263 000
    贷:银行存款   10 000
      应交税费——应交增值税(销项税额)   253 000
  借:资产处置损益   87 166.67
    贷:固定资产清理   87 166.67

业务三:1月22日,研发部毁损方正微机(00006)一台,清理费用100元,采用工商银行进行支付,票号:ZZ2002,残料收入500元,作为库存现金收取。

  借:固定资产清理   5 912.5
    累计折旧   3 087.5
    贷:固定资产   9 000
  借:库存现金   500
    贷:固定资产清理   500
  借:固定资产清理   100
    贷:银行存款   100
  借:营业外支出   5 512.5
    贷:固定资产清理   5 512.5

业务四：1月25日，公司将研发部的小型货车(00003)对外进行捐赠，货车的公允价值为210 000，按照13%缴纳增值税，未发生清理费用。

借：固定资产清理	209 750
累计折旧	90 250
贷：固定资产	300 000
借：固定资产清理	27 300
贷：应交税费——应交增值税（销项税额）	27 300
借：营业外支出	237 050
贷：固定资产清理	237 050

业务五：1月26日，财务部的复印机(00009)因故障问题报废了，清理费用300元，通过库存现金进行支付，残料收入200元，工商银行已经收到款项，票号：ZZ2003。

借：固定资产清理	10 208.33
累计折旧	19 791.67
贷：固定资产	30 000
借：银行存款	200
贷：固定资产清理	200
借：固定资产清理	300
贷：库存现金	300
借：营业外支出	10 308.33
贷：固定资产清理	10 308.33

业务六：1月28日，采购部的一台台式电脑(00010)音箱损坏，不能在进行使用，但主机可以继续进行使用，原值为30 000，累计折旧10 291.67元，现在主机的公允价值为15 000元，音箱进行了报废处理，没有残值收入。因此需要对台式电脑的价值进行拆分减少处理。

借：固定资产清理	19 708.33
累计折旧	10 291.67
贷：固定资产——台式电脑	30 000
借：固定资产	15 000
贷：固定资产清理	15 000
借：营业外支出	4 708.33
贷：固定资产清理	4 708.33

业务七：1月31日，销售部对资产进行清点时，发现2018年末刚买的一台联想笔记本电脑(00007)丢失了，其原值为30 000元，已提折旧额9 500元，经查明是由于过失人

销售部张可造成的毁损,应由张可赔偿5 000元。

  借:待处理财产损溢——待处理固定资产损溢   19 708.33
    累计折旧   10 291.67
    贷:固定资产——联想笔记本电脑   30 000
  借:其他应收款   5 000
    贷:待处理财产损溢   5 000
  借:营业外支出   14 708.33
    贷:待处理财产损溢   14 708.33

【实验步骤与指导】

业务一

1)执行"资产处置"→"资产减少"命令,进入"资产减少"窗口,如图5-10。选择卡片编号"00004",单击"增加"按钮。

2)选择减少方式为"出售",填写清理收入"200 000",增值税"26 000",单击"确定"按钮。

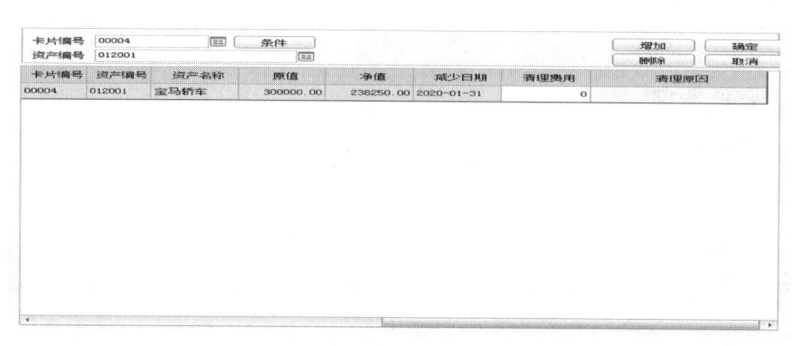

图5-10 固定资产减少界面

3)进入"填制凭证"窗口,如图5-11,选择"收款凭证"类别,填写摘要"出售宝马轿车",修改制单日期为2020-01-15,并补充相应的会计科目,然后单击"保存"按钮。

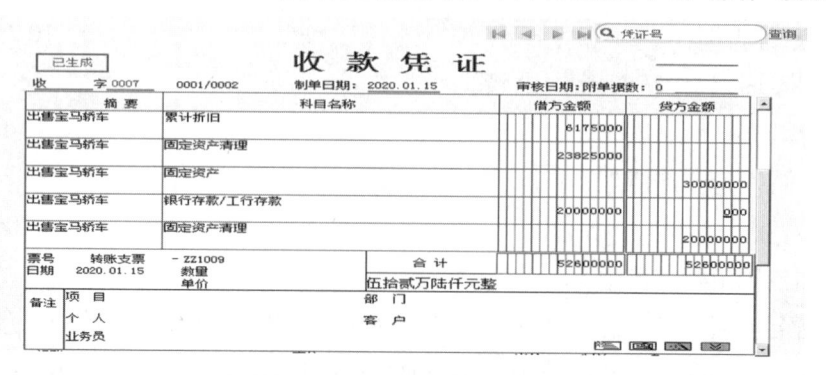

图5-11 出售固定资产会计凭证(此图需要对应会计分录进行修改)

4)然后点击"财务会计"→总账→凭证→"填制凭证",进入"填制凭证"窗口,单击"增加"按钮,填制并生成以下凭证。(如图5-12)

  借:资产处置损益   38 250

    贷:固定资产清理   38 250

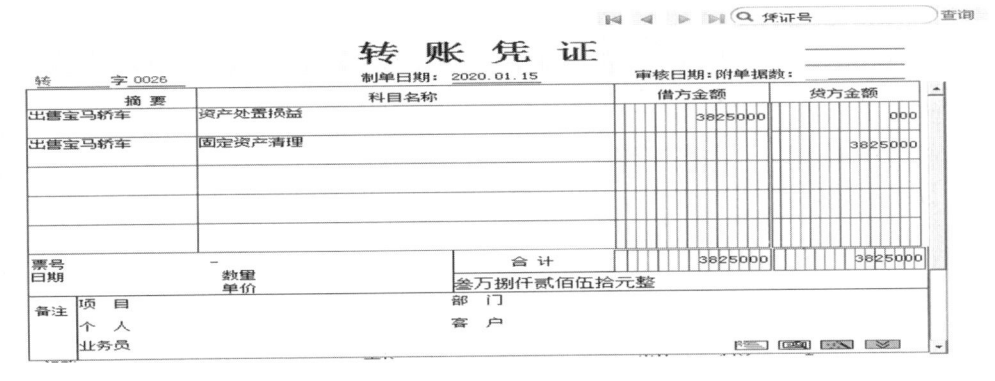

图5-12 固定资产处置差额结转会计凭证

业务二

1)执行"资产处置"→"资产减少"命令,进入"资产减少"窗口。选择卡片编号"00014",单击"增加"按钮。

2)选择减少方式为"投资转出",填写清理收入"2 400 000",增值税"253 000",清理费用"10 000",单击"确定"按钮,进入"填制凭证"窗口。

3)选择"付款凭证"类别,修改其他项目,单击"保存"按钮。

4)然后点击"财务会计"→总账→凭证→"填制凭证",进入"填制凭证"窗口,单击"增加"按钮,填制并生成以下凭证。

  借:资产处置损益   87 166.67

    贷:固定资产清理   87 166.67

业务三

1)执行"资产处置"→"资产减少"命令,进入"资产减少"窗口。选择卡片编号"00006",单击"增加"按钮。

2)选择减少方式为"毁损",填写清理收入"500",清理费用"100",单击"确定"按钮,进入"填制凭证"窗口。

3)选择"付款凭证"类别,修改其他项目,单击"保存"按钮。

4)然后点击"财务会计"→总账→凭证→"填制凭证",进入"填制凭证"窗口,单击"增加"按钮,填制并生成以下凭证。

  借:营业外支出   5 512.5

    贷:固定资产清理   5 512.5

业务四

1)执行"资产处置"→"资产减少"命令,进入"资产减少"窗口。选择卡片编号"00003",单击"增加"按钮。

2)选择减少方式为"捐赠转出",填写增值税"27 300",单击"确定"按钮,进入"填制凭证"窗口。

3)选择"转账凭证"类别,修改其他项目,单击"保存"按钮。

4)然后点击"财务会计"→总账→凭证→"填制凭证",进入"填制凭证"窗口,单击"增加"按钮,填制并生成以下凭证。

借:营业外支出　　　　　　　　　　　　　　　　237 050
　　贷:固定资产清理　　　　　　　　　　　　　　　　237 050

业务五

1)执行"资产处置"→"资产减少"命令,进入"资产减少"窗口。选择卡片编号"00009",单击"增加"按钮。

2)选择减少方式为"报废",填写清理收入"200",清理费用"300",单击"确定"按钮,进入"填制凭证"窗口。

3)选择"付款凭证"类别,修改其他项目,单击"保存"按钮。

4)然后点击"财务会计"→总账→凭证→"填制凭证",进入"填制凭证"窗口,单击"增加"按钮,填制并生成以下凭证。

借:营业外支出　　　　　　　　　　　　　　　　10 308.33
　　贷:固定资产清理　　　　　　　　　　　　　　　10 308.33

业务六

1)执行"资产处置"→"资产减少"命令,进入"资产减少"窗口。选择卡片编号"000010",单击"增加"按钮。

2)选择减少方式为"拆分减少",填写清理收入"15 000",单击"确定"按钮,进入"填制凭证"窗口。

3)选择"转账凭证"类别,修改其他项目,单击"保存"按钮。

4)然后点击"财务会计"→总账→凭证→"填制凭证",进入"填制凭证"窗口,单击"增加"按钮,填制并生成以下凭证。

借:营业外支出　　　　　　　　　　　　　　　　4 708.33
　　贷:固定资产清理　　　　　　　　　　　　　　　4 708.33

业务七

1)执行"资产处置"→"资产减少"命令,进入"资产减少"窗口。选择卡片编号"00007",单击"增加"按钮。

2)选择减少方式为"盘亏",填写清理收入"5 000",单击"确定"按钮,进入"填制凭证"窗口。

3)选择"转账凭证"类别,修改其他项目,单击"保存"按钮。

4)然后点击"财务会计"→总账→凭证→"填制凭证",进入"填制凭证"窗口,单击"增加"按钮,填制并生成以下凭证。

借:营业外支出　　　　　　　　　　　　　　　　　　　　　14 708.33
贷:待处理财产损溢　　　　　　　　　　　　　　　　　　　14 708.33

注意:本账套需要进行计提折旧后,才能减少资产;资产减少的恢复是一个纠错的功能,当月减少的资产可以通过本功能恢复使用。通过资产减少的资产只有在减少的当月可以恢复;在卡片管理列表中选择"已减少资产",在显示出的已减少资产列表中,将焦点定位在需要撤销减少的资产记录上,点击工具栏中的"撤销减少",可以撤销该资产的减少操作;如果资产减少操作已制作凭证,必须删除凭证后才能恢复。

实验四　固定资产折旧及其他业务

【实验内容】

1.固定资产的月末处理

计提折旧、对账、结账。

2.下月业务处理

原值增加、部门转移、计提减值准备及资产盘点。

【实验资料】

1.折旧业务

01月31日,计提本月折旧费用。

2.总账系统处理

3.账表管理

4.对账

5.月末结账

6.下月业务

(1)资产原值增加

02月06日,后勤部的宇通客车添置新配件花费共10 000元,使用银行存款支付款项,票号为ZZ3001。

借:固定资产　　　　　　　　　　　　　　　　　　　　　　　　　10 000
　　贷:银行存款　　　　　　　　　　　　　　　　　　　　　　　　　　　10 000

(2)资产部门转移

02月17日,采购部的苹果电脑转移到财务部。

(3)固定资产减值准备

02月20日,经核查对生产部加工车间的厂房A计提减值准备100 000元。

借:资产减值损失　　　　　　　　　　　　　　　　　　　　　　100 000
　　贷:固定资产减值准备　　　　　　　　　　　　　　　　　　　　　100 000

(4)资产盘点

02月29日,对财务部的资产进行盘点。盘点情况为:有编号为021001的苹果笔记本电脑、编号为022001的华为笔记本电脑及编号为022004的联想笔记本电脑。

【实验步骤与指导】

1.折旧业务(微课视频:5-3.MP4)

1)执行"折旧计提"→"计提本月折旧"命令,系统弹出"是否要查看折旧清单?"信息提示对话框,单击"否"按钮。

2)系统继续弹出"本操作将计提本月折旧,并花费一定时间,是否要继续?"信息提示对话框,单击"是"按钮。

3)系统显示"计提折旧完成"后,点击"确定",进入"折旧分配表"窗口。单击"凭证"按钮,进入"填制凭证"窗口。选择"转账凭证"类别,修改其他项目,如图5-13所示,单击"保存"按钮。

图5-13　固定资产折旧会计凭证

注意:如果上次计提折旧已通过记账凭证把数据传递到账务系统,则必须删除该凭证才能重新计提折旧;计提折旧后又对账套进行了影响折旧计算或分配的操作,必须重新计提折旧,否则系统不允许结账。

2.总账系统处理

1)固定资产管理系统生成的凭证自动传递到总账管理系统,在总账管理系统中,对传递过来的凭证进行审核和记账。

2)以出纳"002用户"的身份登录总账管理系统,单击"凭证"→"出纳签字",进入"出纳签字"对话框。凭证标志选择"全部",日期为"2020-01-01至2020-01-31",制单人选择"李莉",然后单击"确定"按钮。进入"出纳签字列表"对话框,全选中,然后单击"签字"按钮。系统弹出"本次共选择[6]张凭证进行签字"对话框,点击"确定"按钮。

3)以会计"002用户"的身份登录总账,单击"凭证"→"审核凭证",进入"凭证审核列表"对话框,全选中,然后单击"审核"按钮。单击"凭证"→"记账",系统弹出"记账"信息对话框,点击"记账"按钮,然后系统显示"记账完毕"对话框,点击"确定"按钮。

注意:只有总账管理系统记账完毕,固定资产管理系统期末才能和总账进行对账工作。

3.账表管理

1)执行"账表"→"我的账表"命令,进入"账簿"窗口。

2)单击"账簿"→"折旧表",双击"部门折旧计提汇总表",打开"条件—部门折旧计提汇总表"对话框。

3)选择期间"2020.01",汇总部门"1-3",单击"确定"按钮,可以看到"部门折旧计提汇总表"对话框。

4.对账

1)执行"资产对账"→"对账"命令,系统弹出"对账条件"信息提示对话框,如图5-14所示。

2)期间选择"2020.01",科目选"1601固定资产","1602累计折旧",然后单击"确定"按钮,完成后可以看到"与总账对账结果"对话框。

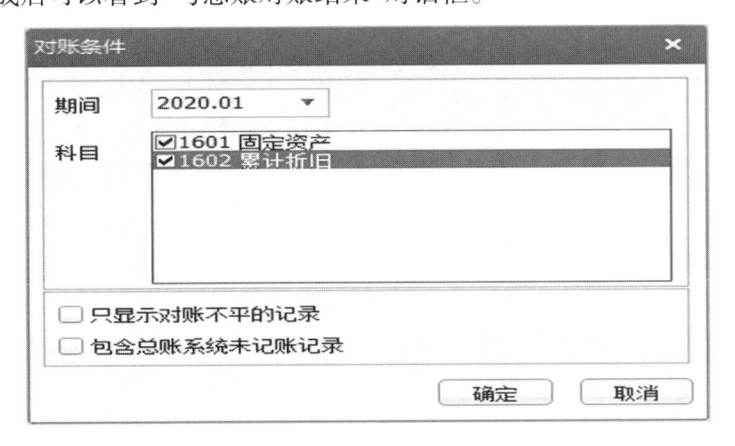

图5-14 固定资产系统与总账系统对账

注意:当总账记账完毕,固定资产系统才可以进行对账。对账平衡,开始月末结账;如果在初始设置时,选择了"与账务系统对账"功能,对账的操作将不限制执行时间,任何时候都可以进行对账;如果在"财务接口"中选中"在对账不平情况下允许固定资产月末结账"复选框,则可以直接进行月末结账。

5.结账

1)执行"期末处理"→"月末结账"命令,打开"月末结账"对话框。

2)单击"开始结账"按钮,系统弹出"月末结账成功完成!"信息提示对话框。

3)单击"确定"按钮。

注意:本会计期间做完月末结账工作后,所有数据资料将不能再进行修改;本会计期间不做完月末结账工作,系统将不允许处理下一个会计期间的数据;月末结账前一定要进行数据备份,否则数据一旦丢失,将造成无法挽回的后果。

6.下月业务

(1)资产原值增加

A.修改系统日期为"2020年2月29日"。

B.以"李莉"身份,"2020年2月6日"日期登录固定资产管理系统。

C.执行"变动单"→"原值增加"命令,进入"固定资产变动单"窗口,如图5-15所示。

D.输入卡片编号"0002",输入增加金额"10 000",输入变动原因"增加配件"。

图5-15 固定资产变动单

E.单击"保存"按钮,系统弹出"数据保存成功!"信息提示框,点击"确定"按钮,进入"填制凭证"窗口。

F.选择凭证类型"付款凭证",填写修改其他项目,如图5-16所示,单击"保存"按钮。

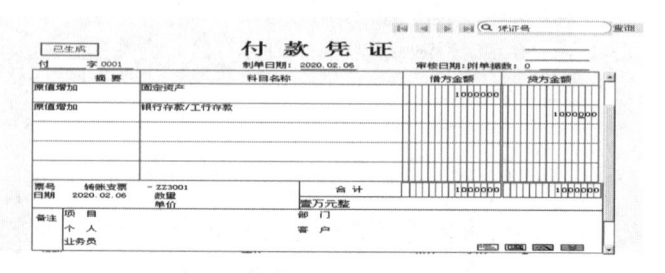

图5-16 固定资产变动会计凭证

注意:资产变动主要包括原值变动、部门转移、使用状况变动、使用年限调整、折旧方法调整、净残值(率)调整、工作总量调整、累计折旧调整、资产类别调整等。系统对已做出变动的资产,要求输入相应的变动单来记录资产调整结果;变动单不能修改,只有当月可以删除重做,所以请仔细检查后再保存;必须保证变动后的净值大于变动前的净残值。

(2)资产部门转移

A.执行"变动单"→"部门转移"命令,进入"固定资产变动单"窗口。

B.输入卡片编号"0005",双击"变动后部门",选择"财务部",输入变动原因"调拨"。

C.单击"保存"按钮,系统弹出"数据成功保存！部门已改变,请检查资产对应折旧科目是否正确!"信息框,点击"确定"按钮。

(3)固定资产减值准备

A.执行"减值准备"→"计提减值准备"命令,进入"固定资产变动单"窗口,如图5-17。输入卡片编号"00011",输入减值准备金额"100 000",输入变动原因"技术进步"。

B.单击"保存"按钮,显示"数据成功保存!"信息对话框,点击"确定",进入"填制凭证"窗口。

C.如图5-18,选择凭证类别"转账凭证",填写修改其他项目,单击"保存"按钮。

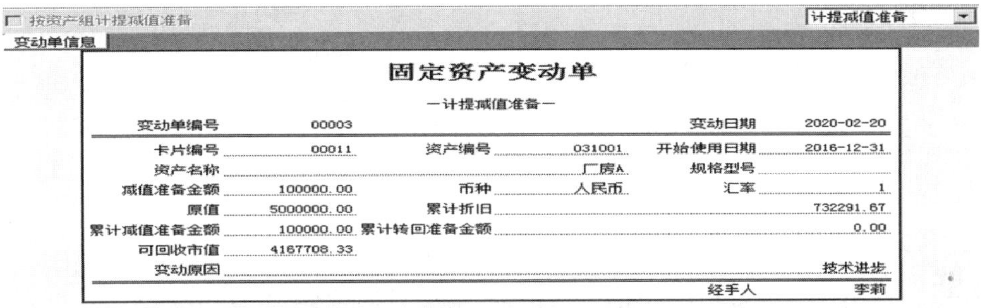

图5-18　固定资产减值变动单

计提减值准备生成以下凭证。

借：资产减值损失　　　　　　　　　　　　　　　　　　　　100 000

　　贷:固定资产减值准备　　　　　　　　　　　　　　　　　　100 000

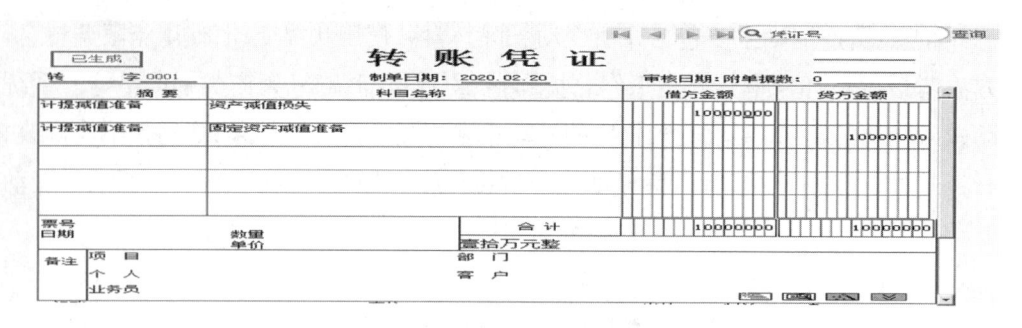

图5-18　固定资产减值变动会计凭证

(4)资产盘点

A.执行"卡片"→"卡片管理",进入"查询条件-卡片管理"对话框,使用部门选择"02-财务部",开始使用日期从"无-2020-02-29",点击"确定"按钮。

B.进入"卡片管理"界面,选择"在役资产",可查看财务部还在使用的固定资产,如图5-19。

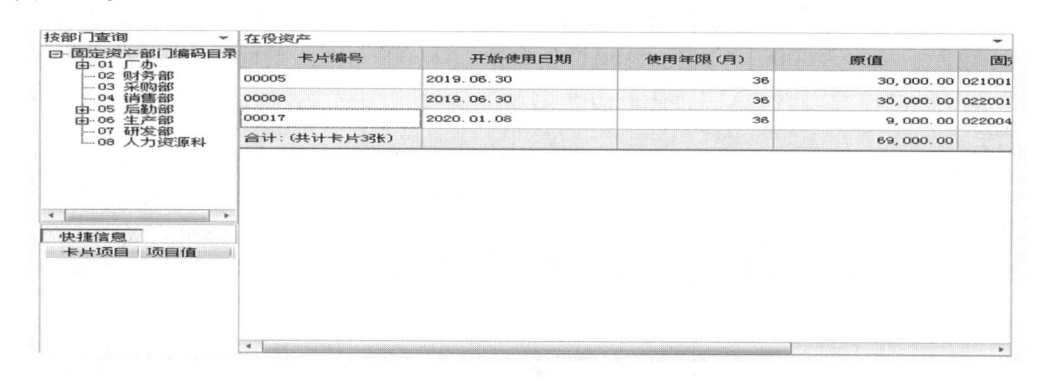

图5-19　在役固定资产

C.执行"资产盘点"→"资产盘点",点击"增加",进入"资产盘点"界面,单击"范围"按钮,系统弹出"资产范围设置"信息对话框,盘点日期选择"2020-02-29",盘点方式选择"按使用部门盘点",使用部门选择财务部[02],然后单击"确定"按钮。

D.系统显示资产盘点结果,单击"核对"按钮,系统弹出"盘点结果清单"对话框,可以看到盘点结果。

注意：盘点日期为实际盘点的发生日期,最后生成的盘点结果清单是根据盘点日期系统数据与实际盘点数据的对比结果生成的;三种供选盘点方式为:按资产类别盘点、按使用部门盘点、按使用状态盘点。可以同时选择按资产类别盘点及按使用部门盘点,按使用状态盘点不能与其他盘点方式同时选择;选好盘点方式后,必须选择对应的明细分类,如:选中"按资产类别盘点",必须选择按照哪一种资产类别盘点。但不允许选择顶级类别。

第六章 采购业务

本章实验目的

1. 掌握用友新道ERPU8+V12.0管理软件中采购管理初始设置的相关内容。

2. 理解供应链管理系统采购业务处理流程。

3. 掌握采购管理初始设置和日常业务等操作。

本章实验准备

引入第五章"实验五"账套数据,采购管理、销售管理、库存管理、存货核算、应收款、应付款管理子系统是否启用。如果未启用,则以001身份,在企业应用平台→业务导航→基础设置→基本信息→系统启用,启用这些子系统。

本章实验环境

1. 操作系统:Windows 7等。

2. 软件系统:用友新道ERPU8+V12.0。

实验一 初始化设置

【实验内容】

1. 采购业务相关的基础档案
2. 采购管理初始设置
3. 应付款系统初始设置

【实验资料】

1. 基础档案资料

(1)计量单位组

编号—01,单位组名称—无换算关系;单位组类别—无换算率。

(2)计量单位

01—盒,无换算关系;02—个,无换算关系;03—只,无换算关系;04—袋,无换算关系;05—块,无换算关系。

(3)存货分类

表6-1

存货类别编码	存货类别名称
01	原材料
0101	原胚件
0102	辅料
02	产成品
0201	方向杆
0202	连接杆
03	包装物
04	半成品

(4)存货档案

表6-2

存货编码	存货名称	所属类别	计量单位	税率	存货属性	启用日期	计价方式
001	精钢原胚件	0101	个	13%	外购	2019-12-01	先进先出
002	熟铁原胚件	0101	个	13%	外购	2019-12-01	先进先出
003	生胶	0102	盒	13%	外购、应税劳务	2019-12-01	先进先出
004	固化剂	0102	盒	13%	外购、应税劳务	2019-12-01	先进先出

续表

存货编码	存货名称	所属类别	计量单位	税率	存货属性	启用日期	计价方式
005	机油	0102	盒	13%	采购、生产耗用；控制：出库跟踪入库	2019-12-01	先进先出
006	胶垫片	0102	块	13%	采购	2019-12-01	先进先出
007	电渡液	0102	盒	13%	采购	2019-12-01	先进先出
008	精钢方向杆	0201	只	13%	自制、销售（外销、内销）	2019-12-01	先进先出
009	精钢连接杆	0202	只	13%	自制、销售（外销、内销）	2019-12-01	先进先出
010	熟铁方向杆	0201	只	13%	自制、销售（外销、内销）	2019-12-01	先进先出
011	熟铁连接杆	0202	只	13%	自制、销售（外销、内销）	2019-12-01	先进先出
012	包装盒	03	盒	13%	外购	2019-12-01	先进先出
013	包装袋	03	袋	13%	外购	2019-12-01	先进先出
014	方向杆半成品	04	只	13%	自制、生产耗用	2019-12-01	先进先出
015	连接杆半成品	04	只	13%	自制、生产耗用	2019-12-01	先进先出
016	生铁胚件	0101	个	13%	外购	2019-12-01	先进先出

（5）仓库档案

表6-3

仓库编码	仓库名称	计价方式
1	原料库	先进先出法
2	成品库	先进先出法
3	配套用品库	先进先出法
4	半成品库	先进先出法

（6）收发类别

表6-4

编码	名称	标志	编码	名称	标志
1	正常入库	收	3	正常出库	发
11	采购入库	收	31	销售出库	发
12	产成品入库	收	32	领料出库	发
13	调拨入库	收	33	调拨出库	发
14	半成品入库	收	34	半成品出库	发
2	非正常入库	收	4	非正常出库	发
21	盘盈入库	收	41	盘亏出库	发
22	其它入库	收	42	其它出库	发

(7)采购类型

表6-5

采购类型编码	采购类型名称	入库类别	是否默认值
1	生产采购	采购入库	是
2	其他采购	采购入库	否

(8)销售类型

表6-6

销售类型编码	销售类型名称	出库类别	是否默认值
1	批发	销售出库	是
2	零售	销售出库	否

(9)开户银行:编码—01;名称—中国工商银行重庆北碚支行;账号——11115555522。

2.采购管理系统初始参数设置

(1)业务及权限控制

A.普通业务必有订单和直运业务必有订单,不打勾。允许超订单到货及入库,打勾选择;允许超计划订货,打勾选择。启用询价业务,打勾。具体如图6-1所示。

B.结算选项。商业版费用是否分摊到入库成本:打勾选择。

C.权限控制。均不选择。

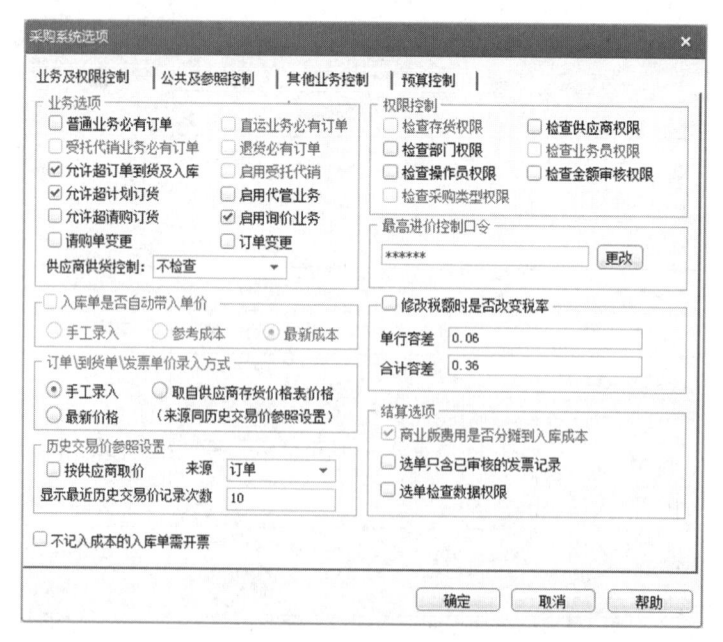

图6-1 采购系统选项中业务及权限控制参数

(2)公共及参照控制

A.系统启用。默认。

B.浮动换算率的计算规则。

C.单据默认税率。录入,必填,修改为13。普通发票的表头税率默认为13;运费发票的表头税率,修改默认为6。

D.单据进入方式。默认值为空白单据。

(3)采购预警和报警

提前预警天数:3天;

逾期报警天数:5天。

3.应付款系统初始设置

应付款核销方式:按单据,其他参数为系统默认。

科目设置:应付科目2202,预付科目1123,采购科目1401,采购税金科目22210101,其他可暂不设置。

结算方式科目设置:现金结算对应科目1001,转账支票对应科目100201,现金支票对应科目100201。

4.期初余额

(1)采购管理系统期初数据

2019月12月27日,收到胜利公司提供增值税专用发票1张,发票号为A001,商品为500个生铁胚件,单价为40元,税率为13%,由于天气原因影响运输,光盘于2020年1月1日还未到达。

表6-7 其他的期初采购发票

日期	供应商	业务员	摘要	方向	数量	本币金额/元(含税)	票号	票据日期
2019-12-31	辉皇	周慧	精钢件采购	贷	2 000	150 000	06013	2019-12-6
2019-12-31	光明	周慧	生铁件采购	贷	3 000	60 000	03188	2019-11-30
2019-12-31	民发	周慧	熟铁件采购	贷	8 000	350 000	04688	2019-12-22
2019-12-31	胜利	周慧	生铁件采购	贷	5 000	100 000	10526	2019-12-6
2019-12-31	永生	周慧	熟铁件采购	贷	597	26 100	23062	2019-12-18

(2)应付款系统期初余额

会计科目：2202　　应付账款　　期初余额：贷 560 000元

表6-8

日期	供应商	业务员	摘要	方向	数量	本币金额/元(含税)	票号	票据日期
2019-12-31	辉皇	周慧	精钢件采购	贷	2 000	150 000	06013	2019-12-6
2019-12-31	光明	周慧	生铁件采购	贷	3 000	60 000	03188	2019-11-30
2019-12-31	民发	周慧	熟铁件采购	贷	8 000	350 000	04688	2019-12-22

会计科目：2201　　应付票据　　期初余额：贷 126 100元

表6-9

日期	供应商	业务员	摘要	方向	数量	本币金额/元(含税)	票号	签发日期	到期日
2019-12-31	胜利	周慧	生铁件采购	贷	5 000	100 000	10526	2019-12-6	2020-2-20
2019-12-31	永生	周慧	熟铁件采购	贷	597	26 100	23062	2019-12-18	2020-2-20

会计科目：1123　　预付账款　　期初余额：借 1 450 000元

表6-10

日期	供应商	结算方式	结算科目	科目	本币金额/元(含税)	票号	票据日期
2019-12-3	光彩	现金结算	1001	1123	500 000	50321	2019-12-3
2019-12-31	光彩	现金结算	1001	1123	200 000	50322	2019-12-12
2019-12-14	富民	现金结算	1001	1123	750 000	60123	2019-12-8

【实验步骤与指导】

系统日期设置为2020-01-31，以账套主管001身份进行采购业务初始化相关操作。

1.相关基础档案设置

以账套主管001身份注册登录企业应用平台，业务导航→基础设置→基础档案，选择计量单位，如图6-2所示，按资料增加相关数据。在基础档案客商信息、存货分类、存货档案(微课视频：6-1.MP4)等相关部分，根据实验资料设置相关内容。

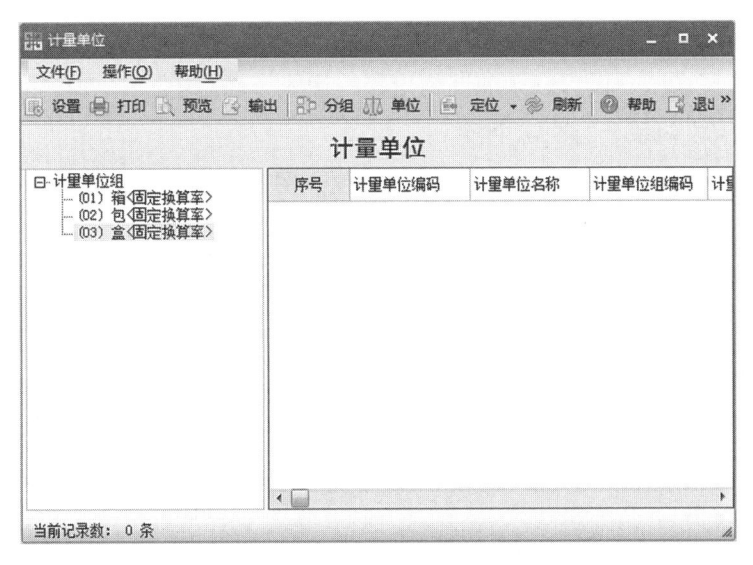

图6-2　计量单位

2.采购管理系统初始参数设置

企业应用平台→业务导航→供应链→采购管理→选项,根据业务资料,进行相应设置,并保存或确认。

3.应付款系统初始设置

企业应用平台→业务导航→财务会计→应付款管理→选项或初始设置,按资料进行相应选择,并保存。

4.期初数据录入

(1)录入期初采购专用发票

采购管理系统→采购发票→采购专用发票,进入相应界面,如图6-3所示,单击增加,根据业务资料,增加相应的期初专用发票。

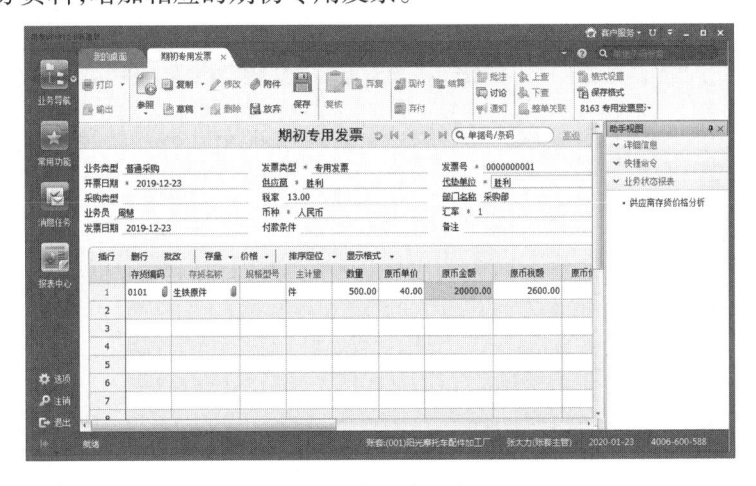

图6-3　期初专用发票

(2)采购期初记账

在采购管理系统→设置→采购期初记账→记账→确定。

(3)输入应收款系统的期初余额

业务导航→财务会计→应付款管理→设置→期初余额,出现"期初余额—查询"对话框→确定,进入"期初余额明细表"窗口,如图6-4所示→增加,出现单据类别,应付账款录入选择采购专用发票→确定,进入对应票据输入窗口→单击增加,按资料输入相关内容→保存,再输入剩余业务完毕后,点击刷新。返回"期初余额明细表"窗口,单击增加,票据名称选择"应付票据",进入相应界面,单击增加,录入应付票据资料,保存,完成后点击刷新。返回"期初余额明细表"窗口,单击增加,票据名称选择"预付单",进入相应界面,单击增加,录入"预付账款"资料,保存,完成后点击刷新。在"期初余额明细表"窗口→对账,进入"期初对账"窗口,查看应付款系统与总账系统之间相应账户期初是否平衡,对账结果如图6-5所示。

图6-4 应付款系统期初余额

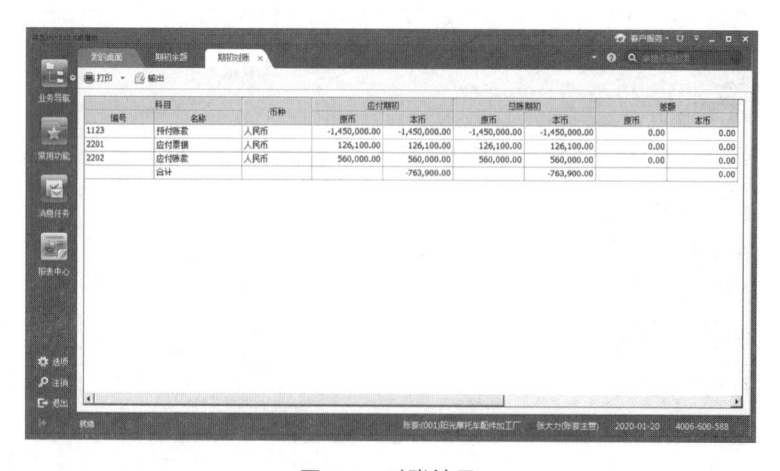

图6-5 对账结果

实验二　普通采购业务

【实验内容】

1. 普通采购业务
2. 采购现结业务
3. 采购运费
4. 请购比价
5. 月末暂估

【实验资料】

2020年1月份部分采购业务如下。

1. 普通采购业务

1）1月5日,业务员周慧向光彩集团询问精钢胚件价格(单价80元/个,税率13%),向公司上级主管请示后,请购数量为500只,采购类型为生产采购。业务员据此填制请购单。

2）1月6日,公司同意向光彩集团订购精钢胚件500个,单价为80元,要求到货日期为1月10日。业务员据此填制采购订单。

3）1月10日,收到所订购的精钢胚件500个。仓库填制到货单。

4）1月11日,将所收到的货物验收入原料库。填制采购入库单。

5）1月11日当天收到该笔货物的增值税专用发票一张,发票号501008001,金额为40000元,增值税为5 200元。

6）1月12日业务部门将采购发票交给财务部门,财务部门确定此业务所涉及的应付账款及采购成本,材料会计记材料明细账。

7）1月16日财务部门开出现金支票一张,支票号XJ06012,结清此笔采购款。

2. 采购现结业务

1月12日,向长捷公司购买生铁胚件1 000只,单价为40元/个,验收入原料仓库。同时收到增值税专用发票,票号为3014099,同时,以转账支票(支票号ZZ0123011)形式支付货款。记材料明细账,确定采购成本,进行付款处理。

3. 采购运费

1月12日,向富民集团购买生胶100盒,单价为10元/盒,验收入原料库。同时收到专用发票一张,票号为20156901。另外,在采购的过程中,发生了一笔运输费100元,税率为6%,收到相应的运费发票一张,票号为3990132。确定采购成本及应付账款,记材料明细账。

4.请购比价

1)1月18日,业务员周慧欲购买精钢胚件5 000个,提出请购要求,经同意填制并审核请购单。根据以往的资料得知主要供应商有两家,分别为定富民集团和光彩集团,其无税报价分别为85元/只、90元/只。通过比价,决定向富民公司订购,要求到货日期为1月20日。

2)1月20日,未收到上述所订货物,向供应商发出催货函。

5.月末暂估

1月28日,收到缙发供销公司提供的机油50盒,进入配套用品库。由于到了月底发票仍未收到,故确定该批货物的暂估成本为650元,并进行暂估记账处理。

【实验步骤与指导】

1.普通采购业务

系统日期设置为2020-01-31,以采购主管004身份进行采购业务相关操作。在采购管理系统中填制并审核请购单:采购管理→请购→请购单,进入"采购请购单"窗口→增加→如图6-6所示,输入资料数据→保存→审核→退出(微课视频:6-2.MP4)。

图6-6 采购请购单

在采购管理系统中填制并审核采购订单:采购管理→采购订货→采购订单,进入"采购订单"窗口→增加→参照→请购单,打开"过滤条件选择"对话框→过滤,出现"拷贝并执行"窗口→选择要拷贝的请购单→确定→修改采购日期,检查税率、单价是否正确,如图6-7所示→保存→审核→退出(微课视频:6-3.MP4)。

图6-7 采购订单

在采购管理系统中填制到货单:采购管理→采购到货→到货单,进入"到货单"窗口→增加→参照→采购订单,选择要拷贝的采购订单→确定→修改日期,填写采购部门和人员等,如图6-8所示,→保存→审核→退出(微课视频:6-4.MP4)。

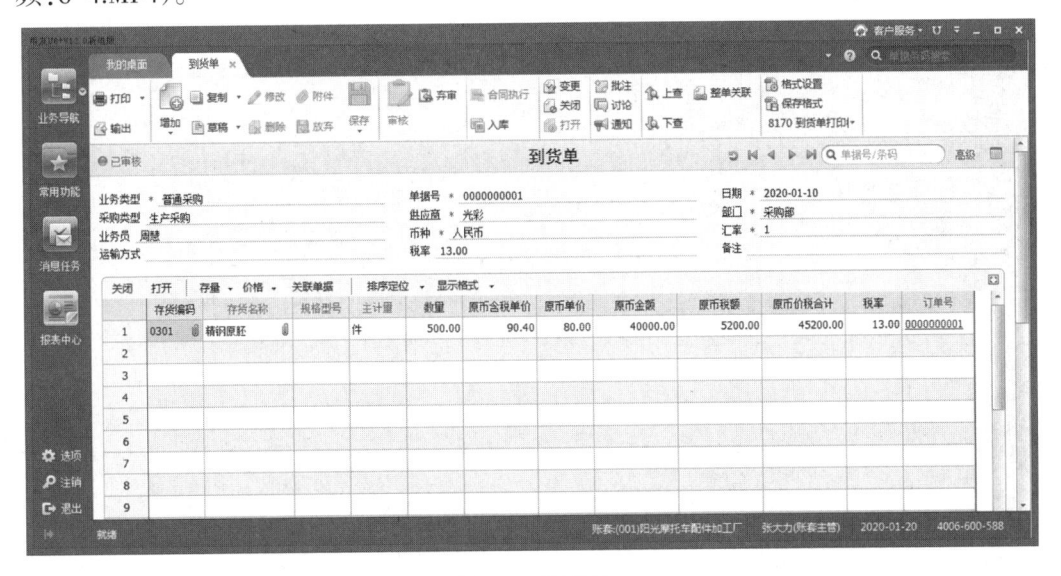

图6-8 到货单

在库存管理系统中填制并审核采购入库单:库存管理→入库业务→采购入库单,进入"采购入库单"窗口→增加,修改日期、选仓库等,如图6-9所示→保存→审核→退出(微课视频:6-5.MP4)。

图6-9 采购入库单

在采购管理系统中填制和复核采购发票:采购管理→采购发票→专用采购发票,进入"专用发票"窗口→增加→参照→入库单,选择要拷贝的入库单→确定→修改日期、输入发票号等信息,如图6-10所示→保存→复核→退出(微课视频:6-6.MP4)。

6-6

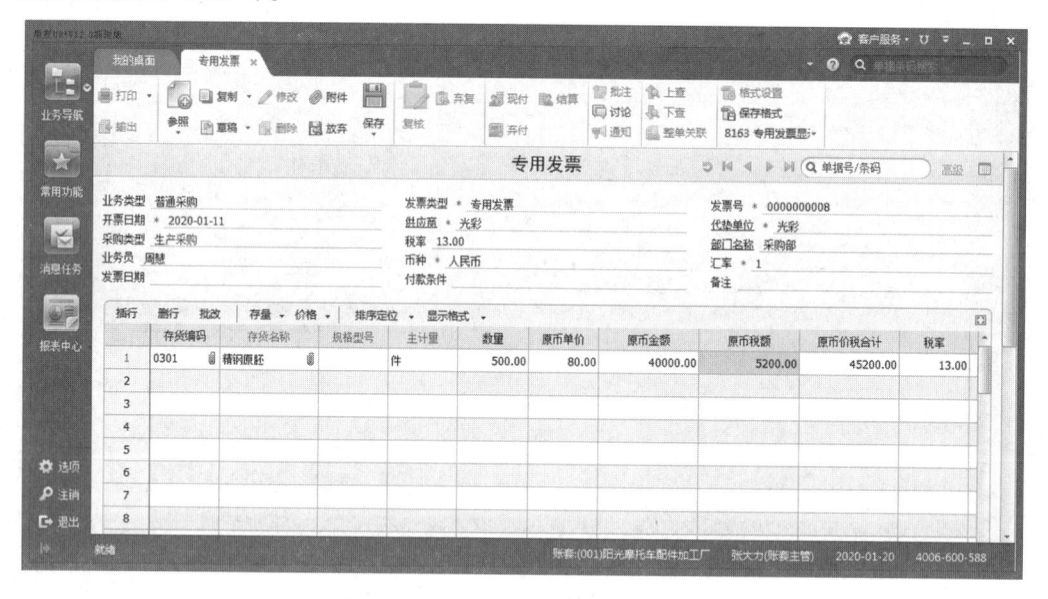

图6-10 采购专用发票

在采购管理系统中执行采购结算:采购管理→采购结算→自动结算,打开"采购自动结算"对话框→结算模式为入库单和发票→确定,系统提示结算成功→确定→退出。

说明:若结算失败,可检验原因并修改正确后,再进行自动结算操作。也可采用手工结算。

在应付款管理系统中审核采购专用发票并生成应付凭证:财务会计→应付款管理→采购专用发票审核,进入"单据处理"窗口(如果查询后,没有相关发票,则应拖动过滤条件下拉条的最下方，在结算方案中选择未结算）→选择要审核的采购专用发票→审核→确定→退出。应付款管理→凭证处理，打开“凭证处理”对话框→发票→确定，进入“制单”窗口→全选，转账凭证→制单，进入填制凭证窗口，应付账款科目辅助信息中，票号为850136，如图6-11所示→保存→退出。

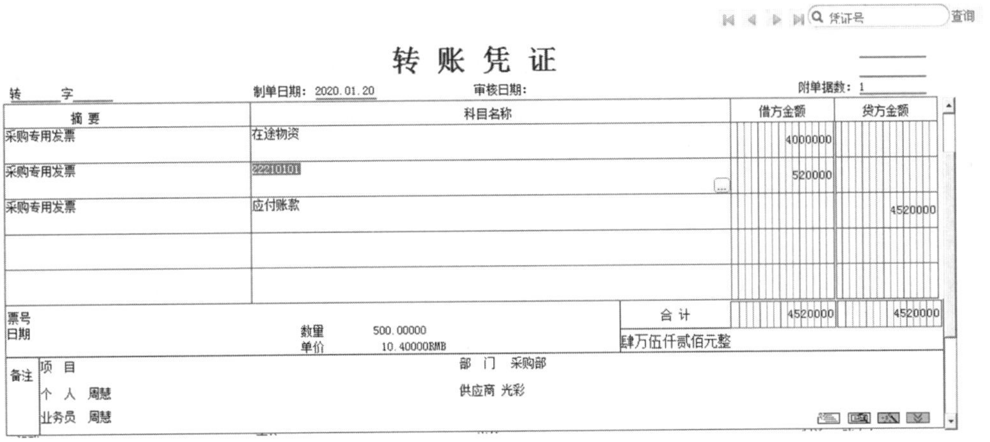
转账凭证

转 字　　制单日期：2020.01.20　　审核日期：　　附单据数：1

摘要	科目名称	借方金额	贷方金额
采购专用发票	在途物资	4000000	
采购专用发票	22210101	520000	
采购专用发票	应付账款		4520000
票号 日期　数量 500.00000 单价 10.40000RMB	合计	4520000	4520000
	肆万伍仟贰佰元整		

备注　项目　　部门 采购部
个人 周慧　　供应商 光彩
业务员 周慧

图6-11　采购转账凭证

在存货核算管理系统中记账并生成入库凭证：存货核算→业务核算→正常单据记账，打开“过滤条件选择”对话框→过滤，进入“未记账单据一览表”窗口→选择要记账的采购专用发票→记账→确定，系统提示记账成功，退出。在存货核算系统中，凭证处理→生成凭证，打开“生成凭证”窗口→选择，弹出“查询条件”→选“采购入库单（报销记账）”→确定→选中对应入库单→确定，进入“生成凭证”窗口→单击“制单”→生成，进入填制凭证窗口，如图6-12所示→保存→退出。

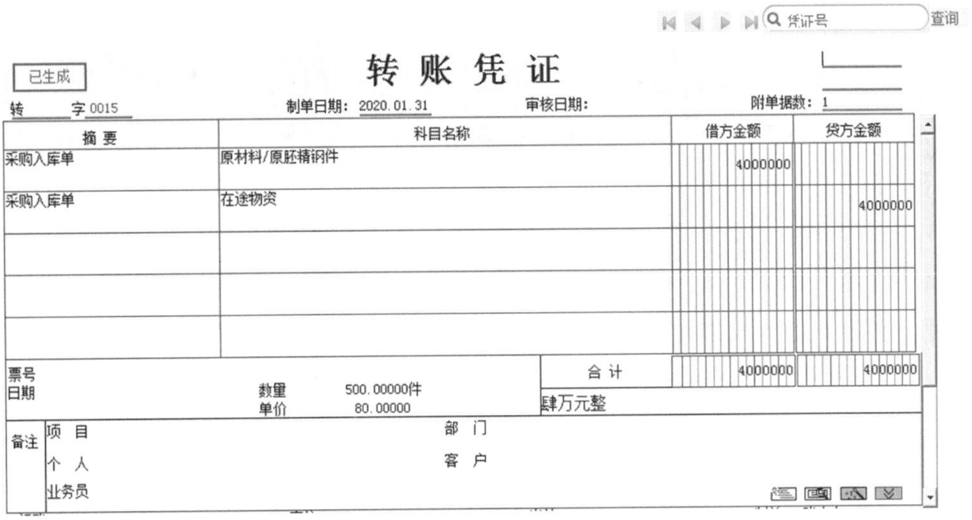
已生成

转账凭证

转 字 0015　　制单日期：2020.01.31　　审核日期：　　附单据数：1

摘要	科目名称	借方金额	贷方金额
采购入库单	原材料/原胚精钢件	4000000	
采购入库单	在途物资		4000000
票号 日期　数量 500.00000件 单价 80.00000	合计	4000000	4000000
	肆万元整		

备注　项目　　部门
个人　　客户
业务员

图6-12　入库转账凭证

在应付款管理系统中付款处理并生成付款凭证:财务会计→应付款管理→选择付款(将自动核销赊销款),选中相应采购发票(光彩,2020-01-11),单击确认,系统提示付款单信息,进入"付款单录入"窗口→,转账支票,33345,C2→确定→退出。凭证处理→生成凭证,选择收付款单,单击制单,进入填制凭证窗口→付款凭证,应付账款,业务号为850136,如图6-13所示→保存→退出。

检查该笔业务是否核销。财务会计→应付款管理→核销处理→应付核销明细账,查看相关信息。

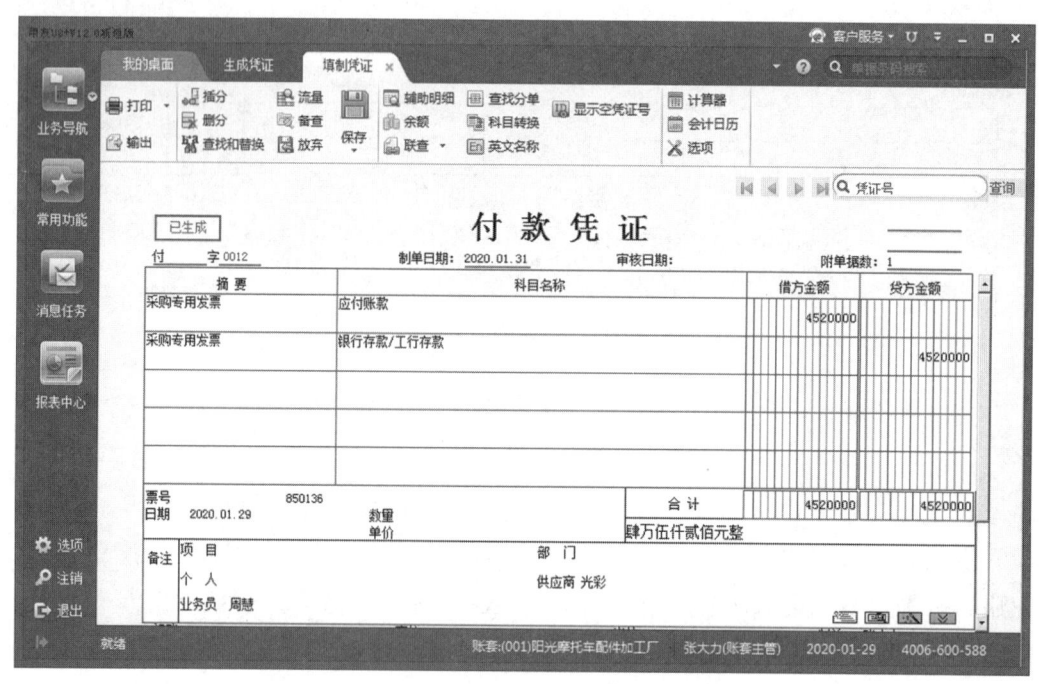

图6-13 采购款支付业务凭证

2.采购现结业务

在库存管理系统中直接填制并审核采购入库单:库存管理→入库业务→采购入库单,进入"采购入库单"窗口→增加→录入资料内容→保存→审核→退出。

在采购管理系统中录入采购专用发票进行现结处理和采购结算:采购管理→采购发票→专用采购发票,进入"专用发票"窗口→增加→参照→入库单,选择要拷贝的入库单→确定→输入发票号→保存,复核→现付,打开"采购现付"对话框→输入资料内容→保存,如图6-14所示→退出。采购管理→采购结算→自动结算→结算模式,入库单和发票→确定,系统将提示结算成功。

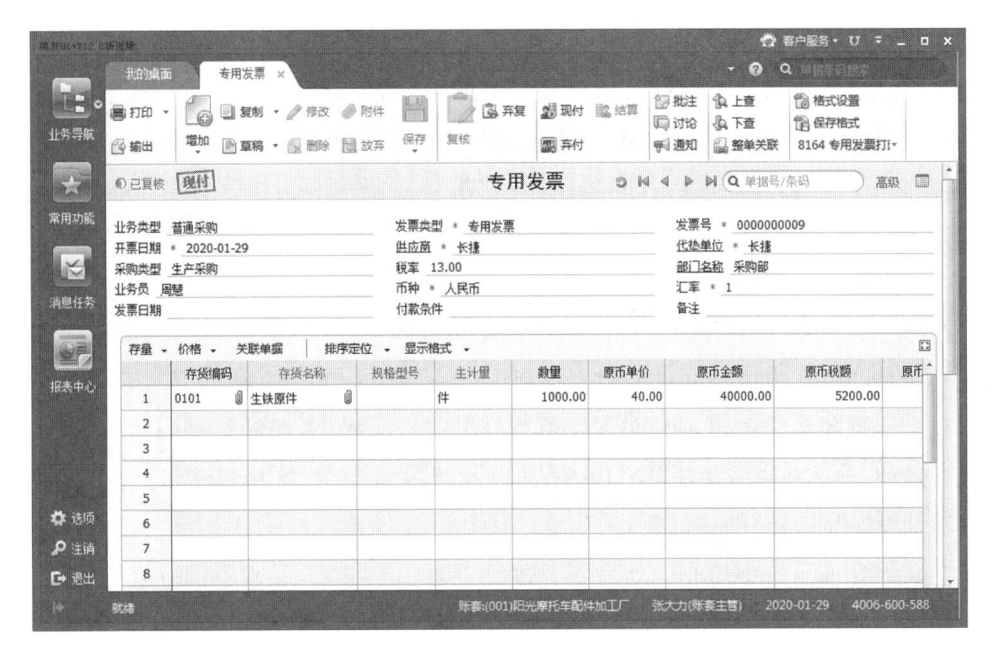

图6-14 现付业务界面

在应付款管理系统中审核采购专用发票并进行现结制单:财务会计→应付款管理→应付单据处理→采购专用发票审核,进入"单据处理"窗口→选择要审核的采购专用发票→审核→确定→退出。凭证处理,打开"凭证处理"对话框→选择现结类型→确定,进入"制单"窗口→选中相应业务,付款凭证→单击制单,进入填制凭证窗口,如图6-15所示→保存→退出。

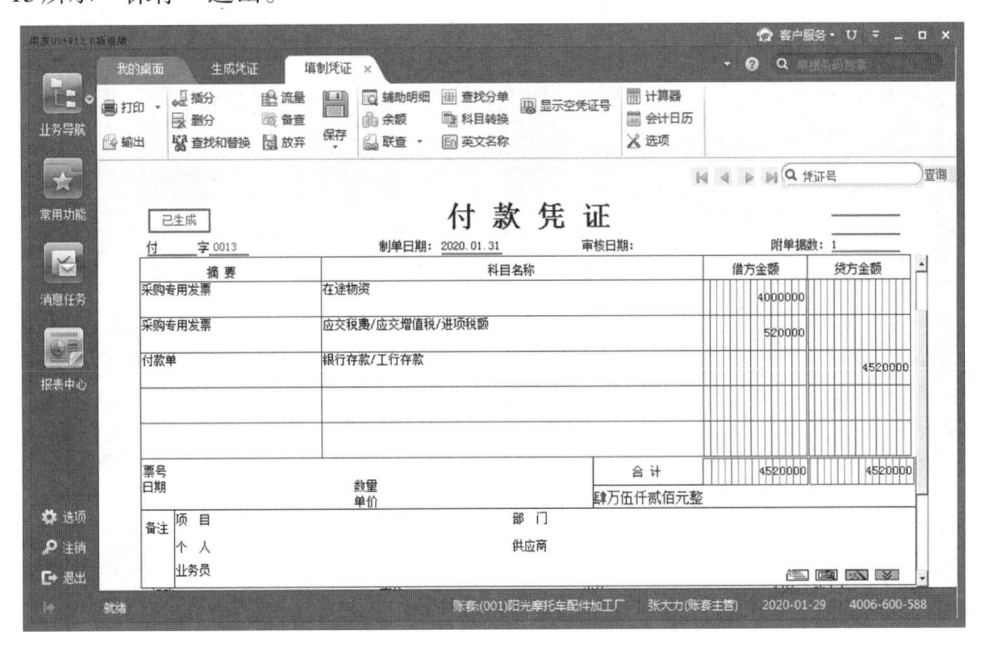

图6-15 现结制单

在存货核算管理系统中记账并生成入库凭证:存货核算→业务核算→正常单据记账,打开"过滤条件选择"对话框,选择要记账的采购入库单→记账,系统提示记账成功→确定→退出。存货核算→凭证处理→生成凭证,打开"生成凭证"窗口→选择,弹出"查询条件"→选单,选"采购入库单(报销记账)"→确定→全选→确定,进入"生成凭证"窗口→制单,转账凭证→生成,进入填制凭证窗口→保存→退出。

3.采购运费

在库存管理系统中填制并审核采购入库单:库存管理→入库业务→采购入库单,进入"采购入库单"窗口→增加→录入资料内容→保存→审核→退出。

在采购管理系统中参照采购入库单填制采购专用发票:采购管理→采购发票→专用采购发票,进入"专用发票"窗口→增加→参照→入库单,选择要拷贝的入库单→确定→输入发票号→保存→复核→退出。

在采购管理系统中填制运费发票并进行采购手工结算:采购管理→采购发票→运费发票,进入"采购运费发票"窗口→增加→输入资料内容,原币金额100,原币税率6%等,如图6-16所示→保存,复核→退出。采购结算→手工结算,进入"手工结算"窗口→选单,进入"结算选单"窗口→选单→查询→选择要结算的单据,如图6-17所示,选中此业务的运费发票和采购发票,以及相应的入库单→确定,返回手工结算窗口→按数量→分摊→结算→系统提示结算成功→确定→退出。

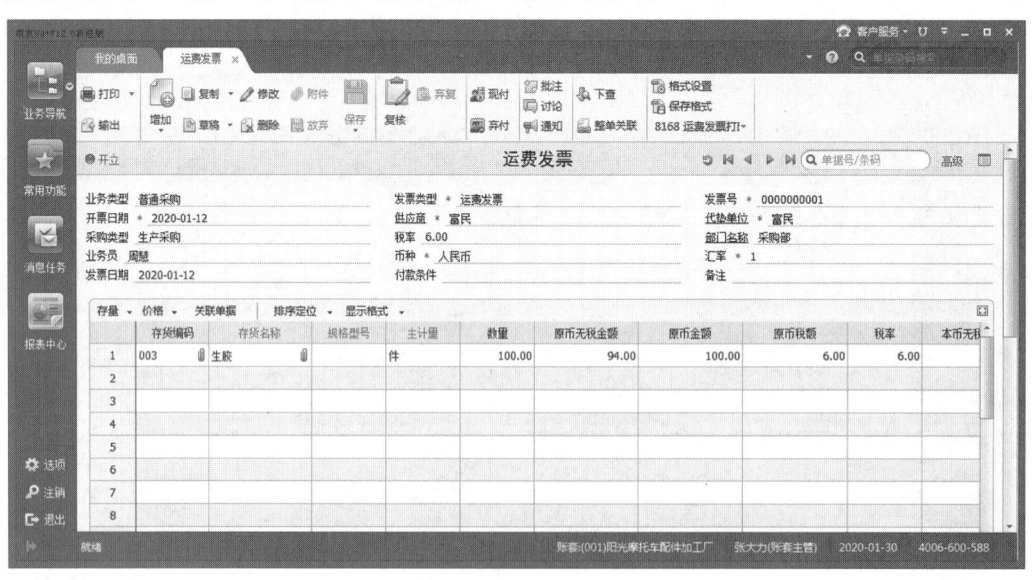

图6-16 运费发票

注意:如果增加运费发票时,没有办法选择存货,则可能的原因是存货属性没有设置为应税劳务,在存货档案中将之修改即可。

图6-17 结算选单

在应付款管理系统中审核发票并合并制单:财务会计→应付款管理→采购发票审核→查询→进入"单据处理"窗口→选择要审核的采购专用发票、运费发票→审核→确定→退出。凭证处理→生成凭证→选择发票→确定,进入"制单"窗口,如图6-18所示→全选,转账凭证→合并→制单,进入填制凭证窗口→保存→退出。

发票列表

凭证类别 转账凭证　　　制单日期 2020-01-30　　　共 2 条

选择标志	凭证类别	单据类型	单据号	日期	供应商编码	供应商名称	部门	业务员	金额
1	转账凭证	采购专用发票	0000000010	2020-01-30	0103	富民集团	采购部	周慧	1,130.00
1	转账凭证	运费发票	0000000001	2020-01-30	0103	富民集团	采购部	周慧	100.00

图6-18 发票列表

在存货核算管理系统中记账并生成入库凭证:存货核算→业务核算→正常单据记账,打开"过滤条件选择"对话框,选择要记账的采购入库单→记账,系统提示记账成功→确定→退出。存货核算→凭证处理→生成凭证,打开"生成凭证"窗口→选择,弹出"查询条件"→选单,选"采购入库单(报销记账)"→确定→全选→确定,进入"生成凭证"窗口→制单,转账凭证→生成,进入填制凭证窗口,输入应付账款的业务票号3990132→保存→退出。

4.请购比价

在采购管理系统中定义供应商存货对照表:采购管理→供应商管理→供应商供货信息→供应商存货对照表,进入"供应商存货对照表"窗口,如图6-19所示→增加,进入"增加"窗口→输入资料内容→保存→退出。

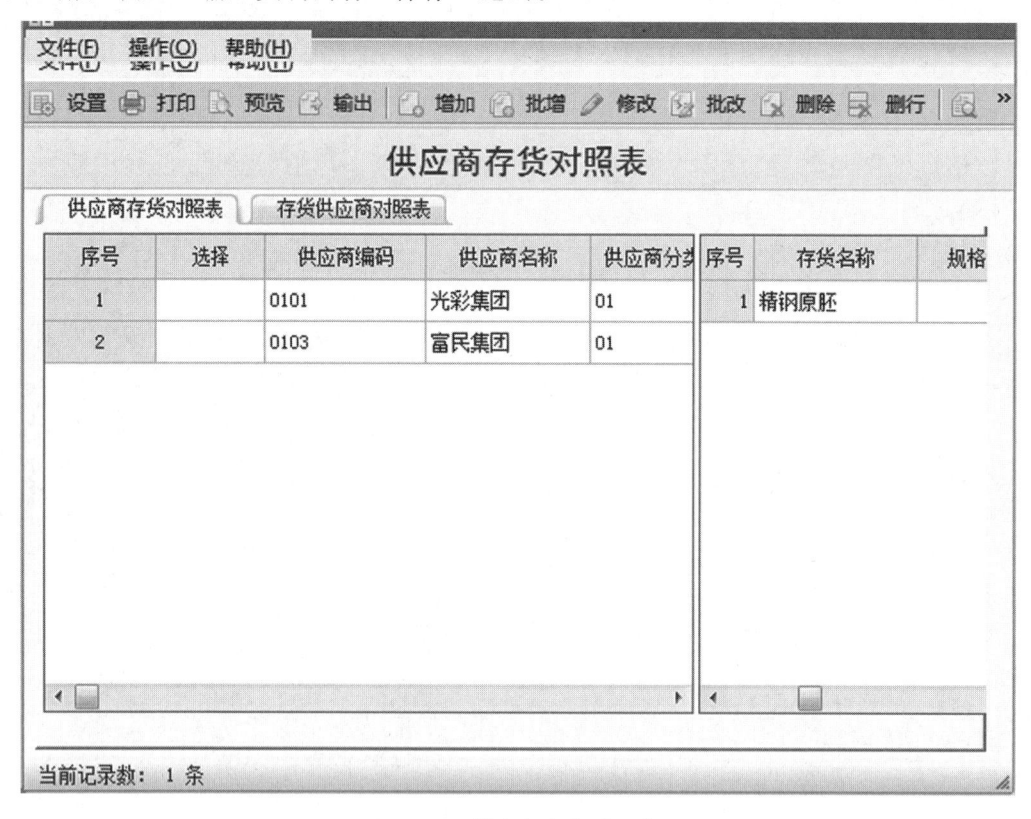

图6-19 供应商存货对照表

采购管理→供应商管理→供应商存货调价单,进入"供应商存货调价单"窗口→增加→供应商分别选择光彩和富民,精钢原胚,原币单价85和90等内容。如图6-20所示→保存→审核→退出。

图 6-20 供应商存货调价单

在采购管理系统中填制并审核请购单:采购管理→请购→请购单,进入"采购请购单"窗口→增加→输入精钢胚件,5000等数据,但不填写单价、供应商→保存→审核→退出。

在采购管理系统中请购比价生成采购订单:采购管理→采购订货→采购请购单批量订货→进入"采购比价生单列表"窗口,如图6-21所示→选择要比价的请购单→比价,自动填入供应商名称→生单→是→采购订单列表→指向刚才所做订单,双击所在行,计划到货日为1月20日→审核→退出。

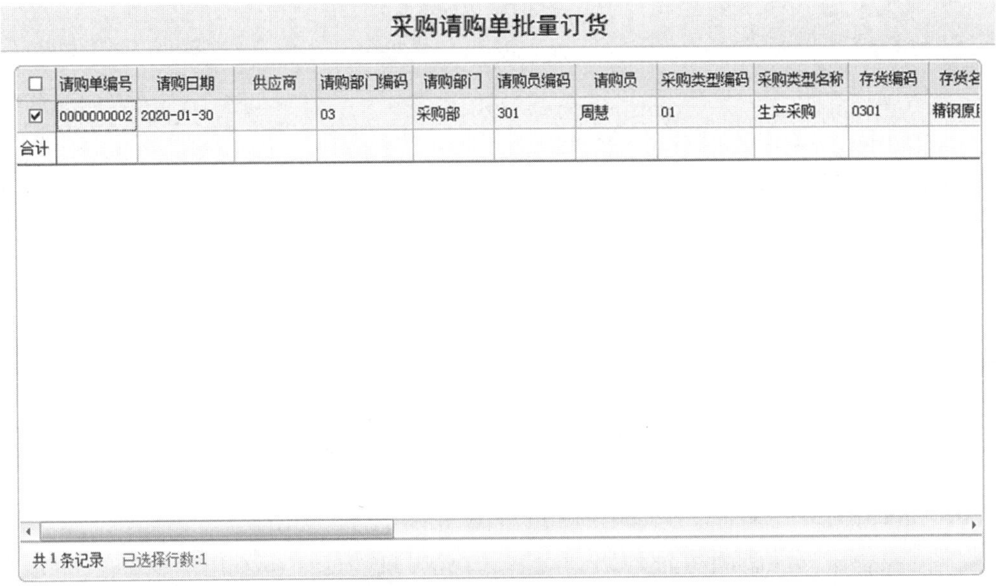

图 6-21 采购请购单批量订货

在采购管理系统中进行供应商催货及查询:采购管理→供应商管理→供应商催货函,进入"过滤条件"窗口→输入要求的到货日期→查询,进入"供应商催货函"窗口→保存→退出。

5.月末暂估

在库存管理系统中填制并审核采购入库单:库存管理→入库业务→采购入库单,进入"采购入库单"窗口→增加→录入资料内容,不填写单价→保存→审核→退出。

在存货管理系统中录入暂估入库成本并记账生成凭证:存货核算→业务核算→暂估成本录入,打开"采购入库单成本成批录入查询"对话框→确定,进入"暂估成本录入"窗口→录入单价,13→保存→退出。

存货核算→业务核算→正常单据记账,打开"过滤条件选择"对话框→过滤,进入"未记账单据一览表"窗口→选择要记账的暂估入库单→记账→确定→退出。

存货核算→凭证生成→选择入库单暂估记账,确定,分别选择相应的会计科目代码→制单→确定→保存→退出。

实验三 特殊采购业务

【实验内容】

1.商业汇票采购

2.分期付款采购

3.预付款采购

【实验资料】

1.商业汇票采购

1月5日,向光明机械加工集团订购胶垫片5 000块,单价2元。1月7日,配套用品库收到该批货物。同时收到对方开具有增值税发票1张,票据号05231456,金额10 000,增值税1 300元,当天向对方开具商业承兑汇票1张,票号6874213,金额为11300元。1月28日,商业承兑汇票到期,使用对公转账方式向对方支付该笔货款。

2.分期付款采购

1月8日,向富力企业订购固化剂300盒块,单价10元,经协商,分3次支付货款。1月10日,配套用品库收到该批货物,并收到对方开具的增值税专用发票1张,票据号36981214,金额3 000,增值税390元。1月10日,使用对公转账方式向对方支付第1笔货款,金额为1 130元。1月20日向对方支付第2笔货款。1月30日,向对方支付第3笔货款。

3.预付款采购

1月7日,向光辉企业订购机油500盒,单价10元,并预付货款3 000元,结算号:XJ05389。1月10日,原料库收到该批货物,并收到对方开具的增值税专用发票1张,票据号7864341,金额5 000,增值税650元。1月15日,使用对公转账方式向对方支付尾款,金额为2 650元。

【实验步骤与指导】

1.商业汇票采购业务

(1)增加和审核采购订单

采购管理→采购订货→采购订单,进入"采购订单"窗口→增加→根据资料填制采购订单,胶垫片,数量5 000,单价2,到货日期1月28日→确定→保存→审核→退出。

(2)增加和审核到货单

采购管理→采购到货→到货单,进入"到货单"窗口→增加→参照→采购订单,选择要拷贝1月5日的采购订单→确定→填写采购部门和人员等信息→保存→审核→退出。

(3)增加和审核入库单

库存管理→入库业务→采购入库单,进入"采购入库单"窗口→增加→录入资料内容→保存→审核→退出。

(4)增加和复核采购专用发票

采购管理→采购发票→专用采购发票,进入"专用发票"窗口→增加→参照→入库单,选择要拷贝的入库单→确定→输入发票号→保存→复核→退出。

(5)执行采购结算

采购管理→采购结算→自动结算,打开"采购自动结算"对话框→结算模式:入库单和发票→确定,系统提示结算成功→确定→退出。

(6)正常单据记账,并生成入库凭证

存货核算→业务核算→正常单据记账,打开"过滤条件选择"对话框,选择要记账的采购入库单→记账,系统提示记账成功→确定→退出。存货核算→凭证处理→生成凭证,打开"生成凭证"窗口→选择,弹出"查询条件"→选单,选"采购入库单(报销记账)"→确定→全选→确定,进入"生成凭证"窗口→制单,转账凭证→生成→保存→退出。

(7)填制商业汇票

应付款系统→票据管理→票据录入→增加→一张商业承兑汇票,根据资料录入票据信息,如图6-22所示,保存。

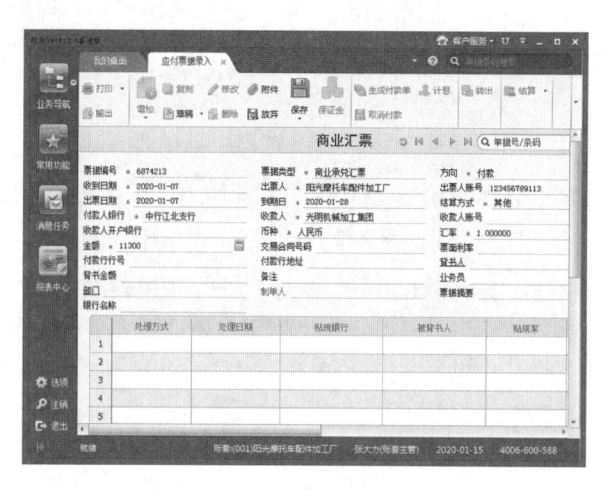

图6-22 商业汇票

(8)审核专用发票,并填制凭证

财务会计→应付款管理→采购发票审核→查询→进入"单据处理"窗口→选择要审核的采购专用发票→审核→确定→退出。应付款管理→凭证处理,打开"凭证处理"对话框→发票→确定,进入"制单"窗口→全选,转账凭证→制单,进入填制凭证窗口,注意贷方科目为应付票据科目,辅助信息中,票号为6874213→保存→退出。

(9)支付款项

执行注销用户操作,以1月28日日期重新注册。应付款管理→票据管理→票据录入→找到相应的商业汇票,单击结算,利息和费用均为0,结算科目为100201,结算方式为其他,确定,系统提示是否立即制单,选择"是"→借方科目为应付票据,选择付款凭证,如图6-23所示→保存→退出。

注意:如果是否立即制单,选择"否"。则需要在凭证处理→生成凭证→选择票据管理,选中相应票据后,再制单。

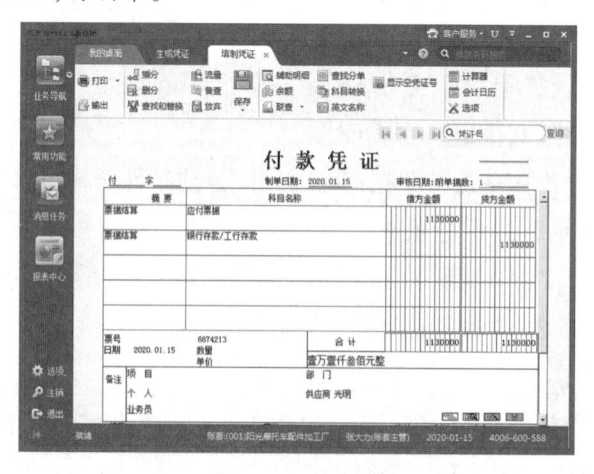

图6-23 商业汇票业务记账凭证

2.分期付款采购

(1)增加和审核采购订单

采购管理→采购订货→采购订单,进入"采购订单"窗口→增加→根据资料填制采购订单→确定→保存→审核→退出。

(2)增加和审核到货单

采购管理→采购到货→到货单,进入"到货单"窗口→增加→参照→采购订单,选择要拷贝的采购订单→确定→修改日期,填写采购部门和人员等→保存→审核→退出。

(3)增加和审核入库单

库存管理→入库业务→采购入库单,进入"采购入库单"窗口→增加→录入资料内容→保存→审核→退出。

(4)增加和复核采购专用发票

采购管理→采购发票→专用采购发票,进入"专用发票"窗口→增加→参照→入库单,选择要拷贝的入库单→确定→输入发票号→保存→复核→退出。

(5)执行采购结算

采购管理→采购结算→自动结算,打开"采购自动结算"对话框→结算模式:入库单和发票→确定,系统提示结算成功→确定→退出。

(6)正常单据记账,并生成入库凭证

存货核算→业务核算→正常单据记账,打开"过滤条件选择"对话框,选择要记账的采购入库单→记账,系统提示记账成功→确定→退出。存货核算→凭证处理→生成凭证,打开"生成凭证"窗口→选择,弹出"查询条件"→选单,选"采购入库单(报销记账)"→确定→全选→确定,进入"生成凭证"窗口→制单,转账凭证→生成→保存→退出。

(7)审核专用发票,并填制凭证

财务会计→应付款管理→采购发票审核→查询→进入"单据处理"窗口→选择要审核的采购专用发票→审核→确定→退出。应付款管理→凭证处理,打开"凭证处理"对话框→选择发票→确定,进入"制单"窗口→全选,转账凭证→制单,进入填制凭证窗口→保存→退出。

(8)分别增加付款单,并生成相应凭证

应付款管理→付款处理→付款单据录入→付款单,增加→结算方式,其他;结算科目100201;付款金额1 130元;供应商,富力等,如图6-24所示→保存→审核→系统提示是否立即制单,选择"是",输入借方科目代码和业务号等,如图6-25所示→保存→退出。

图6-24 付款单

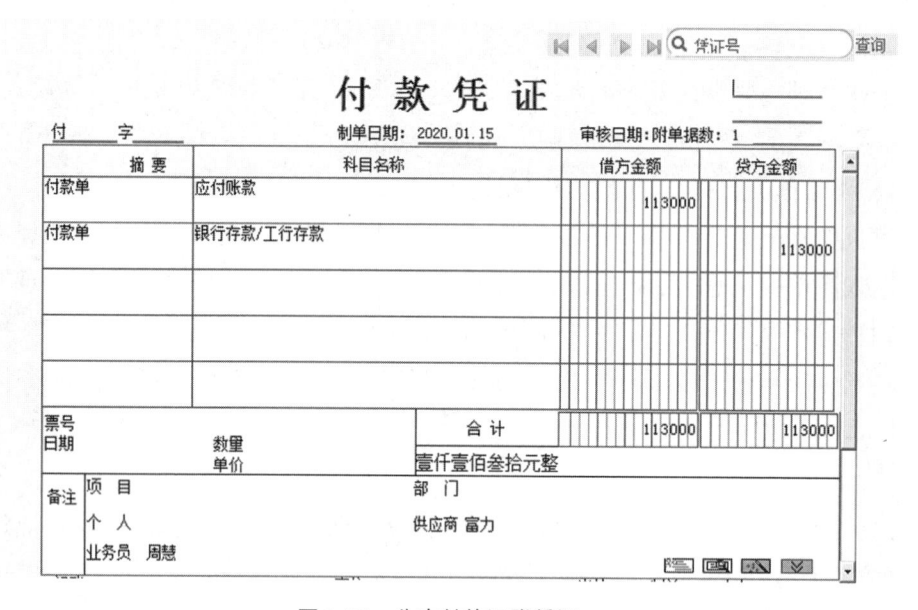

图6-25 分次付款记账凭证

以1月20日重新注册,增加第二张付款单,执行相同操作;以1月30日重新注册,增加第三张付款单,操作相同操作。

(9)分次核销

应付款管理→付款处理→付款单录入→选择对应的付款单→单击核销→选择对应的采购发票→在付款单中输入本次结算金额1 130,在发票中输入本次结算金额1 130,确认,如图6-26所示→退出。

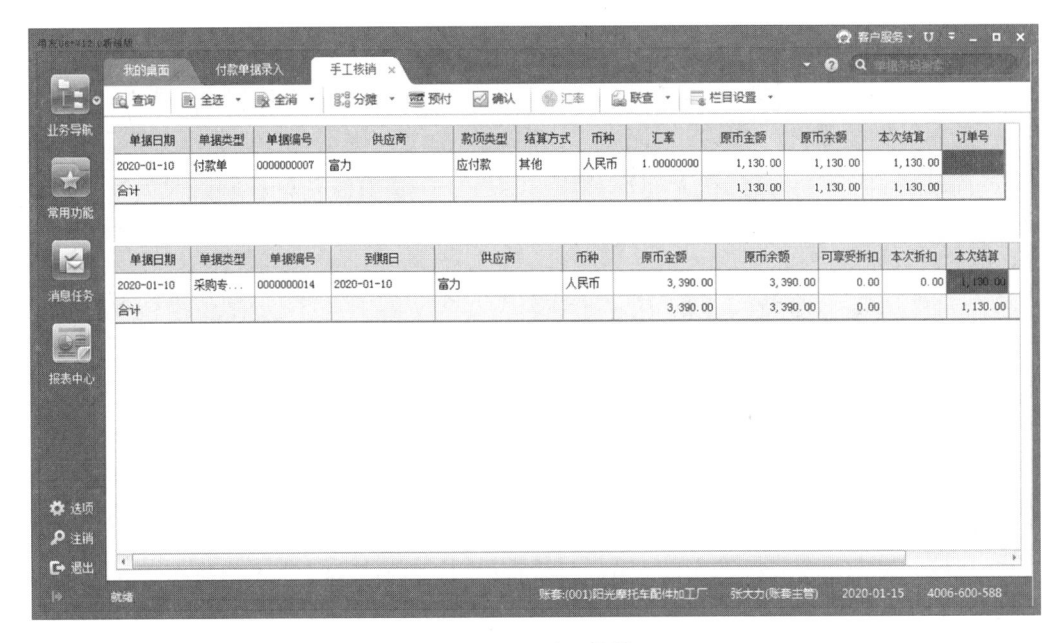

图6-26 手工核销

3.预付款采购

1)增加和审核采购订单。采购管理→采购订货→采购订单,进入"采购订单"窗口→增加→根据资料填制采购订单,计划到货日期1月10日→确定→保存→审核→退出。

2)增加和审核付款单,并生成预付款凭证。进入应付款系统→付款处理→付款单录入,填制付款单,结算方式为现金支票,结算号为:XJ05389。款项类型:预付款。保存付款单并审核,系统提示是否立即制单,选择"是",填入相应信息,预付账款的票号:XJ05389,并保存。会计分录为借:预付账款,贷:银行存款。

3)增加和审核到货单。采购管理→采购到货→到货单,进入"到货单"窗口→增加→参照→采购订单,选择要拷贝的采购订单→确定→修改日期,填写采购部门和人员等→保存→审核→退出。

4)增加和审核入库单。库存管理→入库业务→采购入库单,进入"采购入库单"窗口→增加→录入资料内容→保存→审核→退出。

5)增加和复核采购专用发票。采购管理→采购发票→专用采购发票,进入"专用发票"窗口→增加→参照→入库单,选择要拷贝的入库单→确定→输入发票号→保存→复核→退出。

6)执行采购结算。采购管理→采购结算→自动结算,打开"采购自动结算"对话框→结算模式:入库单和发票→确定,系统提示结算成功→确定→退出。

7)正常单据记账,并生成入库凭证。存货核算→业务核算→正常单据记账,打开

"过滤条件选择"对话框,选择要记账的采购入库单→记账,系统提示记账成功→确定→退出。存货核算→凭证处理→生成凭证,打开"生成凭证"窗口→选择,弹出"查询条件"→选单,选"采购入库单(报销记账)"→确定→全选→确定,进入"生成凭证"窗口→借方:周转材料,贷方科目:在途物资,转账凭证,合并制单→制单日期修改为1月10日→保存→退出。

8)审核专用发票,并填制凭证。财务会计→应付款管理→采购发票审核→查询→进入"单据处理"窗口→选择要审核的采购专用发票→审核→确定→退出。应付款管理→凭证处理,打开"凭证处理"对话框→选择发票→确定,进入"制单"窗口→全选,转账凭证→制单,进入填制凭证窗口,应付账款票号为7864341→保存→退出。

9)预付冲应付。应付款管理系统→转账处理→预付冲应付→预付款页面中,选供应商:光辉。单击过滤;应付款中供应商也选择光辉,单击过滤,如图6-27所示→单击自动转账→系统提示是否立即制单,选择是,生成相关凭证,输入相应会计科目的票号→保存→退出。

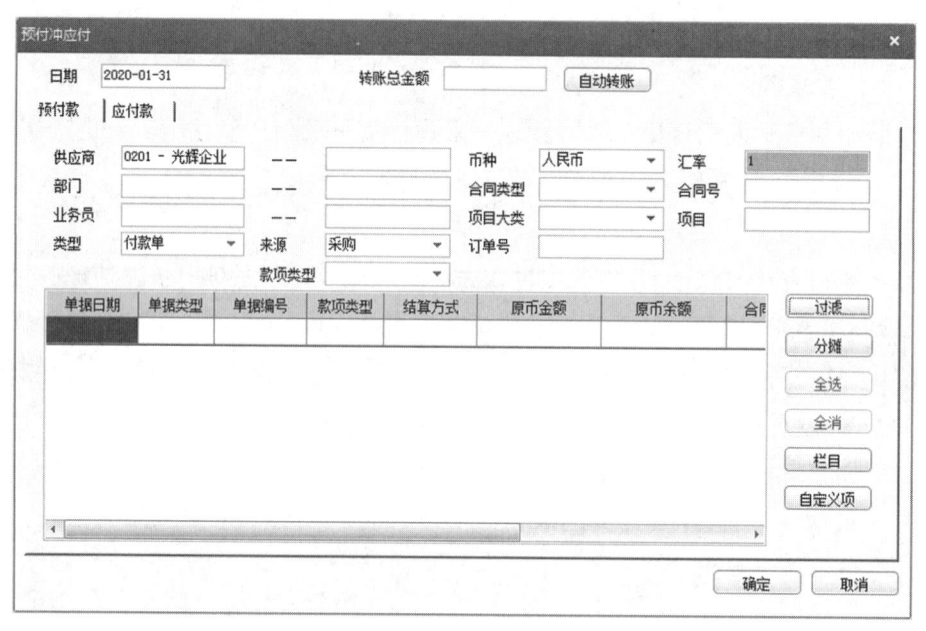

图6-27 预付冲应付

10)支付尾款,结清款项。应付款管理→付款处理→付款单据录入→付款单,增加→结算方式,其他;结算科目100201;付款金额2 650元;供应商,光辉等→保存→审核→系统提示是否立即制单,选择"是",输入借方科目代码和业务号等,应付账款票号为7864341→保存→退出。

11)尾款核销处理。应付款管理→付款处理→付款单录入→通过查找键,找到1月15日的付款单→单击核销→选择对应的采购发票→在付款单中输入本次结算金额

2 650,在发票中输入本次结算金额2 650,确认→退出。

12)查询核销情况。应付款管理→核销处理→应付核销明细表,如图6-28所示,可以看到该笔业务完整的过程,借贷金额完全核销。

应付核销明细表

单据日期	供应商	单据类型	单据编号	币种	汇率	应付原币金额	应付本币金额	结算本币金额	结算原币金额	原币分
2020-01-11	光彩集团	采购专...	0000000008	人民币	1.00...	45,200.00	45,200.00			
								45,200.00	45,200.00	
2020-01-29	长捷公司	采购专...	0000000009	人民币	1.00...	45,200.00	45,200.00			
								45,200.00	45,200.00	
2020-01-12	富民集团	采购专...	0000000010	人民币	1.00...	1,130.00	1,130.00			1
2020-01-12	富民集团	运费发票	0000000001	人民币	1.00...	100.00	100.00			
2020-01-10	光辉企业	采购专...	0000000015	人民币	1.00...	5,650.00	5,650.00			
								3,000.00	3,000.00	2
								2,650.00	2,650.00	
2020-01-10	富力企业	采购专...	0000000014	人民币	1.00...	3,390.00	3,390.00			
								1,130.00	1,130.00	2
2020-01-08	光明机械加工集团	采购专...	0000000013	人民币	1.00...	2.34	2.34			
合计						100,672.34	100,672.34	97,180.00	97,180.00	3

图6-28 应付核销明细表

实验四 采购退货业务

【实验内容】

1.采购结算前全部退货

2.采购结算前部分退货

3.采购结算后退货

【实验资料】

1.采购结算前全部退货

1月12日,向富贵企业订购电渡液50盒,单价为30元。

1月13日,配套用品仓库收到电渡液。尚未收到发票,也未付款。

1月15日,仓库反映某批电渡液有质量问题,全部退回给供应商。

2.采购结算前部分退货

1月15日,向克明企业订购生铁胚件300个,单价为45元,增值税税率13%。

1月16日,收到克明企业提供的生铁胚件300个,单价为45元。验收入原料库。

1月16日,仓库反映其中有50个有质量问题,要求退回给供应商。

1月18日,收到建昌公司开具的专用发票一张,其发票号为AS4408。进行采购结算及相应账务处理。

3.采购结算后退货

1月23日,发现从长捷公司购入的部分生铁胚件不达标,退回50个,单价为40元。1月25日收到该公司开具票号为2020013111的红字专用增值税发票一张。对采购入库单和红字专用采购发票进行结算处理。

【实验步骤与指导】

1.结算前全部退货

1)增加采购订单并审核。采购管理→采购订货→采购订单,进入"采购订单"窗口→增加→根据资料填制采购订单,计划到货日期1月13日→确定→保存→审核→退出。

2)增加到货单并审核。采购管理→采购到货→到货单,进入"到货单"窗口→增加→参照→采购订单,选择要拷贝的采购订单→确定→修改日期为1月13日,填写采购部门和人员等→保存→审核→退出。

3)增加蓝字入库单并审核。库存管理→入库业务→采购入库单,进入"采购入库单"窗口→增加→日期为1月13日,选择相应的到货单号,系统自动填入相应内容→保存→审核→退出。

4)增加红字入库单并审核。执行注销操作,以1月15日进入企业应用平台,库存管理→采购入库单→增加,单击选择红单,数量:-50;单价:30;仓库:辅料库等内容;如图6-29所示→保存→审核→退出。

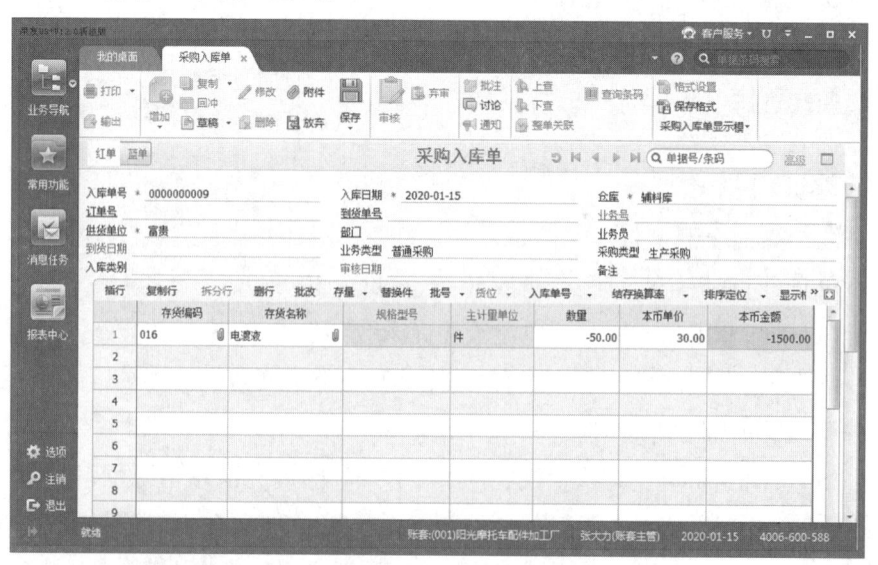

图6-29 红字入库单

5)采购结算。采购管理→采购结算→结算模式:红蓝入库单→确定,系统自动对冲相应入库单。

说明:也可采取另一种办法进行操作。在步骤3)以后,以操作员身份,取消审核入库单,删除入库单;取消审核到货单,删除到货单;取消审核采购订单,删除采购订单。

2.结算前部分退货处理

1)填制和审核采购订单。以1月15日日期进入企业应用平台→采购管理→采购订货→采购订单,进入"采购订单"窗口→增加→根据资料填制采购订单,计划到货日期1月16日→确定→保存→审核→退出。

2)增加到货单并审核。以1月16日进入企业应用平台→采购管理→采购到货→到货单,进入"到货单"窗口→增加→参照→采购订单,选择要拷贝的采购订单→确定→修改日期为1月16日,填写采购部门和人员等→保存→审核→退出。

3)在库存管理系统中填制并审核蓝字采购入库单。库存管理→入库业务→采购入库单,进入"采购入库单"窗口→增加→日期为1月16日,选择相应的到货单号,系统自动填入相应内容→保存→审核→退出。

4)在库存管理系统中填制红字采购入库单。执行注销操作,以1月16日进入企业应用平台,库存管理→采购入库单→增加,单击选择红单,数量:-50;单价:45;仓库:原料库等内容;保存→审核→退出。

5)在采购管理系统增加采购专用发票。执行注销操作,以1月18日进入企业应用平台→采购管理→采购发票→专用采购发票,进入"专用发票"窗口→增加→输入相应信息→保存→复核→退出。

6)在采购管理系统中进行手工结算。采购管理→采购结算→手动结算,打开"手动结算"对话框→结算模式:入库单和发票→分别执行选单和选票操作,选择相应的蓝字入库单和和红字入库单,以及对应的发票,执行结算操作→确定→退出。

7)正常单据记账,并生成入库凭证。存货核算→业务核算→正常单据记账,打开"过滤条件选择"对话框,选择要记账的采购入库单→记账,系统提示记账成功→确定→退出。存货核算→凭证处理→生成凭证,打开"生成凭证"窗口→选择,弹出"查询条件"→选单,选"采购入库单(报销记账)"→确定→全选→确定,进入"生成凭证"窗口→借方:原材料;贷方科目:在途物资;转账凭证,合并制单→制单日期修改为1月18日→保存→退出。

8)审核专用发票,并填制凭证。财务会计→应付款管理→采购发票审核→查询→进入"单据处理"窗口→选择要审核的采购专用发票→审核→确定→退出。应付款管理→凭证处理,打开"凭证处理"对话框→选择发票→确定,进入"制单"窗口→全选,转账凭证→制单,进入填制凭证窗口,应付账款票号为7864333→保存→退出。

3.结算后退货处理

1)填制红字采购入库单并审核。执行注销操作,以1月23日进入企业应用平台→库存管理→采购入库单→增加,单击选择红单,数量:-50;单价:40;仓库:原料库等内容;保存→审核→退出。

2)填制和复核红字采购专用发票。执行注销操作,以1月23日进入企业应用平台→采购管理→采购发票→红字专用采购发票,进入"专用发票"窗口→增加→选择相应存货,数量:-50;单价40等,如图6-30所示→确定→保存→复核→退出。

图6-30 红字专用发票

3)执行采购退货结算。采购管理→采购结算→结算模式:入库单和发票→确定→系统提示自动结算成功1笔。

4)正常单据记账,并生成入库凭证。存货核算→业务核算→正常单据记账,打开"过滤条件选择"对话框,选择要记账的红字采购入库单→记账,系统提示记账成功→确定→退出。存货核算→凭证处理→生成凭证,打开"生成凭证"窗口→选择,弹出"查询条件"→选单,选"采购入库单(报销记账)"→确定→全选→确定,进入"生成凭证"窗口→借方:原材料;贷方科目:在途物资;转账凭证,合并制单→制单日期修改为1月25日→保存→退出。

5)审核专用发票,并填制凭证。财务会计→应付款管理→采购发票审核→查询→进入"单据处理"窗口→选择要审核的采购专用发票→审核→确定→退出。应付款管理→凭证处理,打开"凭证处理"对话框→选择对应的红字发票→确定,进入"制单"窗口→全选,转账凭证→制单,进入填制凭证窗口,应付账款票号为7864366→保存→退出。

第七章 销售业务

本章实验目的

1. 了解销售管理系统主要内容。
2. 掌握企业日常销售业务流程和操作技能。
3. 了解应收款管理系统主要内容。
4. 掌握销售管理和应收款管理系统初始化设置。

本章实验准备

1. 引入第六章"实验六"账套数据。
2. 将操作系统日期仅为"2020-01-31"。

本章实验环境

1. 操作系统：Windows 7等。
2. 软件系统：用友新道ERPU8+V12.0。

实验一 初始化设置

【实验内容】

1.销售管理系统初始化

2.应收款系统初始化

3.销售管理系统期初数据

4.应收款管理系统期初数据

【实验资料】

1.销售管理系统参数设置

设置销售管理系统报价不含税。

公司特殊销售业务包括【零售日报业务】、【销售调拨业务】、【委托代销业务】、【分期收款业务】和【直运销售业务】。

【销售生成出库单】:不选

2.应收款管理系统初始设置

应收款核销方式:按单据;坏账处理方式:应收余额百分比;其他参数为系统默认。

基本科目设置:应收科目1122,预收科目2203,销售收入科目6001,应交增值税科目22210105,其他可暂时不设置。

控制科目设置:按存货分类设置——应收科目1122;预收科目2203。

对方科目设置:按存货分类分别设置。

结算方式科目设置:现金结算对应科目1001,现金支票对应科目100201;转账支票对应科目100201;其他的结算方式根据会计知识设置。

坏账准备设置:提取比例0.1%,期初余额85 500,科目1231,对方科目660207。

表7-1 报警级别设置

序号	起止比率	总比率	级别名称
1	0以上	10	A
2	10%—30%	30	B
3	30%—50%	50	C
4	50%—70%	70	D
5	70%以上		E

3.销售管理系统期初数据

2019年12月30日,销售部向力帆公司出售精钢方向杆2 000只,报价为410元/只,由成品仓库发货。该发货单尚未开票。

2019年12月30日,销售部委托大发企业代销精钢连接杆1 000只,报价为26元/只,由成品仓库发货。该发货单尚未开票。

4.应收款管理系统期初数据

(1)应收账款——销售发票

应收账款　期初余额:借8 550 000

表7-2

日期	客户	业务员	摘要	方向	数量	本币金额/元	票据日期
2019-12-31	嘉陵	王小四	熟铁连接杆销售	借	50 000	2 500 000	2019-12-15
2019-12-31	隆兴	王小四	熟铁方向杆销售	借	34 000	4 000 000	2019-12-16
2019-12-13	力帆	王小四	精钢方向杆销售	借	10 000	1 800 000	2019-12-08
2019-12-31	大发	王小四	熟铁连接杆销售	借	9 000	250 000	2019-12-25

(2)应收票据——应收票据(商业承兑汇票)

应收票据　期初余额:借1 000 000元

表7-3

签发日期	开票单位	票据编号	科目	到期日	面值和余额/元	票据收到日期
2019-12-25	嘉陵	0231	1121	2020-01-31	300 000	2019-12-25
2019-12-31	隆兴	0235	1121	2020-2-20	700 000	2019-12-31

(3)预收账款——预收款

预收账款　78 000　期初余额:贷78 000

表7-4

日期	客户	业务员	摘要	方向	本币金额	结算方式	票号	票据日期
2019-12-31	隆志	王小四	精钢方向杆销售	贷	50 000	转账支票	08999	2019-12-3
2019-12-31	西就	王小四	熟铁连接杆销售	贷	28 000	转账支票	05360	2019-12-15

【实验步骤与指导】

1.销售管理系统初始化操作

以账套主管的身份进入系统企业应用平台→业务导航→销售管理→选项,如图7-1所示,进行相应设置。

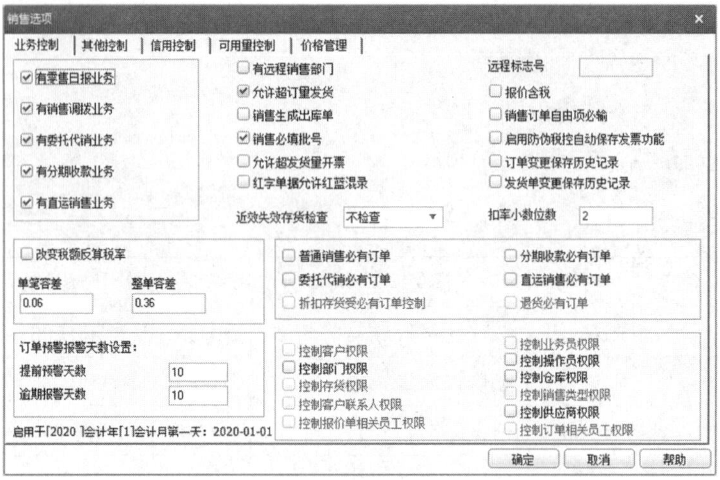

图7-1　销售选项

2.应收款管理系统初始化操作

检查应收款系统是否启用。企业应用平台→基础设置→基本信息→系统启用,打开"系统启用"对话框→选中"应收款管理",选择启用日期2020-01-01→确定→是→退出。

设置控制参数。企业应用平台→业务导航→财务会计→应收款管理→设置→选项,出现"账套参数设置"对话框,如图7-2所示→编辑,按资料配置相关信息→确定。

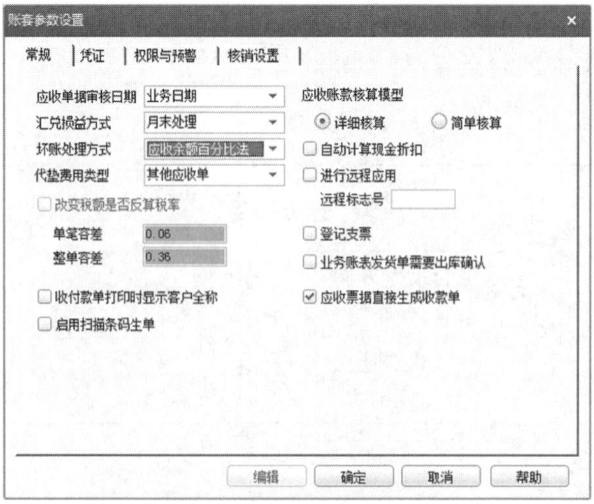

图7-2　应收款账套参数设置

基本科目设置。企业应用平台→业务导航→财务会计→应收款管理→设置→设置→科目设置→基本科目设置,出现"应收基本科目"设置对话框,如图7-3所示→增行,按资料配置相关信息→退出(微课视频:7-1.MP4)。

7-1

基本科目种类	科目	币种
应收科目	1122	人民币
预收科目	2203	人民币
销售收入科目	600101	人民币
税金科目	22210102	人民币
汇兑损益科目	6603	人民币
现金折扣科目	6603	人民币
商业承兑科目	1121	人民币
销售退回科目	600101	人民币
运费科目	6601	人民币

图7-3　应收基本科目

控制科目设置。企业应用平台→业务导航→财务会计→应收款管理→设置→科目设置→控制科目设置,单击栏目设置,根据下图选择相应的栏目,如图7-4所示→增行→根据资料,按存货分类分别应收科目和预收科目。

序号	存货分类编码	存货分类名称	应收科目编码	应收科目名称	预收科目编码	预收科目名称
1	02	熟铁件	1122	应收账款	2203	预收账款
2	03	精钢件	1122	应收账款	2203	预收账款

共2条记录

图7-4　应收控制科目

对方科目设置同上类似。结果如7-5所示。

图7-5 应收对方科目

结算方式科目设置:同上类似。

坏账准备设置。企业应用平台→业务导航→财务会计→应收款管理→设置→初始设置→坏账准备设置,分别设置提取比例1%,期初余额85 500,科目1231,对方科目660207,如图7-6所示。

图7-6 坏账准备设置

报警级别设置。企业应用平台→业务导航→财务会计→应收款管理→设置→初始设置→报警级别设置,如图7-7所示→增行,分别输入10,A,回车,再输入第2行,按资料余下资料→退出。

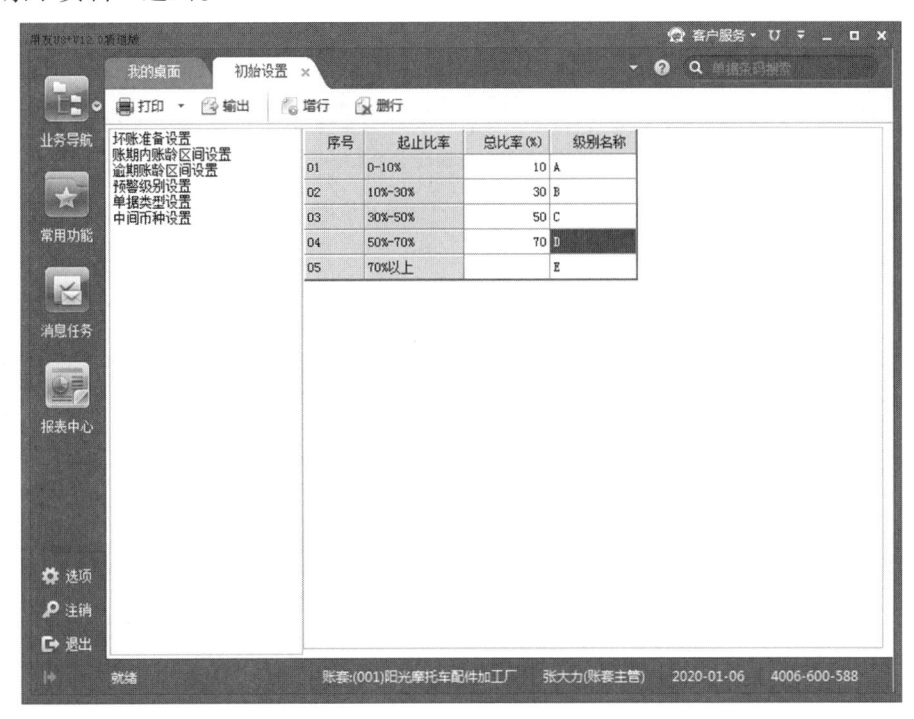

图7-7 报警级别初始设置

3.输入销售管理系统期初数据

录入期初发货单。企业应用平台→业务导航→供应链→销售管理→设置→期初发货单→增加,按资料输入相应信息,如图7-8所示→保存→审核→退出。

图7-8 期初发货单

期初委托代销发货单。企业应用平台→业务导航→供应链→销售管理→设置→期初委托代销发货单→增加,按资料输入相应信息,如图7-9所示→保存→审核→退出。

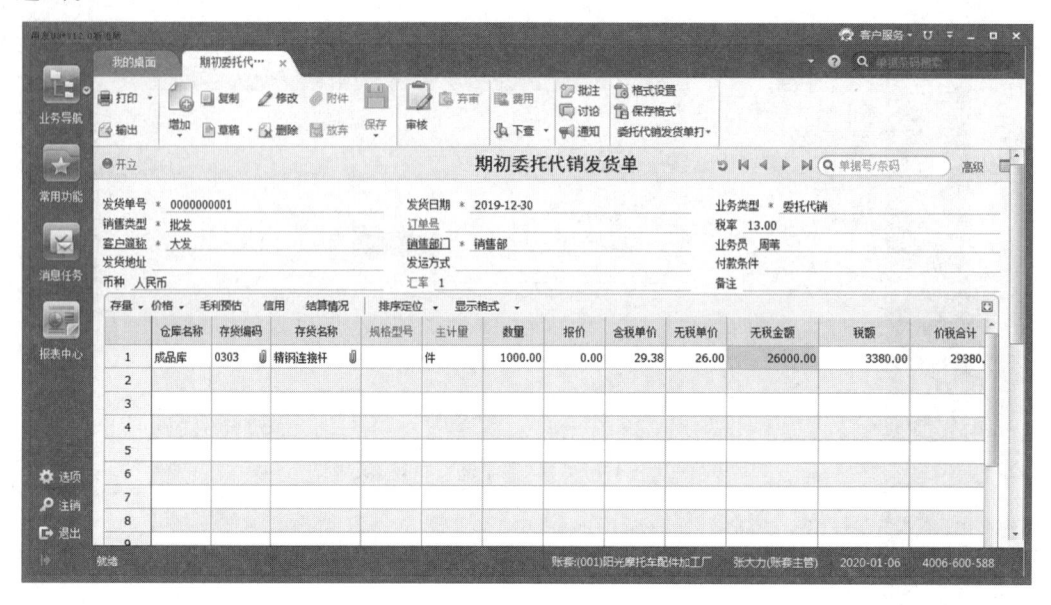

图7-9　期初委托代销发货单

4.输入应收款系统的期初余额

应收账款期初余额。业务工作→财务会计→应收款管理→设置→期初余额,出现"期初余额—查询"对话框→确定,进入"期初余额明细表"窗口→增加,出现单据类别,选择销售发票→确定,进入输入窗口→增加→选择货物,输入价税合计250 000,数量50 000,按资料输入其他内容,如图7-10所示→保存。应收账款的第2笔至第4笔他期初业务资料,按相同操作输入。

图7-10　期初销售发票

应收票据期初余额。业务工作→财务会计→应收款管理→设置→期初余额，出现“期初余额—查询”对话框→确定，进入“期初余额明细表”窗口→增加，出现单据名称：应收票据，单据类型：商业承兑汇票→确定，进入输入窗口→增加→选输入表头信息，票据编号：0231，开票单位：嘉陵，以及按资料输入其他内容，如图7-11所示→保存。应收票据的第2笔，按相同操作输入（微课视频：7-2.MP4）。

7-2

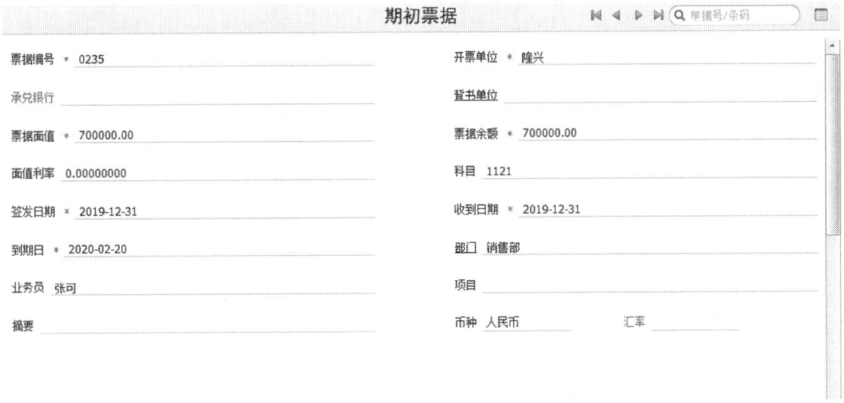
期初票据

票据编号 * 0235　　开票单位 * 隆兴
承兑银行　　背书单位
票据面值 * 700000.00　　票据余额 * 700000.00
面值利率 0.00000000　　科目 1121
签发日期 * 2019-12-31　　收到日期 * 2019-12-31
到期日 * 2020-02-20　　部门 销售部
业务员 张可　　项目
摘要　　币种 人民币　汇率

图7-11　期初应收票据

预收账款期初余额。业务工作→财务会计→应收款管理→设置→期初余额，出现“期初余额—查询”对话框→确定，进入“期初余额明细表”窗口→增加，出现单据类别，选择预收款→确定，进入输入窗口→增加→选输入表头信息，选择日期2019-12-25，客户：隆志，结算方式：转账支票，金额：50 000，以及按资料输入其他内容，如图7-12所示→保存。预收账款的第2笔，按相同操作输入。

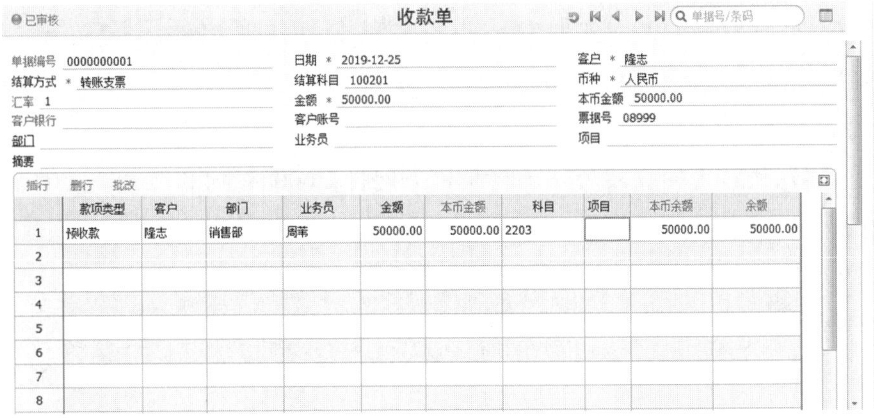
已审核　收款单

单据编号 0000000001　　日期 * 2019-12-25　　客户 * 隆志
结算方式 * 转账支票　　结算科目 100201　　币种 * 人民币
汇率 1　　金额 * 50000.00　　本币金额 50000.00
客户银行　　客户账号　　票据号 08999
部门　　业务员　　项目
摘要

插行　删行　批改

	款项类型	客户	部门	业务员	金额	本币金额	科目	项目	本币余额	余额
1	预收款	隆志	销售部	周苇	50000.00	50000.00	2203		50000.00	50000.00
2										
3										
4										
5										
6										
7										
8										

图7-12　期初预收账款

上述资料录入完毕后，在“期初余额明细表”窗口，点击刷新→对账，进入“期初对账”窗口，查看总账与应收款系统相关科目的是否一致，需要确保差异为0。

实验二　普通销售业务

【实验内容】

1. 普通销售业务
2. 商业折扣
3. 销售现结业务
4. 代垫费用
5. 分次开票
6. 开票直接发货
7. 商业汇票结算的销售业务

【实验资料】

1. 普通销售业务

1）1月15日,大发摩托车企业欲购买精钢连接杆,销售部报价为26元/只。填制并审核报价单。

2）该客户了解情况后,要求订购1 200只,要求1月18日发货。填制并审核销售订单。

3）1月18日,销售部从成品仓库向大发企业发出其所订货物,并据此开具专用销售发票一张。

4）业务部门将销售发票交给财务部门,财务部门结转此业务的收入及成本,成本为15元/只。

5）1月20日,财务部收到大发企业的转账支票一张,金额35 256元,支票号ZZ099943。据此填制收款单并制单。

2. 商业折扣

1月17日,销售部向嘉陵公司出售精钢方向杆2 600件,报价为450元/件,成交价为报价的95%,货物从成品库发出。

1月17日,根据上述发货单开具专用发票一张。

3. 销售现结业务

1）1月17日,销售部向隆兴公司出售熟铁连接杆,数量为5件,无税报价为30元/件,货物从成品库发出。

2）1月17日,根据上述发货单开具专用发票一张;同时收到客户以转账支票所支付的全部货款,支票号ZZ9803641。

3)进行现结制单处理。

4.代垫费用

1月19日,销售部在向隆兴公司销售商品过程中,发生了一笔代垫的安装费600元,销售商品为熟铁连接杆。客户尚未支付该笔款项。

5.分次开票

1月18日,销售部向西就公司出售精钢方向杆300件,报价为455元/件,货物从成品库发出。

1月19日,应客户要求,对上述所发出的商品开具两张专用销售发票,第一张发票中所列示的数量为200件,第二张发票中所列示的数量为100件。

6.开票直接发货

1月19日,销售部向德美厂出售熟铁方向杆450个,价为230元/个,先据此开具专用销售发票一张,税率为13%,随后物品从成品库发出。

7.商业汇票结算的销售业务

1月25日,公司销售给西就公司精钢连接杆1 200个,单价26元。公司已开具增值税发票给客户。客户甲开具一张期限3个月、年利率10%的商业承兑汇票给公司,商业承兑汇票号(SYHP08005)。该批商品成24 000元。

借:应收票据——西就	35 256
贷:主营业务收入	31 200
应交税金——应交增值税——销项税额	4 056
借:商品销售成本	24 000
贷:库存商品	24 000

【实验步骤与指导】

对每一笔销售业务,都应严格按照该类型业务操作流程进行操作,基本顺序如下:

1)以"005"的身份、业务日期进入销售管理系统,对该笔销售业务进行处理。

2)以"005"的身份、业务日期进入库存管理系统,对该笔销售业务所生成的出库单进行审核。

3)以"005"的身份、业务日期进入存货核算系统,对该笔销售业务所生成的出库单记账,并生成凭证。

4)以"001"的身份、业务日期进入应收款管理系统,对该笔销售业务所生成的发票制单,对有结算要求的业务结算,并生成凭证。

注意:要不断更改系统日期,应付系统用系统主管的身份。

1.普通销售业务

1)填制并审核报价单。以"2020-01-15"日期和销售员身份登录企业应用平台→业务导航→供应链→销售管理→销售报价→销售报价单,进入"销售报价单"窗口→增加→录入资料内容,如图7-13所示→保存→审核→退出(微课视频:7-3.MP4)。

图7-13 销售报价单

2)填制并审核销售订单。销售管理→销售订货→销售订单,进入"销售订单"窗口→增加→参照→选择要参照的单据(报价单)→确定→输入预发货日期2020-01-18→保存→审核→退出(微课视频:7-4.MP4)。

3)填制并审核销售发货单。销售管理→销售发货→发货单,进入"发货单"窗口→增加→参照→选择要参照的单据(销售订单)→确定,如图7-14所示→保存→审核→退出(微课视频:7-5.MP4)。

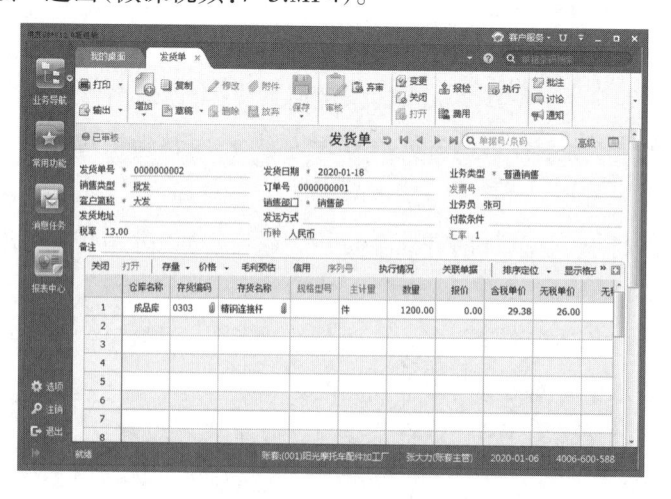

图7-14 发货单

4)根据发货单填制并复核销售发票。销售管理→销售开票→销售专用发票,进入"销售专用发票"窗口→增加→参照(发货单)→选择要参照的单据,如图7-15所示→确定→保存→复核→退出(微课视频:7-6.MP4)。

7-6

图7-15 销售发票

5)增加和审核销售出库单。库存管理→销售出库单→增加→参照:选择发货单→选择对应的发货单,确定→输入单价15,如图7-16所示→保存→审核→退出

图7-16 销售出库单

6)审核销售专用发票。财务会计→应收款管理→销售发票→销售发票审核,打开"销售发票列表"对话框→在查询条件中,修改查询日期为2020-01-01至2020-01-18,查询→选择要审核的销售专用发票→审核→确定,系统提示审核单据1张→退出。

7)对销售出库单记账并生成凭证。存货核算→业务核算→正常单据记账→进入"未记账单据一览表"窗口→查询→选择要记账的单据→记账→系统提示记账成功,确定→退出。存货核算→凭证处理→生成凭证,打开"生成凭证"窗口→选单,弹出"查询条件"→选择相应的销售出库单据业务,如图7-17所示→确定→合并制单→进入"生成凭证"窗口→转账凭证,如图7-18所示→保存→退出。

图7-17 生成凭证界面

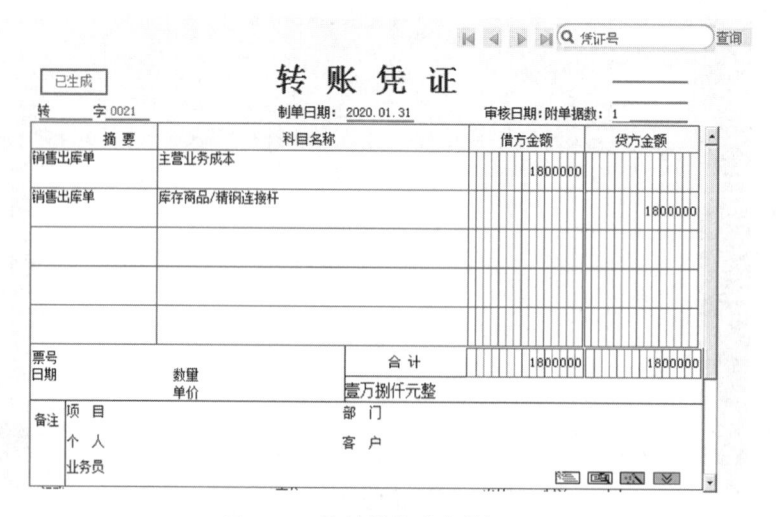

图7-18 结转销售成本凭证

8)生成销售收入凭证。财务会计→应收款管理→凭证处理→生成凭证→选择发票,制单→选择要制单的发票,如图7-19所示→制单→进入"制单"窗口→全选,转账凭证→制单→进入填制凭证窗口,输入应收账款的票号为05691,如图7-20所示→保存→退出。

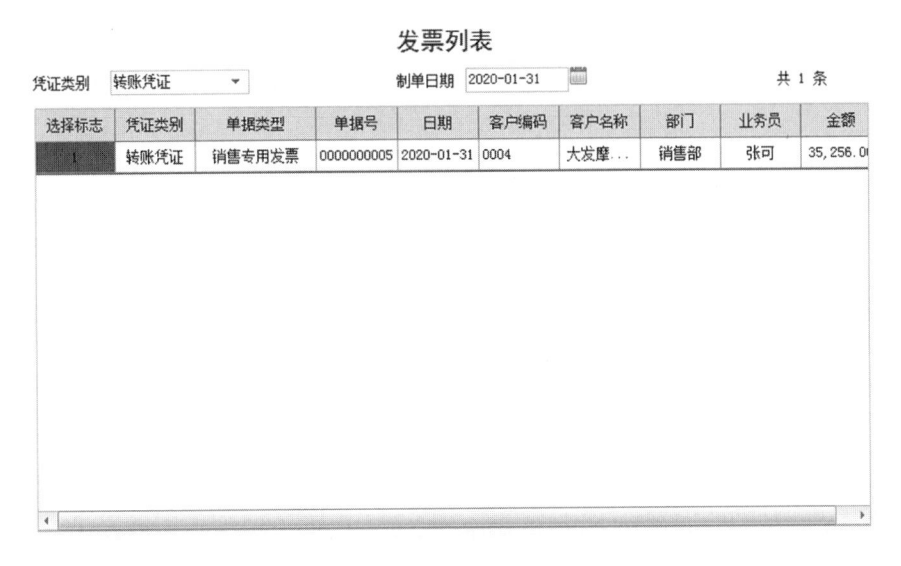

图7-19 销售发票列表

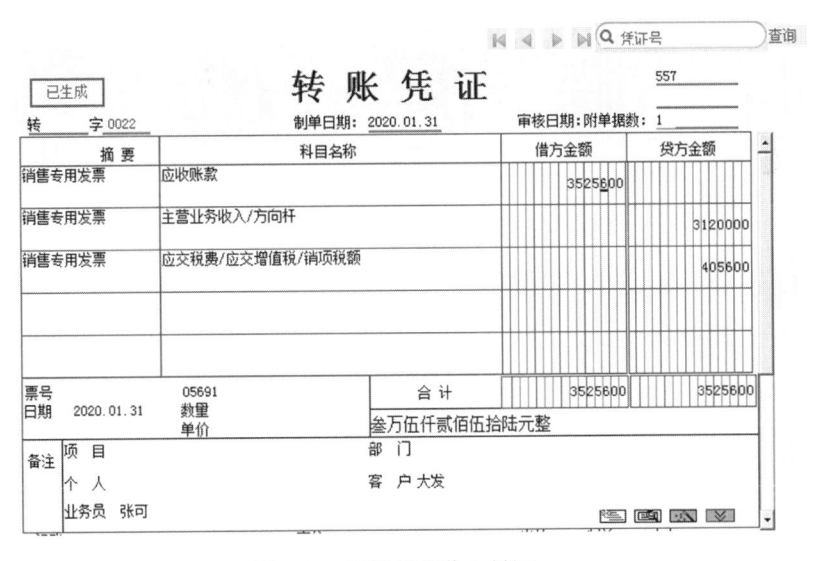

图7-20 确认销售收入凭证

9)填制和审核收款单,并制单。财务会计→应收款管理→收款单据处理→收款单据录入,进入"收款单"录入窗口→录入资料信息→保存→审核→制单否→是,进入填制凭证窗口→录入银行存款和应收账款的票号,均为ZZ099943,如图7-21所示保存→退出。

图7-21 收款单

说明：应收账款、银行存款等会计科目在会计凭证中，需要补录相应的票号，操作办法是先输入一个其他的会计科目代码1001或1121，"回车"，再输入或选择正确的会计科目代码，"回车"，系统弹出相应窗口，再填入相应票号等信息。

10）核销处理。应收款管理→核销处理→自动核销→选择客户为大发→确定→系统显示自动核销报告，核销金额为35 256→确定。也可采用手工核销方式，选择客户为大发→确认→在付款单和销售发票中，输入本次结算金额35 256，如图7-22所示保存→确认。

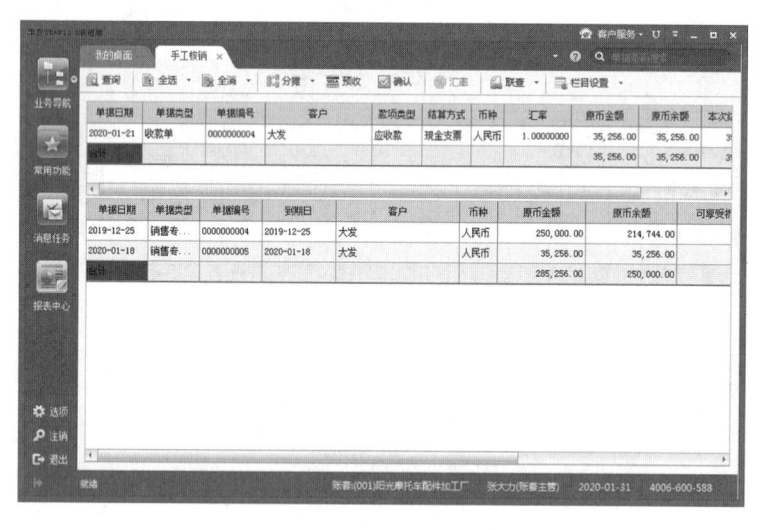

图7-22 核销界面

2. 商业折扣处理

1）填制和审核销售报价单。以2020-01-17日期和销售员身份登录企业应用平台→业务导航→供应链→销售管理→销售报价→销售报价单，进入"销售报价单"窗口→增加→录入资料内容→保存→审核→退出。

2)填制和审核销售订单。销售管理→销售订货→销售订单,进入"销售订单"窗口→增加→参照→选择要参照的单据(报价单)→确定→输入预发货日期2020-01-18,报价450,无税单价427.5→保存→审核→退出。

3)填制和审核发货单。销售管理→销售发货→发货单,进入"发货单"窗口→增加,→输入资料内容→保存→审核→退出。

4)根据发货单填制并复核销售发票。销售管理→销售开票→销售专用发票,进入"销售专用发票"窗口→增加→参照(发货单)→选择要参照的单据→确定→保存→复核→退出。

5)审核销售专用发票并生成销售收入凭证。财务会计→应收款管理→销售发票→销售发票审核→选择要审核的销售专用发票→审核→确定→系统提示是否立即制单,选择是→根据资料填写相应会计科目→保存→退出。

3.现结销售处理

1)填制和审核发货单。以1月17日销售员身份登录销售管理→销售发货→发货单,进入"发货单"窗口→增加→输入资料内容→保存→审核→退出。

2)根据发货单生成销售专用发票并执行现结。销售管理→销售开票→销售专用发票,进入"销售专用发票"窗口→增加→生单→参照发货单,打开"过滤条件选择"对话框→过滤,出现"参照生单"窗口→选择要参照的单据→确定→保存→现结,出现"现结"窗口→选择结算方式:转账支票;金额169.5,输入票据号:ZZ9803641;确定如图7-23所示保存→复核→退出。

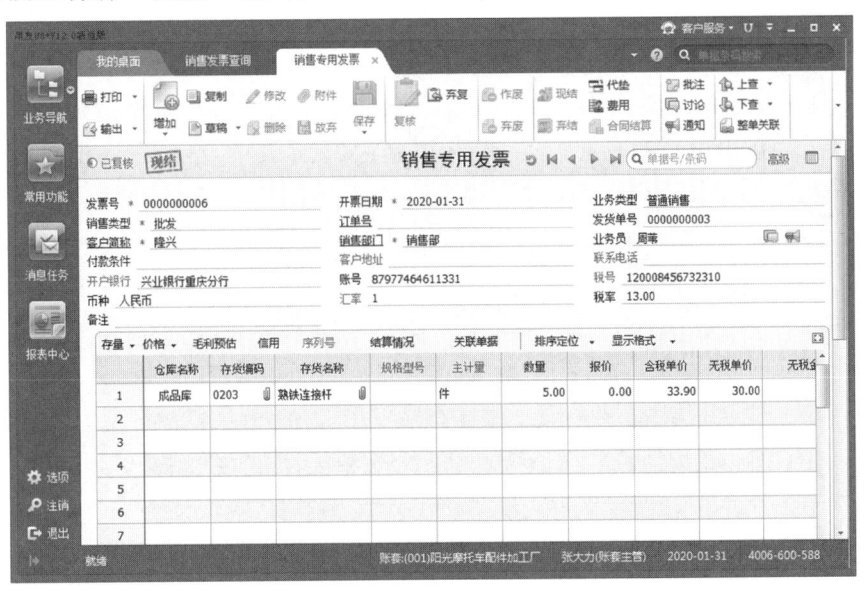

图7-23 销售专用发票

3)审核销售专用发票并现结制单。财务会计→应收款管理→销售发票→销售发票审核→选择要审核的销售专用发票→审核→确定→退出。

制单处理,打开"制单查询"对话框→现结制单→确定,进入"制单"窗口→全选,收款凭证→制单,进入填制凭证窗口,输入或修改相应会计科目→保存→退出。

4.代垫费用处理

1)设置费用项目。以账套主管身份注册企业应用平台→基础设置→基础档案→业务→费用项目分类,进入"费用项目分类"窗口→增加→1,代垫费用→保存→退出→费用项目,进入"费用项目"档案窗口→增加→01,安装费,代垫费用,如图7-24所示,保存→退出。

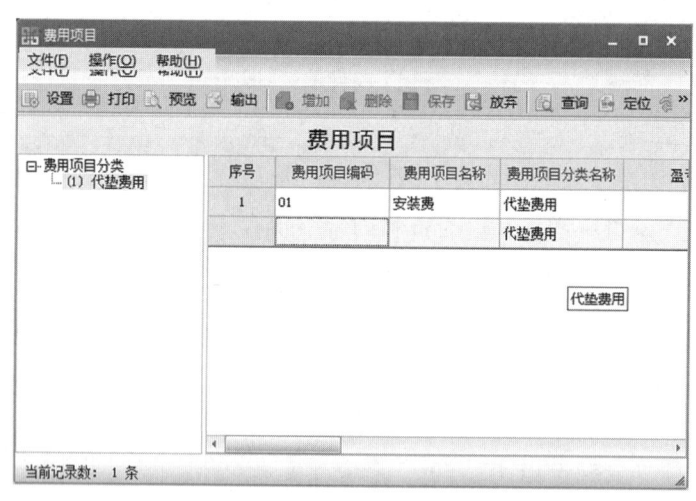

图7-24 费用项目

2)填制并审核代垫费用单。以销售员身份登录销售管理→代垫费用→代垫费用单,进入"代垫费用单"窗口→增加→输入资料内容,如图7-25所示→保存→审核→退出。

图7-25 代垫费用单

3)对代垫费用单审核并确认应收:财务会计→应收款管理→应收单据处理→应收单据审核→确定,进入“单据处理”窗口→系统显示应收单列表,选择要审核的单据→审核→退出。

财务会计→应收款管理→凭证处理→生成凭证→选择应收单→确定→选择付款凭证,选择标志输入1→制单→进入填制凭证窗口→转账凭证,应收账款票号为98765,贷方1001→保存→退出。

5.一张发货单分次开票的处理

1)在销售管理系统中填制并审核发货单:销售管理→销售发货→发货单,进入“发货单”窗口→增加,存货精钢方向杆,数量300,单价455,按资料输入其他内容→保存→审核→退出。

2)填制两张销售发票并复核。销售管理→销售开票→销售专用发票,进入“销售专用发票”窗口→增加→生单→参照发货单,打开“过滤条件选择”对话框→过滤,出现“参照生单”窗口→选择要参照的单据→确定,第一张票时数量修改为200→复核→增加→参照发货单→选择要参照的发货单→确定,检查是否数量为100→保存→复核。

3)审核销售发票并制单。财务会计→应收款管理→销售发票→销售发票审核→选择要审核的第1张销售专用发票→审核→系统提示是否立即制单,选择“否”→接着审核第2张销售专用发票。财务会计→应收款管理→凭证处理→生成凭证→选择发票→确定→相应的业务1和业务2→单击合并→制单→进入填制凭证窗口→转账凭证,应收账款票号为98763,如图7-26所示→保存→退出。

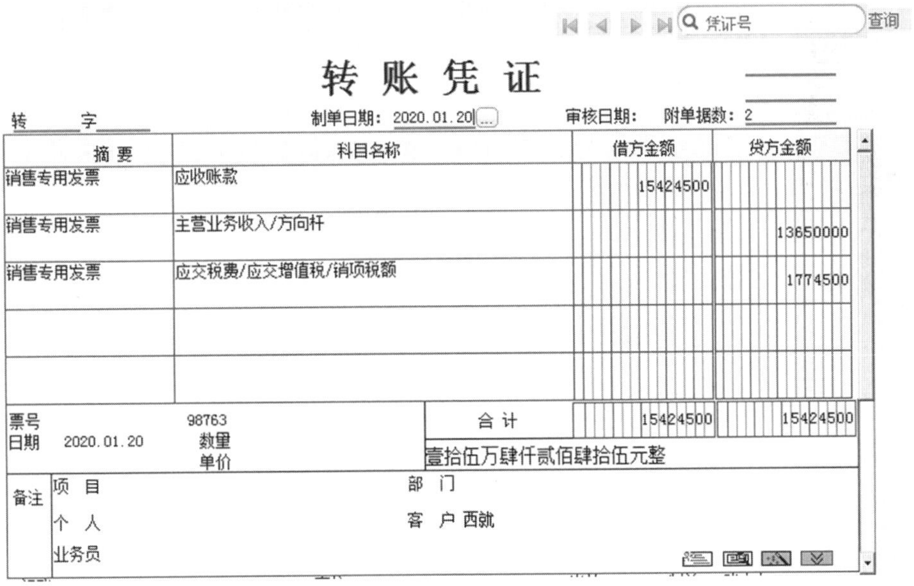
凭证号 查询

转 账 凭 证

转 字　　制单日期: 2020.01.20　　审核日期:　　附单据数: 2

摘 要	科目名称	借方金额	贷方金额
销售专用发票	应收账款	15424500	
销售专用发票	主营业务收入/方向杆		13650000
销售专用发票	应交税费/应交增值税/销项税额		1774500
票号 98763 日期 2020.01.20　数量 单价	合 计	15424500	15424500
	壹拾伍万肆仟贰佰肆拾伍元整		

备注　项 目　　部 门
个 人　　客 户 西就
业务员

图7-26　合并制单

6.开票直接发货业务的处理

1)填制和复核销售专用发票。销售管理→销售开票→销售专用发票,进入"销售专用发票"窗口→增加→按资料录入数据→保存→复核→系统将自动生成和审核发货单→退出。

2)增加和审核销售出库单。库存管理→出库业务→销售出库单→增加→参照发货单→确定→选择对应的发货单→确定→保存→审核→退出。

3)审核销售专用发票并生成销售收入凭证。财务会计→应收款管理→销售发票→销售发票审核→进入销售专用发票列表界面→查询→选中要审核的销售发票→审核→系统将提示审核成功1张发票→退出。财务会计→应收款管理→凭证处理→生成凭证→发票→确定→选择要生成凭证的发票,选择凭证类型为转账凭证→制单,进入填制凭证窗口→输入应收业务的编号54871,如图7-27所示,保存→退出。

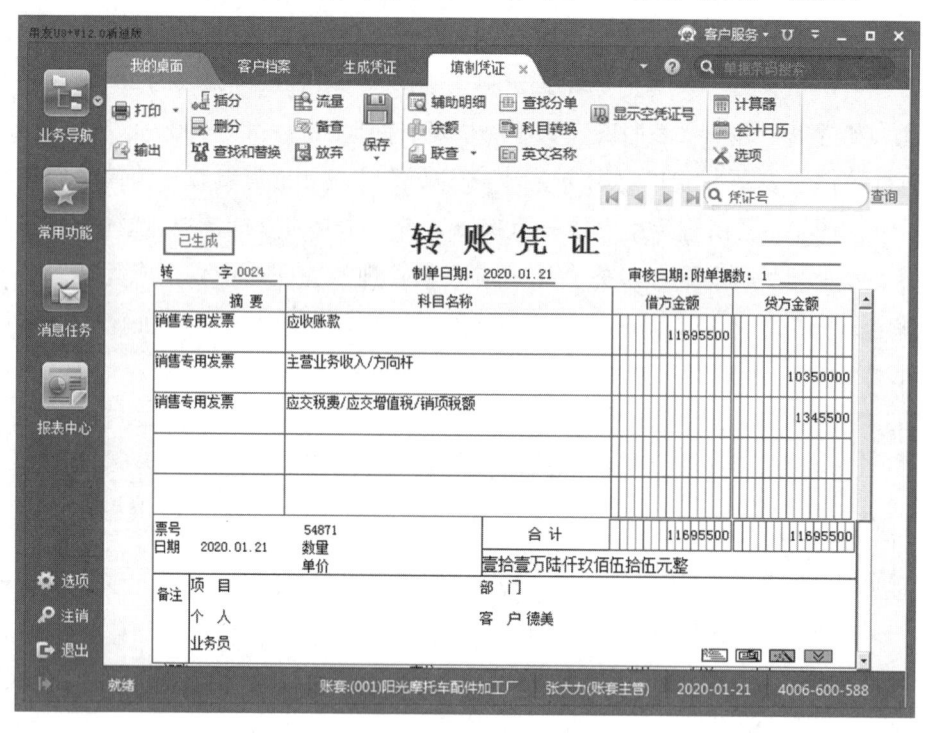

图7-27 赊销转账凭证

4)对销售出库单记账并生成凭证。存货核算→业务核算→记账→正常单据记账→查询→进入"未记账单据一览表"窗口→选择要记账的单据→记账→确定→退出→财务核算→生成凭证,打开"生成凭证"窗口→选择要记账的单据(如果系统提示业务日期应大于1月31日,则以1月31重新登录系统即可)→记账→系统提示记账成功→退出。存货核算→凭证处理→生成凭证→选单→确定→选择对应的销售出库单→确定→转账凭证→合并制单→进入填制凭证窗口,如图7-28所示→保存→退出。

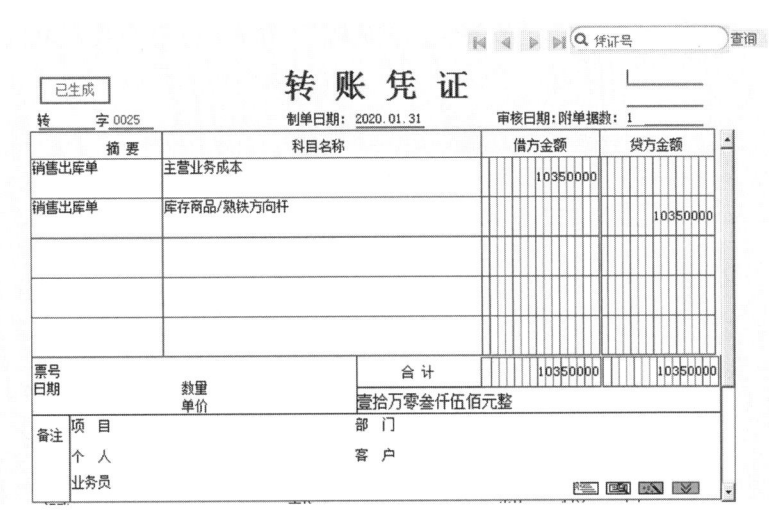

图 7-28 确认销售成本凭证

7.采用商业汇票结算的销售业务

1)填制并审核发货单。销售管理→销售发货→发货单,进入"发货单"窗口→增加,存货精钢连接杆,数量1 200,单价26,按资料输入其他内容→保存→审核→退出。

2)根据发货单生成销售专用发票并复核。销售管理→销售开票→销售专用发票,进入"销售专用发票"窗口→增加→生单→参照发货单→选择要参照的单据→确定→保存→复核→退出。

3)增加商业汇票。应收款管理→票据管理→票据录入→增加→出票人:西就;出票日期:1月25日;到期日期:4月25日;金额:35 256;票面利率:10%;以及录入其他信息,如图7-29所示→保存→退出。

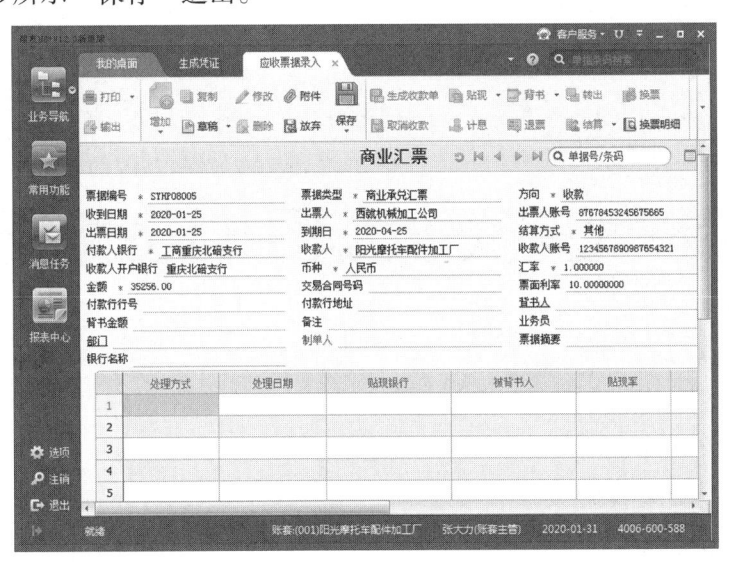

图 7-29 商业汇票

4)审核销售发票并制单。财务会计→应收款管理→销售发票→销售发票审核→进入销售专用发票列表界面→查询→选中要审核的销售发票→审核→系统将提示审核成功1张发票→退出。财务会计→应收款管理→凭证处理→生成凭证→发票→确定→选择要生成凭证的发票,选择凭证类型为转账凭证→制单,进入填制凭证窗口→借方会计科目代码改为1121(应收票据),票号为SYHP08005,保存→退出。

5)增加和审核销售出库单。库存管理→出库业务→销售出库单→增加→参照发货单→确定→选择对应的发货单→确定→保存→审核→退出。

6)对销售出库单记账并生成凭证。存货核算→业务核算→记账→正常单据记账→查询→进入"未记账单据一览表"窗口→选择要记账的单据→记账→确定→退出→财务核算→生成凭证,打开"生成凭证"窗口→选择要记账的单据→记账→系统提示记账成功→退出。存货核算→凭证处理→生成凭证→选单→确定→选择对应的销售出库单→确定→转账凭证→合并制单→进入填制凭证窗口→保存→退出。

7)4月25日票据到期收到款时,自动生成收款单并审核。应收款管理→票据管理→票据录入→翻动界面中的"→、←"键,找到对应的商业汇票→生成收款单→退出。应收款管理→收款处理→收款单据审核→查询→选择要审核的收款单→审核→系统提示审核成功1张单据→退出。

8)核销处理并制单。应收款管理→核销处理→手工核销→客户选择"西就"→确定→选择对应的收款单和发票,在对应的单元格中输入结算金额35 256→确认→退出。应收款管理→生成凭证→核销制单→选择对应的单据→进入凭证界面,完善相关信息,保存→退出。

业务说明:销售货物给客户,收到客户的商业承兑汇票或者银行承兑汇票时,确认为"应收票据",所以收到客户的承兑汇票业务应该增加一张商业承兑汇票或者银行承兑汇票。

实验三 特殊销售业务

【实验内容】

1.一次销售分次出库

2.超发货单出库

3.一次发货分期收款

4.委托代销业务

5.直运业务

6. 预收款销售

7. 坏账处理

【实验资料】

1. 一次销售分次出库

1）1月20日，销售部向力帆公司出售生铁方向杆500只，由成品库发货，报价为260元/只，开具增值税专用发票一张，款项未收。

2）1月20日，客户根据发货单从成品库领出生铁方向杆300只。

3）1月21日，客户根据发货单再从成品库领出生铁方向杆200只。

2. 超发货单出库

1）1月20日，销售部向大发公司出售精钢连接杆1 000，由成品库发货，报价为25.5元/只。开具发票时，客户要求再多买100只，根据客户要求开具了1 100只的专用发票一张，款项未收。

2）1月20日，客户从成品库领出精钢连接杆1 100只。

3. 一次发货分期收款

1）1月20日，销售部向德美公司出售精钢方向杆5 000个。由成品库发货，报价为360元/个。客户要求以分期付款形式购买该商品。经协商，客户分2次付款，并据此开具相应销售发票。第一次开具的专用发票数量为2 500个，单价360元/个。

2）1月21日，相关业务部门将该业务所涉及到的出库单及销售发票交给财务部门，财务部据此结转收入及成本。

4. 委托代销业务

1）1月21日，销售部委托隆兴公司代销精钢方向杆2 000只，售价为360元/只，货物从成品库发出。

2）1月25日，收到隆兴公司的委托代销清单一张，结算350只，售价为360元/只。立即开具销售专用发票给隆兴公司。

3）业务部门将该业务所涉及到的出库单及销售发票交给财务部门，财务部门据此结转收入及成本。

5. 直运业务

1）1月25日，销售部接到业务信息，大发公司欲购买生铁连接杆500只。经协商以单价为13元/只成交，增值税率为13%。随后，销售部填制相应销售订单。

2）1月26日，销售部经联系辉皇公司，以11元/只的价格向其采购生铁连接杆500只，并要求对方直接将货物送到大发公司。

3）1月28日，货物送至大发公司，辉皇公司凭送货签收单根据订单开具了一张专用发票给销售部。

4)1月28日,销售部根据销售订单开具专用发票一张。

5)销售部将此业务的采购、销售发票交给财务部,财务部结转此业务的收入及成本。

6.预收款销售

1)1月9日,嘉陵公司交来转账支票一张,金额500 000元,支票号为ZZ986045,作为预购精钢方向杆的订金。

2)1月15日,公司根据嘉陵公司要求,发出精钢方向杆3 000只,销售单价为355元/只,增值税率为13%,并开具发票交付给对方。

3)1月20日,公司收到该笔预收款销售业务的尾款703 450元,结算方式:转账支票,支票号:ZZ6712340。

7.坏账处理

1)1月30日,确认本月19日为隆兴公司代垫运费600元,作为坏账处理。

2)1月31日,按应收账款余额百分比法,计提坏账准备。

【实验步骤与指导】

1.一次销售分次出库业务的处理

在销售管理系统中设置相关选项:销售管理→设置→销售选项,进入"选项"窗口→业务控制则不选中"销售生成出库单"→确定。

填制并审核发货单。销售管理→销售发货→发货单,进入"发货单"窗口→增加,存货生铁方向杆,数量500,单价260,按资料输入其他内容→保存→审核→退出。

根据发货单生成销售专用发票并复核:销售管理→销售开票→销售专用发票,进入"销售专用发票"窗口→增加→生单→参照发货单→选择要参照的单据→确定→保存→复核→退出。

根据发货单开具销售出库单并审核:库存管理→出库业务→销售出库单,进入"销售出库单"窗口→参照→销售发货单→选择对应的发货单→确定,返回"销售出库单"窗口→修改出库数量为300→保存→审核→退出。

对销售出库单记账和合并制单:存货核算→业务核算→记账→正常单据记账→查询→进入"未记账单据一览表"窗口→选择要记账的单据→记账→确定→退出。以1月21日重新登录系统→重复前面操作,完成余下的200台的出库,具体是增加销售出库单并审核,对销售出库单进行记账。存货核算→凭证处理→生成凭证→选单→确定→选择对应的销售出库单→确定→转账凭证→合并制单→进入填制凭证窗口→保存→退出。

审核销售专用发票并生成销售收入凭证:财务会计→应收款管理→销售发票→销售发票审核→进入销售专用发票列表界面→查询→选中要审核的销售发票→审核→

系统将提示审核成功1张发票→退出。财务会计→应收款管理→凭证处理→生成凭证→发票→确定→选择要生成凭证的发票,选择凭证类型为转账凭证→制单,进入填制凭证窗口→输入应收业务的编号54873,保存→退出。

2.超发货单出库及开票业务的处理

完成或检查相关初始设置:库存管理→初始设置→选项,进入"选项"窗口→专用设置→销售出库→选中"允许超发货单出库"→应用→确定→退出。销售管理→设置→销售选项,进入"选项"窗口→业务控制→选中"允许超发货量开票"→确定→退出。基础设置→基础档案→存货→存货档案,进入"存货档案"窗口→找到"精钢连接杆"存货档案→修改,进入"修改存货档案"窗口→打开"控制"选项卡→在"出库超额上限栏"输入0.2→保存→退出。

填制并审核发货单:销售管理→销售发货→发货单,进入"发货单"窗口→增加,存货生铁方向杆,数量1000,单价25.5,按资料输入其他内容→保存→审核→退出。

填制并复核销售专用发票:销售管理→销售开票→销售专用发票,进入"销售专用发票"窗口→增加→参照→发货单→选择要参照的单据→确定→修改开票数量为1100,保存→复核→退出。

在库存管理系统中根据发货单生成销售出库单:库存管理→出库业务→销售出库单,进入"销售出库单"窗口→参照→发货单→过滤,进入"销售生单"窗口→选择要生单的单据→确定,返回"销售出库单"窗口→修改出库数量为1100→保存→审核→退出。

对销售出库单记账并生成凭证:存货核算→业务核算→记账→正常单据记账→查询→进入"未记账单据一览表"窗口→选择要记账的单据→记账→确定→退出。存货核算→凭证处理→生成凭证→选单→确定→选择对应的销售出库单→确定→转账凭证→合并制单→进入填制凭证窗口→保存→退出。

对销售发票审核并生成凭证。财务会计→应收款管理→销售发票→销售发票审核→进入销售专用发票列表界面→查询→选中要审核的销售发票→审核→系统将提示审核成功1张发票→退出。财务会计→应收款管理→凭证处理→生成凭证→发票→确定→选择要生成凭证的发票,选择凭证类型为转账凭证→制单,进入填制凭证窗口→输入应收业务的编号54874,保存→退出。

3.一次发货分期收款业务的处理

在销售管理系统中修改相关选项设置:销售管理→设置→销售选项,进入"选项"窗口→业务控制:选中"有分期收款业务"→确定。

在存货核算管理系统中设置分期收款业务相关科目:存货核算→初始设置→科目设置→存货科目,进入"存货科目"窗口→设置所有仓库的"发出商品"科目(旧准则为

"分期收款发出商品")为1406→保存→退出。

填制并审核发货单。以1月20日登录系统,销售管理→销售发货→发货单,进入"发货单"窗口→增加,存货精钢方向杆,数量5000,单价360元,业务类型为分期收款,按资料输入其他内容→保存→审核→退出。

增加销售出库单并审核。库存管理→销售出库→销售出库单,进入"销售出库单"窗口→单击增加下方按钮,参照销售发货单→过滤,进入"销售生单"窗口→选择要生单的单据→确定,返回"销售出库单"窗口,修改出库数量为2500,成本单价为280元/件→保存→审核→退出。完成后,再增加1张出库单并审核。

对发出商品记账并生成出库凭证。存货核算→业务核算→发出商品记账→查询→成品库,发货单,分期收款→选择要记账单据→确定→退出。存货核算→财务核算→生成凭证,打开"生成凭证"窗口→选择,弹出"查询条件"→业务类型选"分期收款"→确定→选中对应的业务→确定,进入"生成凭证"窗口→转账凭证→生成,进入填制凭证窗口。借方科目为发出商品,贷方科目为库存商品——精钢方向杆→保存→退出。

开具并复核销售发票。以1月21日登录系统,销售管理→销售开票→销售专用发票,进入"销售专用发票"窗口→增加→参照→发货单→选择要参照的单据→确定→修改开票数量为2500,保存→复核→退出。

审核销售发票并生成应收凭证。财务会计→应收款管理→销售发票→销售发票审核→进入销售专用发票列表界面→查询→选中要审核的销售发票→审核→系统将提示审核成功1张发票→退出。财务会计→应收款管理→凭证处理→生成凭证→发票→确定→选择要生成凭证的发票,选择凭证类型为转账凭证→制单,进入填制凭证窗口→输入应收业务的编号54875,保存→退出。

对销售发票记账并生成结转销售成本凭证。存货核算→业务核算→发出商品记账→查询→仓库为成品库,单据类型为销售发票→选择要记账单据→记账→确定→退出。存货核算→凭证处理→生成凭证,打开"生成凭证"窗口→选单→选"专用发票"→确定,选中对应的业务→进入"生成凭证"窗口,单击制单→转账凭证→借方科目:主营业务成本,贷方科目为发出商品,保存→退出。

查询分期收款相关账表:在存货核算系统中查询发出商品明细账;在销售管理系统中查询销售统计表。

4.委托代销业务的处理

初始设置调整:销售管理→设置→选项→业务控制则选中"有委托代销业务"→确定→退出。存货核算→初始设置→选项→选项录入→委托代销成本核算方式选择按发出商品核算→确定→是。

委托代销发货处理

增加并审核委托代销发货单。销售管理→委托代销→委托代销发货单,进入"委托代销发货单"窗口→增加→录入资料内容(销售类型为代销),成品库,存货精钢方向杆,数量2000,单价360元→保存→审核→退出。

增加并审核其他出库单。库存管理→出库业务→其他出库单→增加→仓库:成品库,存货精钢方向杆,数量2000,成本单价280元→确定→保存→审核→退出。

对出库单记账并生成凭证。存货核算→业务核算→记账→发出商品记账→查询→仓库:成品库→进入"未记账单据一览表"窗口→选择对应的委托代销发货单→记账→确定→退出。存货核算→凭证处理→生成凭证→选单→确定→查询条件,仓库选择:成品库→确定→选中对应业务,单据类型为委托代销发货单→转账凭证→合并制单→进入填制凭证窗口,借方科目为:1406;贷方科目:库存商品——精钢方向杆→保存→退出。

委托代销结算处理

操作员005,登录日期:1月25日,企业应用平台。

增加和审核委托代销结算单。销售管理→委托代销→委托代销结算单,进入"委托代销结算单"窗口→增加→参照→选择参照的发货单→确定,返回"委托代销结算单"窗口→修改结算数量为350→保存→审核→系统提示生成发票类型,选择专用发票→退出。

复核销售发票。销售管理→销售开票→销售专用发票,进入"销售专用发票"窗口→找到复核的销售发票→复核→退出。

注:委托代销单结算并审核后自动生成相应发票,自动生成销售出库单并传递到库存管理系统中。

审核销售发票并生成应收凭证。财务会计→应收款管理→销售发票→销售发票审核→进入销售专用发票列表界面→查询→选中要审核的销售发票→审核→系统将提示审核成功1张发票→退出。财务会计→应收款管理→凭证处理→生成凭证→发票→确定→选择要生成凭证的发票,选择凭证类型为转账凭证→制单,进入填制凭证窗口→输入应收业务的编号54876,保存→退出。

存货核算→业务核算→发出商品记账→查询→选择成品库→选择要记账的单据→记账→确定→退出。存货核算→凭证处理→生成凭证→选单→仓库选成品库→选择对应的业务→确定→合并制单→转账凭证,借方:主营业务成本。贷方:发出商品→保存→退出。

5.直运销售业务的处理

检查在销售管理系统中是否设置直运业务。销售管理→设置→销售选项,进入

"选项"窗口→查看业务控制:"有直运销售业务"是否选中→确定→退出。

修改存货属性。业务导航→基础设置→基础档案→存货档案→生铁连接杆→修改→增加采购属性。

填制并审核直运销售订单。销售管理→销售订货→销售订单,进入"销售订单"窗口→增加→业务类型:直运销售。生铁连接杆,500,单价13,客户为大发公司,并录入其他信息,如图7-30所示→保存→审核→退出。

图7-30 直运销售订单

填制并审核直运采购订单。以1月26日登录,采购管理→采购订货→采购订单,进入"采购订单"窗口→增加→业务类型为直运采购→参照生单→销售订单→选择对应的销售订单→确定,返回"采购订单"窗口→修改单价为11,供应商为辉皇,如图7-31所示→保存→审核→退出。

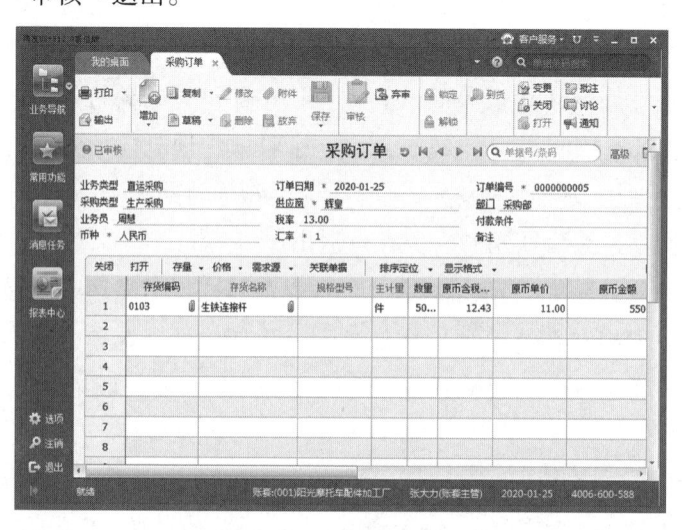

图7-31 直运采购订单

·156·

填制并复核直运销售发票。以1月28日登录,销售管理→销售开票→销售专用发票,进入"销售专用发票"窗口→增加,业务类型为直运采购→参照→销售订单→参照→选择要参照的销售订单→确定→如图7-32所示,保存→复核→退出。

图7-32 直运销售发票

参照采购订单生成直运采购发票:采购管理→采购发票→专用采购发票,进入"专用发票"窗口→增→参照→采购订单→选择要参照的采购订单,确定,返回"采购专用发票"窗口,如图7-33所示→保存→复核→退出。

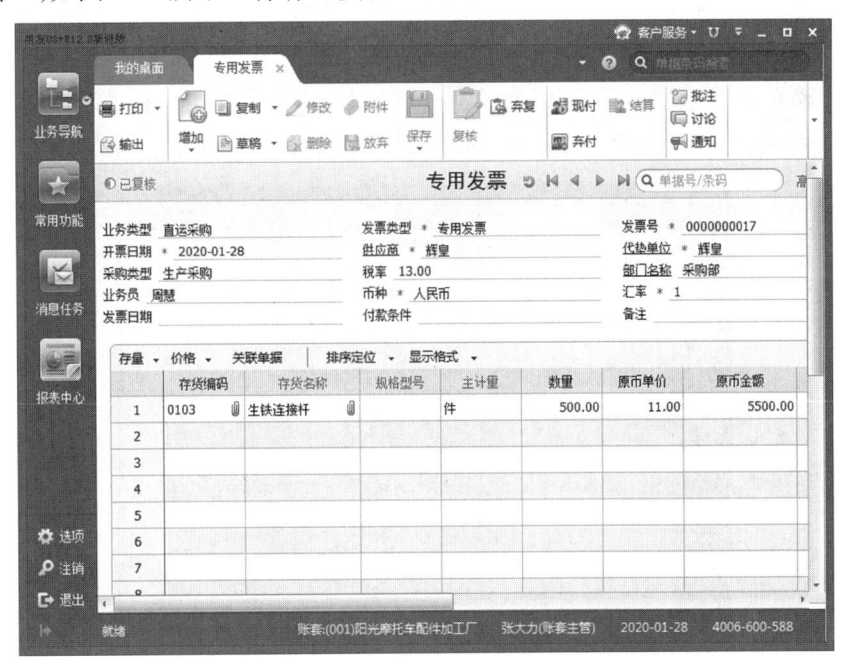

图7-33 直运采购发票

审核直运采购发票：应付款管理→应付单据处理→应付单据审核，进入"应付单过滤条件"窗口→结算状态，选未完全结算→确定，进入"单据处理"窗口→选择要审核的单据→审核→退出。

执行直运销售记账：存货核算→记账→直运销售记账，打开"直运采购发票核算查询条件"对话框→选采购发票、销售发票→确定，进入"未记账单据一览表"窗口→选择要记账的单据，如图7-34所示→记账→确定→退出。

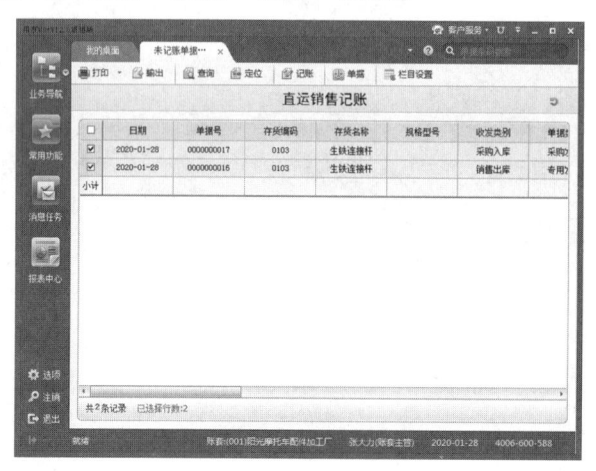

图7-34 直运销售记账

结转直运业务的收入及成本。存货核算→财务核算→生成凭证，进入"生成凭证"窗口→选单，弹出"查询条件"对话框→选择"采购发票"、"销售专用发票"，进入"选择单据"窗口→选择对应的单据→确定，返回"生成凭证"窗口→转账凭证，存货科目140502,，其他科目如图所示→制单→进入凭证界面→进行相应修改，采购记账凭证中，应付账款辅助住处，供应商：辉煌；票号：98770；如图7-35所示→逐个保存→退出。

图7-35 直运成本凭证

应收款管理系统中审核直运销售发票并制单。应收款管理→销售发票→销售发票审核→查询→选择要审核的销售发票→审核→退出。应收款管理→凭证处理→生成凭证→选择发票→转账凭证→制单→应收款票号为98770,如图7-36所示→保存→退出。

图7-36 直运收入凭证

6.预收款销售

输入一张收款单据全部形成预收账款。以1月9日登录,应收款管理→收款单据处理→收款单据录入,进入"收款单据录入"窗口→增加,款项类型为预收款,金额500 000,结算方式为转账支票,支票号ZZ986045→保存→审核→系统提示制单否?选择是→填写相应凭证,借方科目:银行存款,贷方科目:预收账款,客户嘉陵公司,保存→退出。

填制并审核发货单。以1月15日登录系统,销售管理→销售发货→发货单,进入"发货单"窗口→增加,存货精钢方向杆,数量3000,单价355元,业务类型为预收款销售,按资料输入其他内容→保存→审核→退出。

根据发货单开具销售专用发票并复核。销售管理→销售开票→销售专用发票,进入"销售专用发票"窗口→增加→参照→发货单→选择要参照的单据→确定→保存→复核→退出。

增加销售出库单并审核。库存管理→销售出库单→增加→参照:选择发货单→选择对应的发货单,确定→保存→审核→退出。

审核销售发票并生成应收凭证。财务会计→应收款管理→销售发票→销售发票审核→进入销售专用发票列表界面→查询→选中要审核的销售发票→审核→系统将提示审核成功1张发票→退出。财务会计→应收款管理→凭证处理→生成凭证→发票→确定→选择要生成凭证的发票,选择凭证类型为转账凭证→制单,进入填制凭证窗口→输入应收业务的编号54877,保存→退出。

对销售出库单记账并生成结转销售成本凭证。存货核算→业务核算→记账→正常单据记账→查询→进入"未记账单据一览表"窗口→选择要记账的单据→记账→确定→退出。存货核算→凭证处理→生成凭证→选单→确定→选择对应的销售出库单→确定→转账凭证→合并制单→进入填制凭证窗口→保存→退出。

增加和审核收款单。以1月20日登录,应收款管理→收款单据处理→收款单据录入,进入"收款单据录入"窗口→增加,款项类型:预收款,金额703450,结算方式:转账支票,支票号ZZ6712340→保存→审核→系统提示制单否?选择是→填写相应凭证,借方科目:银行存款。贷方科目:预收账款保存→退出。

预收冲应收。在应收款系统中,转账→预收冲应收,进入"预收冲应收"窗口→2020-01-20→选"预收款"选项卡→嘉陵公司→过滤,列出其预收款→输入转账金额,→选"应收款"选项卡→嘉陵公司→过滤,列出其应收款→输入转账金额5703450→确认,问制单否→是→保存凭证,借方科目:预收账款。贷方科目:应收账款→退出。

核销处理。应收款管理→核销处理→自动核销→选择客户:嘉陵公司→确定→系统显示自动核销报告,核销金额为5703450→确定。

7. 坏账处理

确认坏账。以1月30日,登录系统→应收款管理→坏账处理→坏账发生,打开"坏账发生"对话框→隆兴公司,2020-01-19、人民币,如图7-37所示→确认,进入"坏账发生单据明细"窗口,列出其未核销应收单据→输入本次坏账发生金额:600→确认,问制单否→是→借方科目:坏账准备;贷方科目:应收账款;原应收款票号为98765→退出。

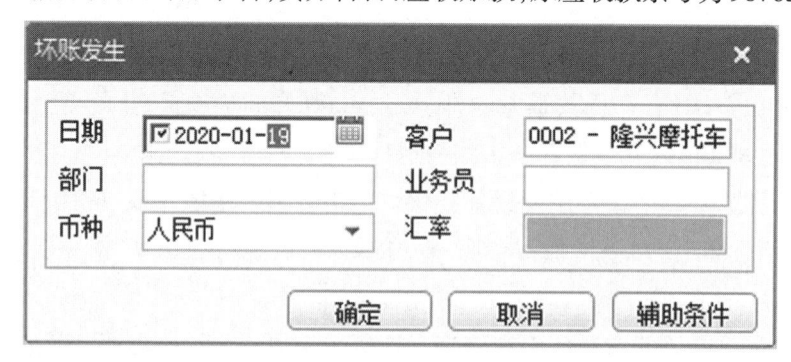

图7-37 坏账发生

计提坏账准备。以1月31日,登录系统→应收款管理→坏账处理→计提坏账准备,进入"应收账款百分比法"窗口→系统自动计算计提金额→确认,问制单否→是→

借方科目:信用减值损失(旧准则:资产减值损失,部门选择:厂办下的行政办),贷方科目:坏账准备→退出。

说明:在前述操作中出现制单否提示时,如果选择"否",则需要使用应收账系统中的制单功能,即:制单处理,打开"制单查询"对话框,选择相应业务,按软件提示,填制相应的记账凭证。

实验四 销售退货业务

【实验内容】

1.开票前退货业务

2.委托代销退货业务

3.已开票、生成发货单、未出库下的退货

4.已开票、已发货、已收款下的退货业务

5.已出货、先退回后开票的销售退货

【实验资料】

1.开票前退货业务

(1)1月15日,销售部出售给嘉陵公司精钢方向杆5000只,售价为350元/只,成品库发出。

(2)1月18日,销售部出售给嘉陵公司的精钢方向杆因质量问题,退回100只,售价为350元/台,收回成品库。

(3)1月20日,开具相应的专用发票一张,数量为4900只,售价为350元/只,增值税率为13%。

2.委托代销退货业务

1月29日,委托隆兴公司销售的精钢方向杆退回30只,入成品仓库。由于已经结算,故开具红字专用发票一张。

3.已开票、生成发货单、未出库下的退货

1月15日,嘉陵公司向本公司订购精钢方向柱500元/只,单价360元/只。

1月16日,销售部根据销售订单,向嘉陵公司开具增值税专用发票,精钢方向柱500件,单价360元/只,增值税率13%,并生成(或填制)了发货单。当日,接到该客户通知,取消了该订单,产品尚未出库。

4.已开票、已发货、已收款下的退货业务

1月20日,销售部收到隆兴公司退回生铁连接杆20件(属于1月17日销售业务),售价为13元/只。当日,企业验收后,开具红字专用发票交给客户。

1月21日,财务部以银行转账的方式向隆兴公司退款293.8元。

5.已出货、先退回后开票的销售退货

1月22日,销售部向大发企业销售精钢方向杆2000只,单价355元/只。

1月23日,向该企业发出货物。1月25日收到该企业退回方向杆200只,验收入企业仓库,当天向客户开具增值税专用发票,数量1800只元/只,单价355元,增值税税率13%,交给客户。

【实验步骤与指导】

1.开票前退货业务的处理

说明:销售后,先部分退货,后开票,该业务属于退货前,公司未进行会计核算处理。

填制并审核发货单。以1月15日登录系统,销售管理→销售发货→发货单,进入"发货单"窗口→增加,存货精钢方向杆,数量5000,单价350,业务类型为普通销售,按资料输入其他内容→保存→审核→退出。

开具销售出库单并审核。库存管理→出库业务→销售出库单,进入"销售出库单"窗口→参照→发货单→过滤,进入"销售生单"窗口→选择要生单的单据→确定,返回"销售出库单"窗口,出库数量为5000→保存→审核→退出。

填制并审核退货单。以1月18日登录系统,销售管理→销售发货→退货单→增加,退货类型选择:未开票退货,存货精钢方向杆,修改数量-100,单价350,业务类型为普通销售,按资料输入其他内容→保存→审核→退出。

根据退货单生成销售退货入库单。库存管理→出库业务→增加→参照发货单,选择对应的退货单→确定,返回"销售出库单"红单窗口,修改入库数量为-100,成本单价不填→保存→审核→退出。

填制并复核销售发票。以1月20日登录系统,销售管理→销售开票→销售专用发票,进入"销售专用发票"窗口→增加→参照→选择要参照的销售发货单→确定→开票数量修自动生成为4900,单价为350,保存→复核→退出。

审核销售发票并生成应收凭证。财务会计→应收款管理→销售发票→销售发票审核→进入销售专用发票列表界面→查询→选中要审核的销售发票→审核→系统将提示审核成功1张发票→退出。财务会计→应收款管理→凭证处理→生成凭证→发票→确定→选择要生成凭证的发票,选择凭证类型为转账凭证→制单,进入填制凭证窗口→输入应收业务的编号54878,保存→退出。

对销售发票记账并生成结转销售成本凭证。存货核算→业务核算→记账→正常单据记账→查询→进入"未记账单据一览表"窗口→选择对应的销售出库单和退货单→记账→确定→退出。存货核算→凭证处理→生成凭证→选单→确定→选择对应的销售出库单和退货单→确定→转账凭证→合并制单→进入填制凭证窗口→保存→退出。

2.委托代销退货业务

说明：结算后，退货，表明该业务退货前，公司已进行相应会计核算处理，因而需要冲销对相关的凭据。该业务属于连续业务，前面已进行相应处理，此处，只需要处理退货部分。

增加和审核委托代销结算退回。以1月29日登录系统，销售管理→委托代销→委托代销结算退回，进入"委托代销结算退回"窗口→增加，弹出"过滤条件选择"对话框→过"参照发货单"窗口→客户：隆兴→确定，返回"委托代销结算退回"窗口→修改日期、结算数量-30→保存→审核→退出。

增加和复核红字专用销售发票。销售管理→选专用发票→红字专用销售发票→参照→委托代销结算退回单→保存→复核→系统提示选择自动生成发票类型，选择专用发票→退出。

审核红字销售发票并生成相应凭证。销售管理→选专用发票→红字专用销售发票→选择对应的发票→复核→退出。财务会计→应收款管理→销售发票→审核销售专用发票→进入销售专用发票列表界面→查询→选中要审核的红字销售发票→审核→系统将提示审核成功1张发票→退出。财务会计→应收款管理→凭证处理→生成凭证→发票→确定→选择要生成凭证的红字发票，选择凭证类型为转账凭证→制单，进入填制凭证窗口→输入原应收业务的编号54876，保存→退出。

增加和审核委托代销退货单。销售管理→委托代销→委托代销退货单→增加，弹出"过滤条件选择"对话框→参照发货单，客户：隆兴→选择对应的委托代销单据→确定，返回"委托代销退货单"窗口→修改日期、结算数量-30→保存→审核→退出。

对委托代销退货单记账并生成相应凭证。存货核算→记账→发出商品记账→选择对应的退货单据→记账→退出。存货核算→凭证处理→生成凭证→选单→对应的委托代销退货单→合并制单→保存→退出。

3.已开票、生成发货单、未出库下的退货

说明：该业务是已开票，生成发货单，但未出库，因而根据权责发生制，该业务未进行相应的会计核算。因而，只需要删除相应单据即可。

增加和审核销售订单。以1月15日，登录系统，销售管理→销售订货→销售订单，进入"销售订单"窗口→增加→客户嘉陵公司，精钢方向杆，数量500，单价360元，根据资料录入其他信息→确定→输入预发货日期2020-01-18→保存→审核→退出。

填制并复核销售发票。以1月16日登录系统,销售管理→销售开票→销售专用发票,进入"销售专用发票"窗口→增加→参照→选择要参照的销售订单→确定→开票数量为500,单价为360,保存→复核→退出。

填制并审核发货单。销售管理→销售发货→发货单,进入"发货单"窗口→增加,存货精钢方向杆,数量500,单价360,也可参照销售订单或发票,录入相应信息→保存→审核→退出。

取消审核发货单并删除。销售管理→销售发货→发货单,进入"发货单"窗口→增加→放弃→通过上翻或下翻按钮,查找需要的发货单→找到后,执行弃审操作→删除→退出。

取消复核销售发票并删除。销售管理→销售开票→销售专用发票,进入"销售专用发票"窗口→增加→放弃→找到对应的销售发票→弃复→删除→退出。

取消审核销售订单并删除。销售管理→销售订货→销售订单,进入"销售订单"窗口→增加→放弃→找到对应的销售订单→弃审→删除→退出。

4.已开票、已发货、已收款下的退货业务

说明:该业务属于已进行会计核算后发生的退货业务,因而需要进行相应的冲账处理。

填制和审核销售退货单。以1月20日登录系统,销售管理→销售发货→退货单,进入"退货单"窗口→增加,客户:隆兴公司,存货精钢方向杆,数量-20,单价13,按资料输入其他内容→保存→审核→退出。

生成和复核红字专用销售发票。销售管理→选专用发票→红字专用销售发票→参照→销售退货单→保存→复核→退出。

增加和审核红字销售出库单。库存管理→出库业务→销售出库单→参照发货单,选择对应的退货单→生成红字销售出库单→审核→退出。

审核红字销售专用发票并进行制单。财务会计→应收款管理→销售发票→销售发票审核→进入销售专用发票列表界面→查询→选中要审核的红字销售发票→审核→系统将提示审核成功1张发票→退出。财务会计→应收款管理→凭证处理→生成凭证→发票制单→确定→进入填制凭证窗口,应收款票号为98769→保存→退出。

对红字销售出库单记账并制单。存货核算→业务核算——正常单据记账→红字销售出库单→记账→确定→退出。存货核算→凭证处理→生成凭证→选单→确定→选择对应的红字销售出库单→确定→转账凭证→合并制单→进入填制凭证窗口→保存→退出。

退款处理并制单。以1月21日登录系统,财务会计→应收款管理→收款单据处理

→收款单据录入,进入"收款单录入"窗口→客户:隆兴公司,存货生铁连接杆,结算方式:其他,结算号997241,金额-293.8→保存→审核→制单否→是,进入填制凭证窗口→原应收票号为98769,保存→退出。

核销处理。应收款管理→核销处理→自动核销→选择客户:隆兴→确定→系统显示自动核销报告,核销金额为-293.8→确定。

5.已结算,先退回后开票的销售退货

说明:该业务属于客户先使用后结算。因而,该业务发生销售退回后,再开票和进行会计核算。

填制并审核销售订单。以1月22日,登录系统。销售管理→销售订货→销售订单,进入"销售订单"窗口→增加→客户:大发企业,精钢方向杆,数量2000,单价355,根据资料录入其他信息→确定→输入预发货日期2020-01-23→保存→审核→退出。

增加和审核销售发货单。以1月23日,登录系统。销售管理→销售发货→发货单,进入"发货单"窗口→增加,存货精钢方向杆,数量2000,单价355,也可参照销售订单录入相应信息→保存→审核→退出。

增加并审核销售出库单。库存管理→出库业务→销售出库单,进入"销售出库单"窗口→参照→发货单→过滤,进入"销售生单"窗口→选择要生单的单据→确定,返回"销售出库单"窗口,出库数量为2000→保存→审核→退出。

增加销售退货单并审核。以1月25日登录系统,销售管理→销售发货→退货单,进入"退货单"窗口→增加,客户:大发企业,存货精钢方向杆,数量-200,单价355,按资料输入其他内容→保存→审核→退出。

增加和审核红字销售出库单。库存管理→出库业务——销售出库单→参照→发货单,选择对应的退货单→生成红字销售出库单→审核→退出。

对销售出库单记账并生成凭证。存货核算→业务核算——正常单据记账→红字销售出库单→记账→确定→退出。存货核算→凭证处理→生成凭证→选单→确定→选择对应的销售出库单→确定→转账凭证→合并制单→进入填制凭证窗口→保存→退出。

增加和复核销售发票。销售管理→销售开票→销售专用发票,进入"销售专用发票"窗口→增加→参照→发货单→选择要参照的单据,两张单据,保证存货的净数量为1800→确定→保存→复核→退出。

审核销售发票并制单。财务会计→应收款管理→销售发票→销售发票审核→进入销售专用发票列表界面→查询→选中要审核的销售发票→审核→系统将提示审核成功1张发票→退出。财务会计→应收款管理→凭证处理→生成凭证→发票→确定→选择要生成凭证的发票,选择凭证类型为转账凭证→制单,进入填制凭证窗口→输入应收业务的编号54880,保存→退出。

第八章 存货业务

本章实验目的

1. 了解库存管理系统和存货核算系统主要内容。
2. 掌握库存系统和存货核算系统的初始化设置。
3. 掌握库存系统和存货核算系统日常业务流程和操作技能。

本章实验准备

引入"实验七"账套数据。

本章实验环境

1. 操作系统：Windows 7等。
2. 软件系统：用友新道ERPU8+V12.0。

实验一　初始化设置

【实验内容】

1.库存管理系统初始化

2.存货核算系统初始化

3.会计科目设置

4.期初数据

【实验资料】

1.库存管理系统初始化设置

在相关业务已开始后,最好不要随意修改库存选项。

(1)通用设置

业务设置,均不打勾;修改现存量时点击【采购入库审核时改现存量】、【销售出库审核时改现存量】、【产成品入库审核改现存量】、【材料入库审核时改现存量】均打勾;业务校验。【记账后允许取消审核】选择打勾,其他不选。

(2)专用设置

业务开关,均不打勾;预警设置。【最高最低库存控制】:选择打勾。其他不选;入库单成本。入库单成本:最新成本。出库单成本:默认为按计价方式取单价。

(3)可用量控制与可用量检查

两者均不选择。

2.存货管理系统初始化设置

(1)核算方式

【核算方式】按存货核算。【暂估方式】单到回冲。

【销售成本核算方式】销售出库单。【委托估销成本核算方式】按普通销售方式核算。

【零成本出库选择】手工输入。【入库单成本选择】手工输入。

【红字出库单成本】手工输入。【资金占有规划】按仓库。

(2)控制方式

【进项税转出科目】应交税费——应交增值税——进项转出。其他均不选择或输入。

(3)最高最低控制

两者均不选择。

3.会计科目设置

存货科目:按照存货分类设置存货科目,具体见下表。存货科目设置:原料库——生产用原材料(1403);成品库—库存商品(1405);配套用品库——原材料——辅料件(140304);

对方科目:根据收发类别设置对方科目,见下表。

表8-1

收发类别	存货编码	存货名称	存货科目	对方科目
采购入库	001	精钢原胚件	140303	1402
采购入库	002	熟铁原胚件	140301	1402
采购入库	003	生胶	140304	1402
采购入库	004	固化剂	140304	1402
采购入库	005	机油	140304	1402
采购入库	006	胶垫片	140304	1402
采购入库	007	电渡液	140304	1402
采购入库	012	包装盒	140304	1402
采购入库	013	包装袋	140304	1402
产成品入库	008	精钢方向杆	140505	50010101、50020201
产成品入库	009	精钢连接杆	140506	50010101、50020201
产成品入库	010	熟铁方向杆	140501	50010101、50020201
产成品入库	011	熟铁连接杆	140502	50010101、50020201
材料领用	001	精钢原胚件	50010101、50020201	140303
材料领用	002	熟铁原胚件	50010101、50020201	140301
材料领用	003	生胶	50010101、50020201	140304
材料领用	004	固化剂	50010101、50020201	140304
材料领用	005	机油	50010101、50020201	140304
材料领用	006	胶垫片	50010101、50020201	140304
材料领用	007	电渡液	50010101、50020201	140304
材料领用	012	包装盒	50010101、50020201	140304
材料领用	013	包装袋	50010101、50020201	140304
销售出库	008	精钢方向杆	140505	6401
销售出库	009	精钢连接杆	140506	6401
销售出库	010	熟铁方向杆	140501	6401
销售出库	011	熟铁连接杆	140502	6401
盘盈入库	001	精钢原胚件	140303	1901
盘盈入库	002	熟铁原胚件	140301	1901

表8-2 结算科目

结算方式	结算名称	结算科目编码	结算科目名称
1	现金结算	1001	库存现金
2	现金支票	100201	银行存款——工行存款
3	转账支票	100201	银行存款——工行存款
4	普通支票	100201	银行存款——工行存款
5	其他	100201	银行存款——工行存款
6	对公转账	100201	银行存款——工行存款

表8-3 应付科目

存货类别编码	存货类别名称	应付科目名称与编码	预付科目名称与编码
0101	原胚件	应付账款(2202)	预付账款(1123)
0102	辅料	应付账款(2202)	预付账款(1123)
03	包装物	应付账款(2202)	预付账款(1123)
04	半成品	应付账款(2202)	预付账款(1123)

表8-4 税金科目

存货类别编码	存货类别名称	采购科目编码	采购税金科目编码
0101	原胚件	1402	22210101
0102	辅料	1402	22210101
03	包装物	1402	22210101
04	半成品	1402	22210101

表8-5 运费科目

存货类别编码	存货类别名称	运费科目	税金科目编码
0101	原胚件	1402	22210101
0102	辅料	1402	22210101
03	包装物	1402	22210101
04	半成品	1402	22210101

合理损耗科目、应收出口退税科目、其他科目不需要设置。

4.期初数据

2019年12月30日,对各个仓库进行了盘点,结果如下表。

表8-6

仓库名称	存货编码	存货名称	所属类别	数量	结存单价	金额/元
原料库	001	精钢原胚件	101	30 000	80	2 400 000
原料库	002	生铁原胚件	101	40 000	45	180 000
原料库	019	熟铁原胚件	101	10 000	50	500 000
原料库	003	生胶	102	1 000	11	11 000
原料库	004	固化剂	102	600	10	6 000
原料库	005	机油	102	500	13	6 500
原料库	006	胶垫片	102	20 000	2	40 000
原料库	007	电渡液	102	1 000	30	30 000
成品库	008	精钢方向杆	201	100 000	300	30 000 000
成品库	009	精钢连接杆	202	20 000	20	400 000
成品库	010	生铁方向杆	201	30 000	200	6 000 000
成品库	011	生铁连接杆	202	50 000	10	500 000
成品库	015	熟铁方向杆	201	35 000	230	8 050 000
成品库	016	熟铁连接杆	202	30 000	25	750 000
配套用品库	012	包装盒	3	50 000	1	50 000
配套用品库	013	包装袋	3	10 000	0.2	2 000
半成品库	017	方向杆半成品	4	5 000	181.6	908 000
半成品库	018	连接杆半成品	4	40 000	19.14	765 610

期初暂估数据业务。2019年12月15日向光彩集团采购的精钢原胚件500个,12月25日收到该批货物,但月末该批货物发票尚未收到。暂估入账,暂估单价为78元/个。

【实验步骤与指导】

1.库存管理系统初始化设置

以账套主管身份操作,"企业应用平台"→供应链→库存管理→"库存选项设置",如图8-1所示,根据业务资料,进行相应操作。

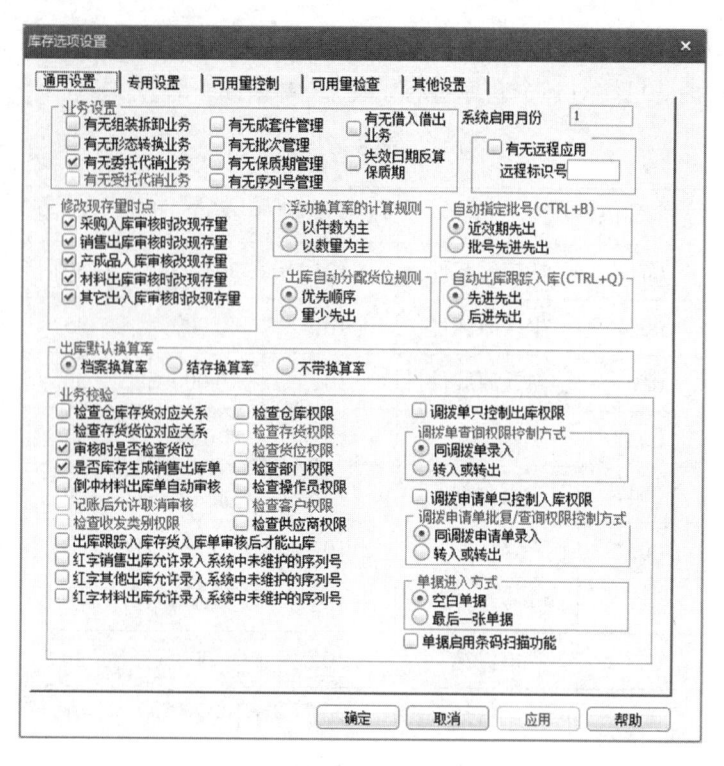

图 8-1 库存管理系统设置界面

2.存货管理系统初始化设置

以账套主管身份操作,"企业应用平台"→供应链→存货核算→"选项录入",如图 8-2 所示,根据业务资料,进行相应操作。

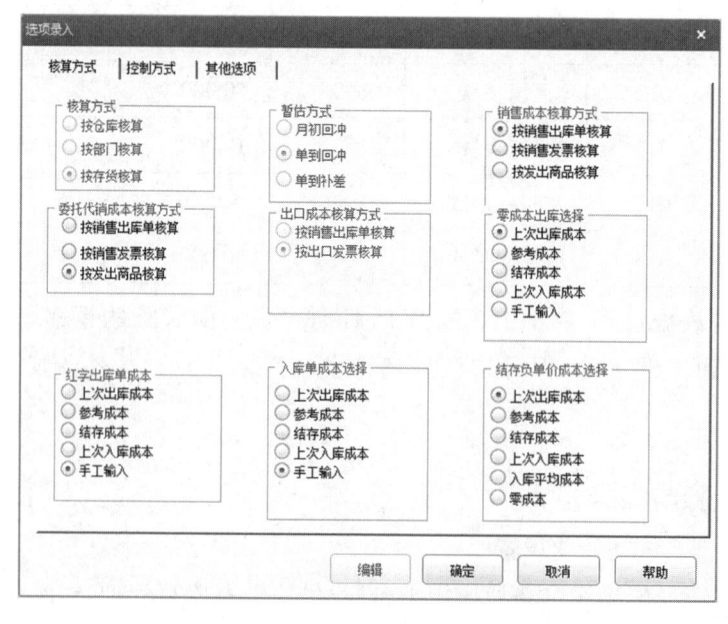

图 8-2 存货管理系统参数设置界面

第八章 存货业务

3.会计科目设置

以账套主管身份进行企业应用平台,点击"供应链"→存货核算→设置→存货科目设置→按存货科目设置→如图8-3所示,按资料设置相关科目,完成后保存→退出。根据资料依次设置对方科目、结算科目、应付科目、税金科目、合理损耗科目、其他科目和运费科目。

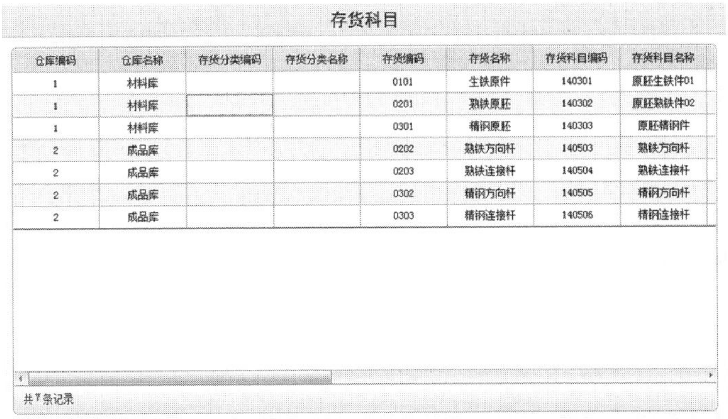

图8-3 存货科目设置界面

4.期初数据

以账套主管身份启动库存管理系统,在初始设置中,进行"期初结存",选录入材料库的期初结存,选择仓库:材料库,如图8-4所示,按资料录入数据,完成后,保存。然后依次选择仓库:成品库、半成品库、辅料库,重复上述操作,保存,最后单击"批审"按钮,并退出。在存货核算系统→设置→期初余额,选择仓库,如图8-5所示,输入上述存货期初资料,保存。

期初暂估科目录入。存货核算系统→设置→期初暂估科目录入,进入相应界面,单据日期:2019-12-15,供应商:光彩,入库类别:采购入库,存货:精钢原胚件,数量:500,单价:78,暂估科目代码:140303→保存。完成后,进行记账操作。

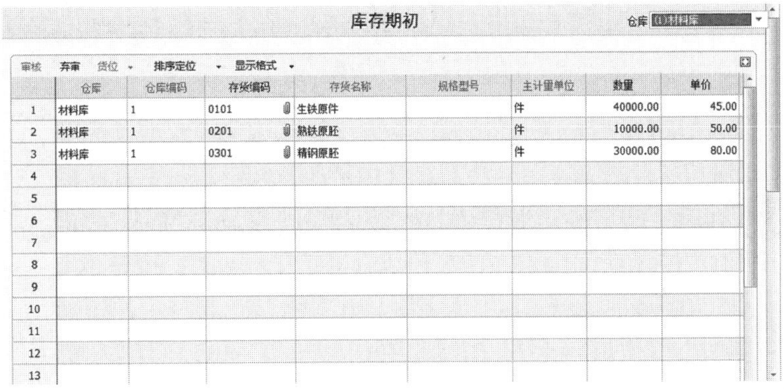

图8-4 期初库存数量录入界面

期初余额

	存货编码	存货名称	规格型号	计量单位	数量	单价	金额	计划单价	计划金额	存货科目编码	存货科目名称
□	0301	精钢原胚		件	30,000.00	80.00	2,400,0...			140303	原胚精钢件
□	0101	生铁原件		件	40,000.00	45.00	1,800,0...			140301	原胚生铁件01
□	0201	熟铁原胚		件	10,000.00	50.00	500,000.00			140302	原胚熟铁件02
合计					80,000.00		4,700,0...				

年度 2020　　存货分类　　仓库 1 材料库

共3条记录

图8-5　期初库存余额录入界面

期初采购入库单与暂估处理。库存管理系统中→采购入库单→增加→按资料输入相应内容→保存→审核→退出。存货核算→记账→暂估成本录入→查询→仓库：材料库，确定→输入暂估单价78，如图8-6所示→保存→退出。

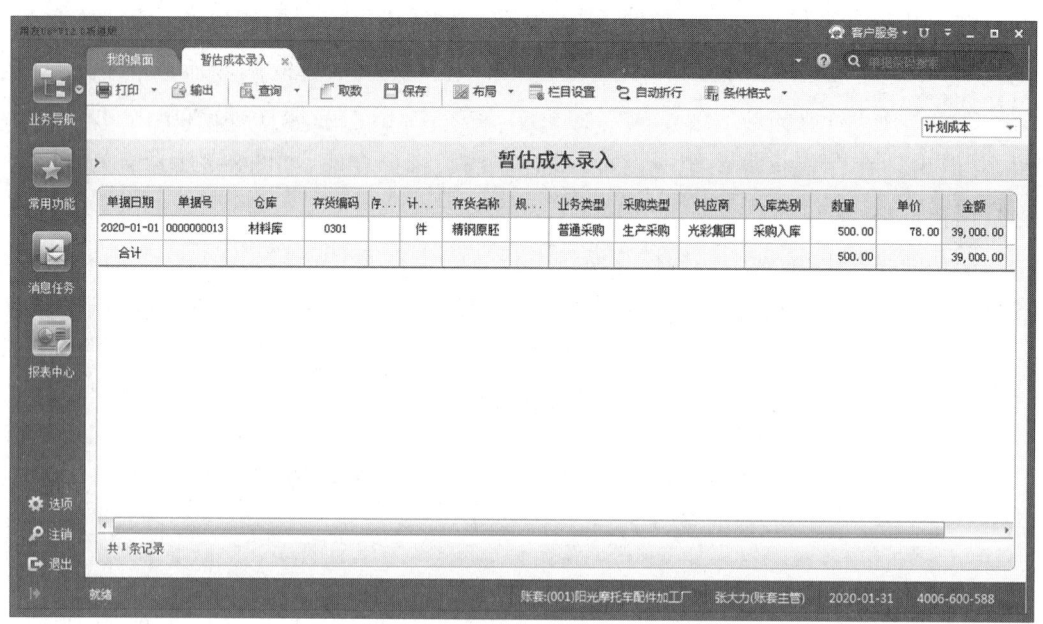

图8-6　暂估成本录入

实验二 入库业务

【实验内容】

1. 产成品入库

2. 采购入库与调整

【实验资料】

1. 产成品入库业务

1）1月6日，成品库收到当月车间加工的500件精钢方向杆产成品入库。

2）1月8日，成品库收到当月车间加工的800件精钢方向杆产成品入库。

3）1月9日，收到财务部门提供的完工产品成本。精钢方向杆单位生产成本为310元，完成产品成本为403 000元。

2. 原材料采购入库与调整

1）1月3日，向润生公司订购精钢原胚件1 500个，不含税单价为81元。

2）1月6日，收到该公司发出的货物和采购发票，精钢原胚件验收入原料库，尚未付款。

3）1月8日，运输公司将1月6日发生的由采购方承担的采购业务运费结算单据交给财务部，精钢原胚件入库成本增加1 600元。

【实验步骤与指导】

1. 产成品入库

增加产成品入库单并审核。操作员"004"登录系统（日期为1月6日），库存管理→生产入库→产成品入库单，进入"产成品入库单"窗口→增加→录入资料内容（入库日期：2020-01-06；仓库：成品库；入库类别：产成品入库；部门：生产部；存货：精钢方向杆；数量：500，不需填写单价），如图8-7所示→保存→审核→退出。以1月8日登录系统，同理输入第二张产成品入库单（微课视频：8-1.MP4）。

8-1

图8-7 产成品入库单

增加生产总成本并对产成品成本分配。存货核算→记账→产成品成本分配,进入"产成品成本分配"窗口→查询,打开查询对话框→成品库,确定→在"精钢方向杆"行输入总金额403 000,如图8-8所示→分配→系统提示分配顺利完成→退出。存货核算→入库单→产成品入库单,进入"产成品入库单"窗口,查看入库存货单价:310→退出(微课视频:8-2.MP4)。

图8-8 产成品成本分配

产成品入库单记账并生成凭证。存货核算→记账→正常单据记账→查询,仓库:成品库→正常单据列表中,选择对应的产成品入库单,如图8-9所示→记账→系统提示记账成功→退出。存货核算→生成凭证→选单,单据类型:产成品入库单→全选→确定→预输对方科目:50010101→合并制单→转账凭证,贷方科目分别为:50010101、50010102、50010103、50010104,对应金额假定为3 000、100 000、200 000、100 000,项目为:精钢方向杆,如图8-10所示→保存→退出。(微课视频:8-3.MP4)

图8-9 正常单据记账列表

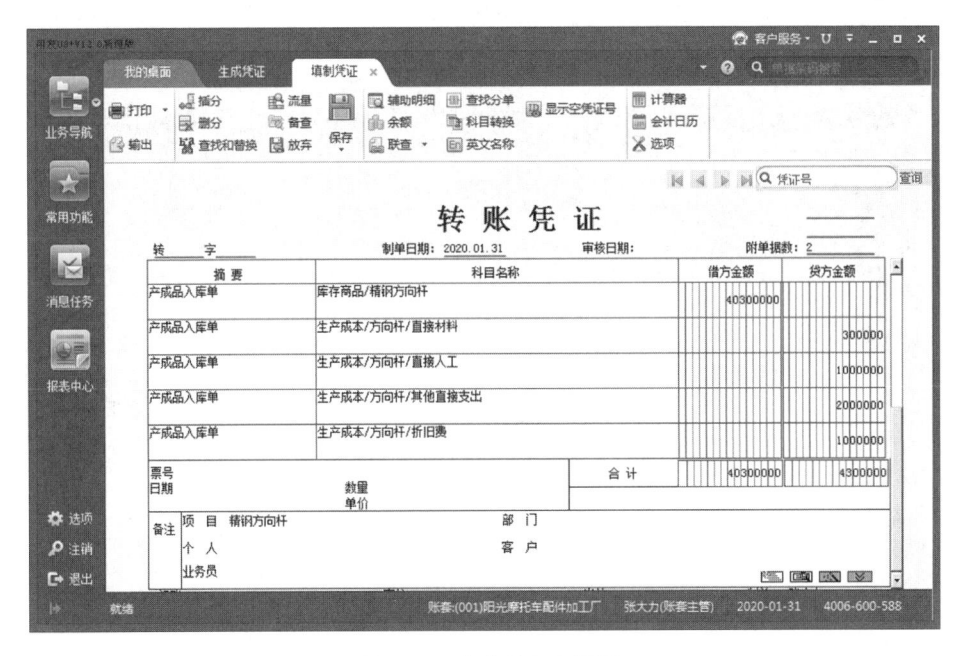

图8-10 产成品入库凭证

2.原材料采购入库与调整

1)增加和审核采购订单。按1月3日登录系统,以采购主管004身份→采购管理→业务→订货→采购订单→增加采购订单→供应商润生公司,精钢原胚,1 500,单价81,计划到货日期:1月8日,如图8-11所示→保存→审核→退出。

图8-11 采购订单

2)增加采购入库单。以1月6日登录系统,库存管理→执行"业务→入库→采购入库单"→增加采购入库单→参照采购订单→订单列表中选择对应的单据→仓库:材料库,补充其他信息,如图8-12所示→保存→审核→退出。

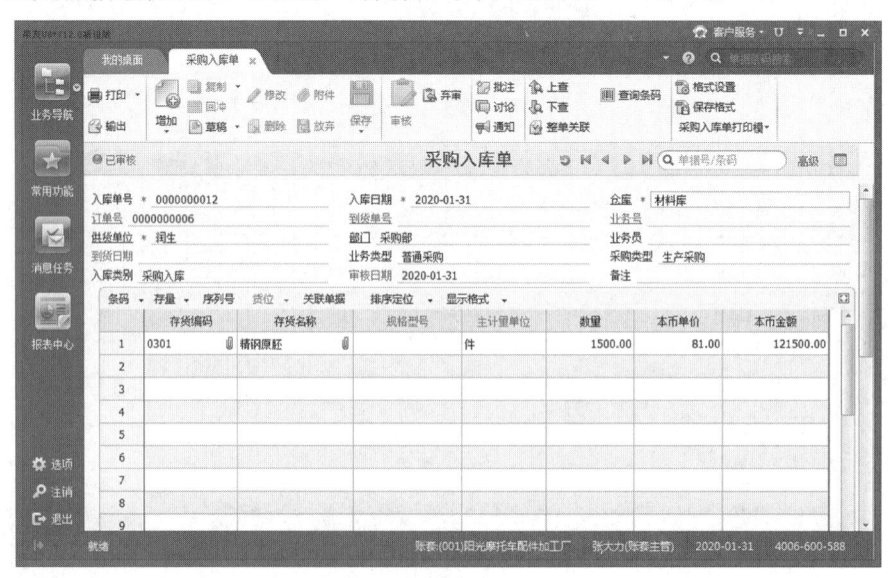

图8-12 采购入库单

3)填制发票并进行采购结算。采购管理→执行业务→发票→专用发票→增加→参照采购入库单→选中对应的入库单,确定,如图8-13所示→保存→复核→退出。在此系统中,执行"业务→采购结算→自动结算",结算模式:入库单和发票→系统提示成功处理1条记录→退出。

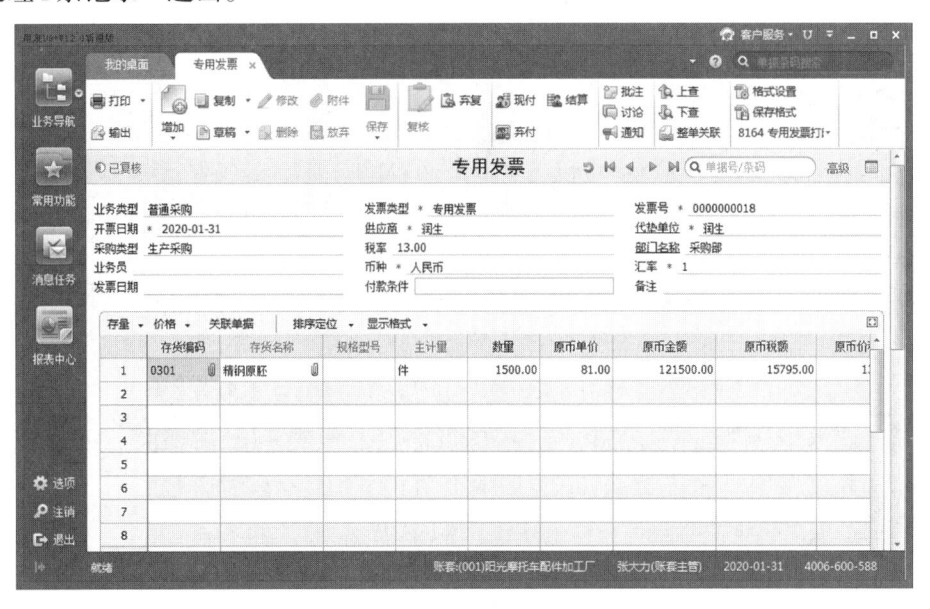

图8-13 采购发票

4)对采购入库单记账并制单。存货核算→执行"日常业务→正常单据记账"→选择采购入库单→记账→系统提出记账成功1笔→退出。执行"财务核算→生成凭证",输入查询条件,选择单据,进入生成凭证,生成相应的凭证,如图8-14所示→保存→退出。

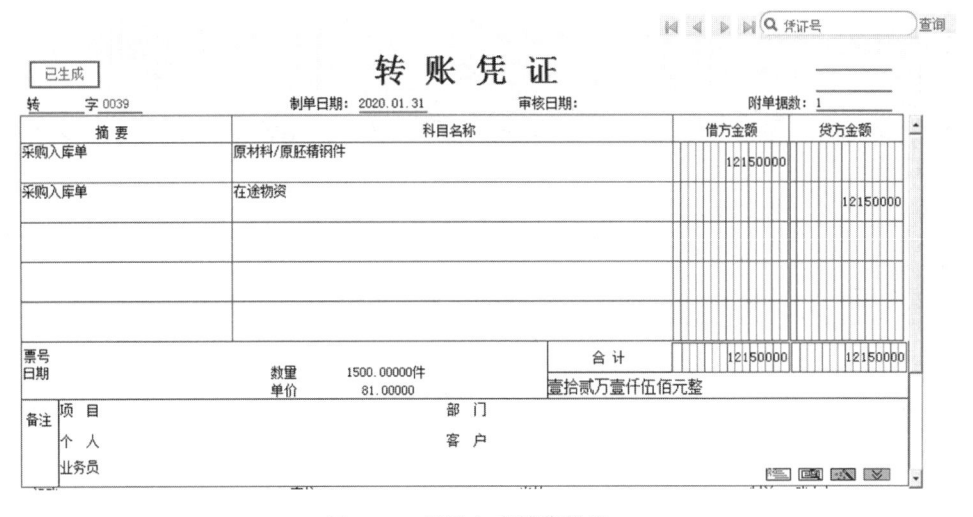

图8-14 采购入库转账凭证

5)审核发票并制单。在应付款管理系统→应付处理→采购发票→审核采购专用发票功能→进入采购专用发票列表界面→查询→选择对应的采购发票→审核→确定→退出。应付款管理→凭证处理→生成凭证→发票制单→凭证类型:转账凭证。在对应的业务栏,输入"1",表示选中该业务→单击制单,进入填制凭证窗口,应付款单票号为987960,如图8-15所示→保存→退出。

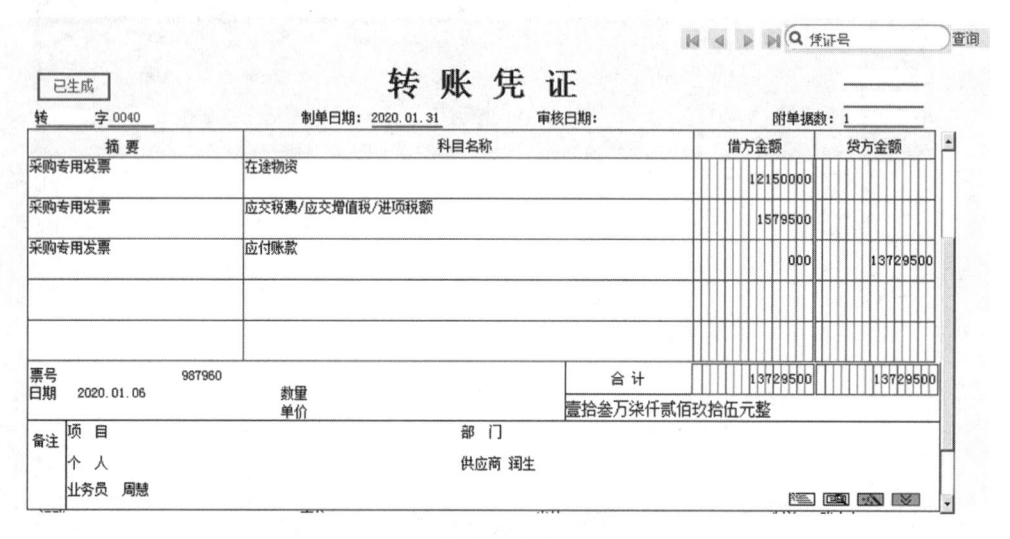

图8-15 在途采购转账凭证

6)录入调整单据。以1月6日登录系统,存货核算系统→调整单→入库调整单,进入"入库调整单"窗口→增加→原料库,2020-01-31,采购入库,采购部,润生公司,精钢胚件,1 600,如图8-16所示→保存→记账→退出。

图8-16 入库调整单

7)生成入库调整凭证。存货核算系统→凭证处理→生成凭证,打开"生成凭证"窗口→选单,单据类型选"入库调整单"→确定→选中对应单据,如图8-17所示→确定,进入"生成凭证"窗口,对应科目修改为:应付账款→转账凭证→制单→进入填制凭证窗口,供应商:润生,应付款票号为987961,如图8-18所示→保存→退出。

图8-17 生成凭证

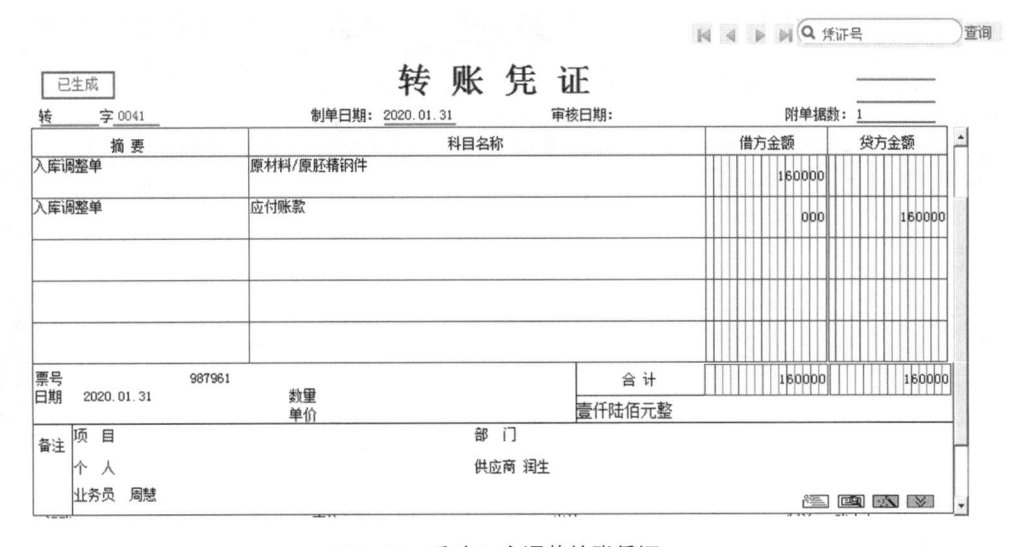

图8-18 采购入库调整转账凭证

实验三 出库业务

【实验内容】

1.材料领用

2.销售出库与调整

【实验资料】

1.材料领用

1月7日,生产车间向原料库申请领料,生铁原件200个,用于生产生铁方向杆。

1月8日,原料库向生产车间发出生铁原件200个。

2.销售出库与调整

1月11日,销售部向嘉陵集团公司销售精钢方向杆5 000只,售价为350元/只,商品成本为310元/只,货物从成品库发出。

1月21日,调整1月11日出售给嘉陵集团公司的精钢方向杆的出库成本200元。

【实验步骤与指导】

1.材料领用

1)填制和审核领料申请单。库存管理→材料出库→领料申请→增加→按资料输入相关信息,需求日期为:2020-01-07。如图8-19所示→保存→审核→退出。

图8-19 领料申请单

2)填制和审核材料出库单。操作员"004",以1月8日登录系统,库存管理→出库业务→材料出库单,进入"材料出库单"窗口→增加→参照领料申请单→选择对应的单据→确定→存货:生铁原件;数量:200;领用部门:生产车间;如图8-20所示→保存→审核→退出。

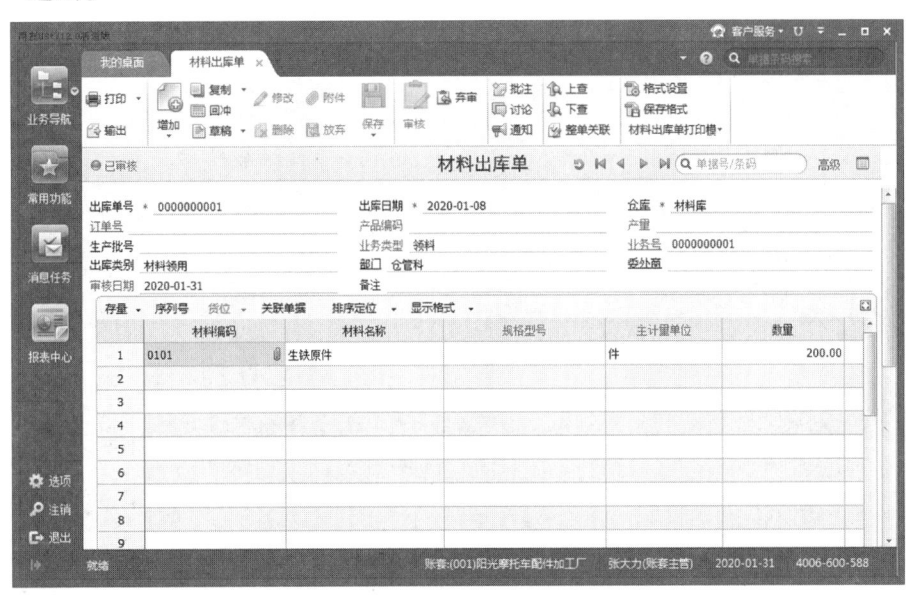

图8-20 材料出库单

3)对材料出库单记账并生成凭证。存货核算→日常业务→正常单据记账→查询→选中对应的出库单业务→记账→退出。存货核算→财务核算→生成凭证→查询,选材料出库单→选中对应的单据→确定→制单→借:制造费用——共同材料,贷:原材料——生铁原胚件01,如图8-21所示→保存→退出。

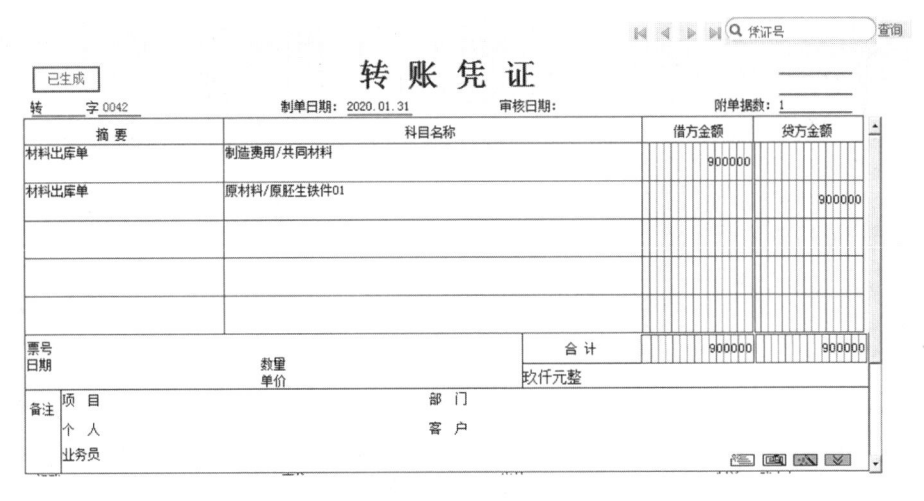

图8-21 材料出库转账凭证

2.销售出库与调整

1)增加销售发货单并审核。操作员"005",以1月11日登录,销售管理→销售发货→发货单,进入"发货单"窗口→增加→客户:嘉陵公司;存货:精钢方向杆;数量:5 000;单价:350;如图8-22所示→确定→保存→审核→退出。

图8-22 发货单

2)增加和审核销售出库单。库存管理→出库业务→销售出库单,进入"销售出库单"→参照发货单→选择对应单据→确定→修改单价为310,如图8-23所示→保存→审核→退出。

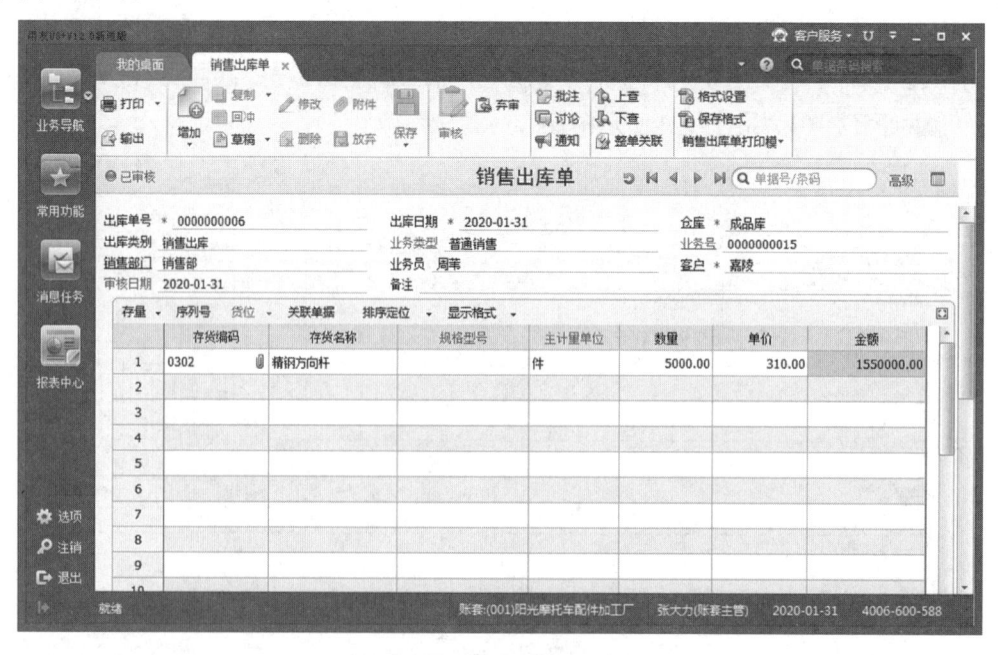

图8-23 销售出库单

3)对销售出库单记账并生成凭证。存货核算→业务核算→正常单据记账→查询→单据类型:销售出库单→选择对应销售出库单→记账→系统提示记账成功→退出。存货核算→凭证处理→生成凭证→选单→单据类型:销售出库单→确定→选中对应的业务→进入"生成凭证"窗口→转账凭证→制单,进入转账凭证窗口,如图8-24所示→保存→退出。

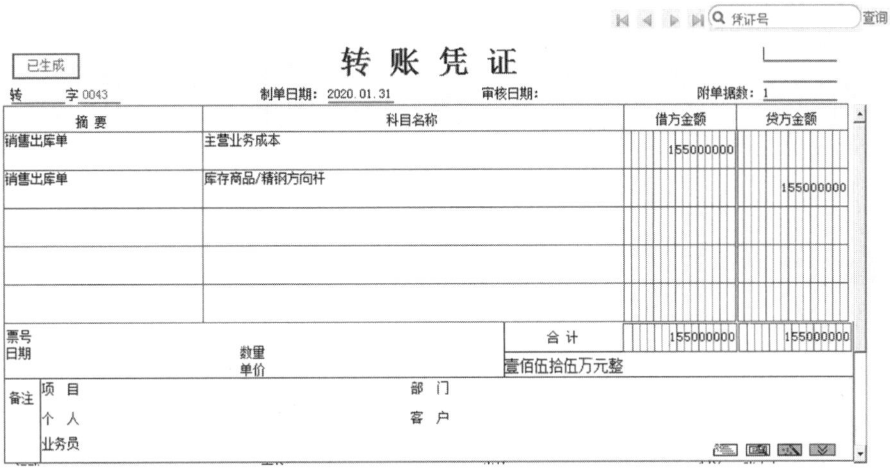

图 8-24 销售出库转账凭证

4)出库成本调整。操作员"005",以1月21日登录,存货核算→调整单→出库调整单,进入"出库调整单"窗口→增加→成品库,2020-01-31,销售出库,销售部,嘉陵集团,精钢方向杆,调整金额:-550 000→保存→记账→退出。存货核算→凭证处理→生成凭证,打开"生成凭证"窗口→查询→选"出库调整单"→确定→进入"生成凭证"窗口→转账凭证→制单,进入转账凭证窗口,如图8-25所示→保存→退出。

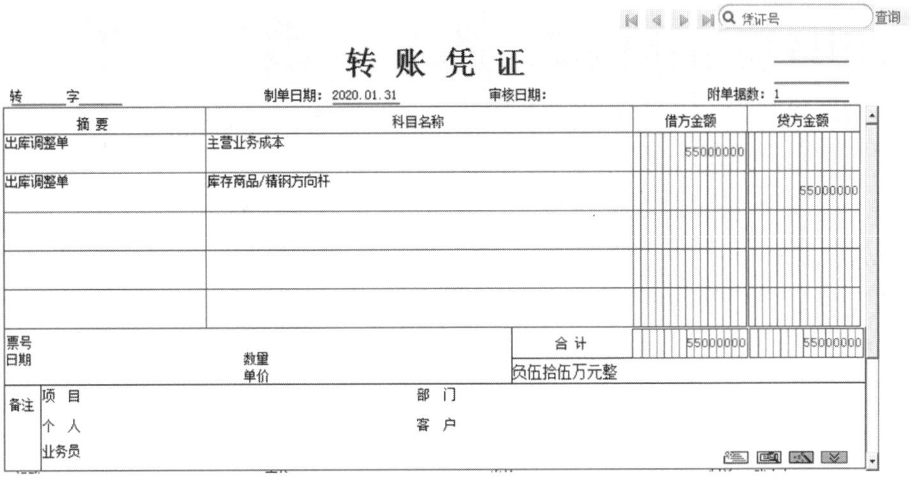

图 8-25 销售出库成本调整

实验四 特殊库存业务

【实验内容】

1.单到回冲

2.出库跟踪入库

3.调拨业务

4.盘点预警

5.盘点业务

6.月末暂估

【实验资料】

1.单到回冲

1月3日,收到光彩集团出具的增值税发票,单价为80元/个,精钢原胚件500个,增值税率为13%。

2.出库跟踪入库

1)公司管理机油库存,需要对每一笔入库的出库情况做详细管理。

2)1月10日,采购部向克明企业购进50盒机油,单价为15元/盒。物品入辅料库。

3)1月15日,采购部向富力企业购进80盒机油,单价为14元/盒。物品入辅料库。

4)1月16日,收到分到上述两笔入库的专用发票一张,增值税率13%。

5)1月22日,生产车间向辅料库领用60盒机油,用于生产精钢方向杆。领用机油出入库对应信息为:1月10采购的为40盒,1月15日采购为的20盒。

3.调拨业务

1月15日,将辅料库中的垫胶片2 500片调拨到原料库。

4.盘点预警

1月3日,根据企业规定,应在每周五对精钢原胚件进行盘点一次。如果周五未进行盘点,则需进行提示。

5.盘点业务

1月10日,对原料库的精钢原胚件进行盘点,盘点后,发现精钢原胚件盘盈2个。经核实,该精钢原胚件的成本为78元/个。

6.月末暂估

1月21日向长捷公司采购的生铁原胚件1 800个,1月25日收到该批货物,但月末该批货物对应的发票尚未收到。暂估入账,暂估单价为45元/个。

【实验步骤与指导】

1.单到回冲

增加和复核采购发票。操作员"004",以1月3日登录,进入采购管理系统→采购发票→采购专用发票→增加→供应商:光彩;存货:精钢原坯;数量:500;单价:80;以及输入其他信息,如图8-26所示→保存→复核退出。

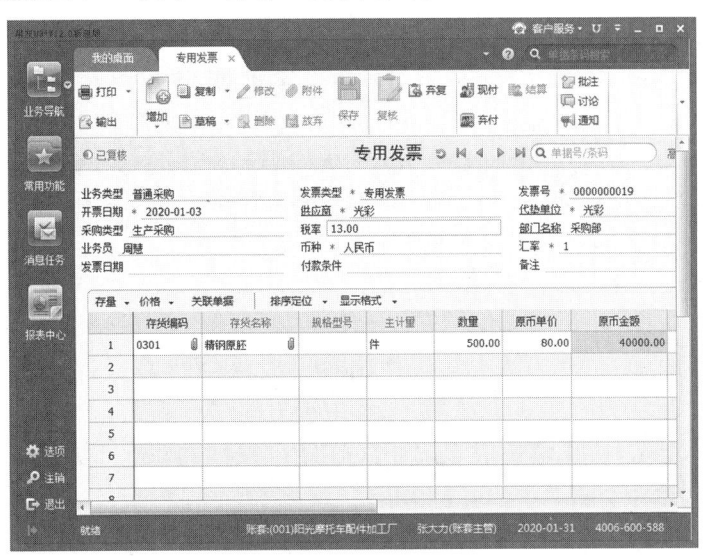

图8-26 采购专用发票

审核采购发票。财务会计→应付款管理→采购专用发票审核,进入"单据处理"窗口→查询→结算状态:未结算→选择要审核的采购专用发票→审核→确定→退出。

回冲原采购入库单。以1月3日登录,库存管理→采购入库单→查找到对应的入库单,供应商:光彩;暂估单价:78→回冲→系统自动生成对应的红字采购入库单,如图8-27所示→保存→审核→退出。

图8-27 红字采购入库单

新增和审核采购入库单。库存管理→采购入库单→增加→供应商:光彩;仓库:原料库;存货:精钢原件;数量:500;单价:80→保存→审核→退出。

执行采购结算。采购管理→采购结算→手工结算→选单和选票→供应商:光彩→选择对应的入库单和发票→确定→结算→退出。

对入库单记账和生成相应凭证。存货核算→记账→正常单据记账→查询→仓库:材料库→选中对应的3张入库单,暂估入库单、红字入库单、蓝字入库单→记账→退出。存货核算→凭证处理→生成凭证→查询→供应商:光彩→全选→转账凭证,应付暂估科目:应付账款。如图8-28所示→合并制单,如图8-29所示→保存→退出。

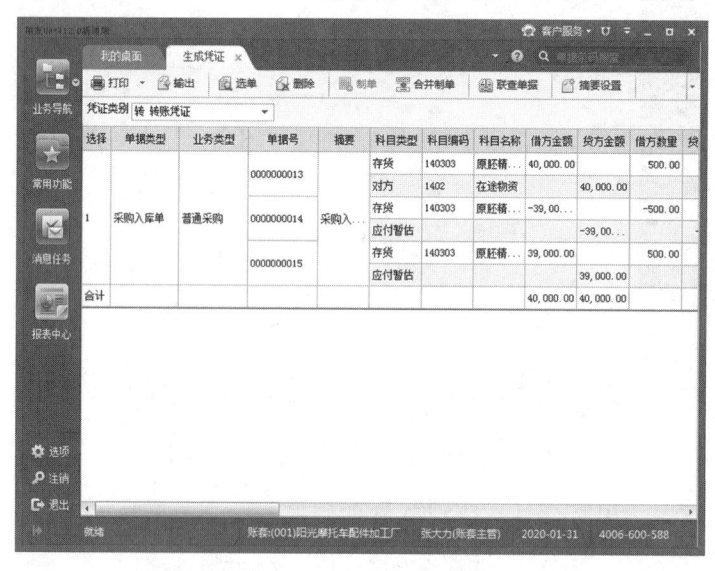

图8-28 生成凭证业务选择

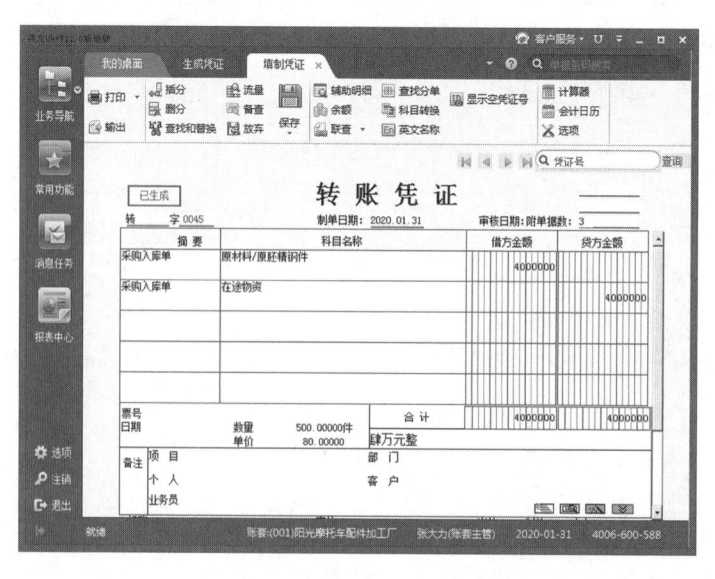

图8-29 采购入库记账凭证

发票制单。财务会计→应付款管理→凭证处理→生成凭证→发票制单→凭证类型:转账凭证,在对应的业务栏,输入"1",表示选中该业务→单击制单,进入填制凭证窗口,应付款单票号为987962→保存→退出。

2.出库跟踪入库

检查。基础设置→存货档案→机油→控制→检查是否设置出库跟踪入库,如果未设置,则补上→退出。

在基础设置中设计材料出库单单据格式:基础设置→单据设置→单据格式设置,进入"单据格式设置"窗口→选"库存管理|材料出库单|显示|材料出库单"选项,进入"材料出库单"窗口→单击表体栏目→表体项目,打开"表体项目"对话框→选中"对应入库单号",如图8-30所示→确定→保存→是。

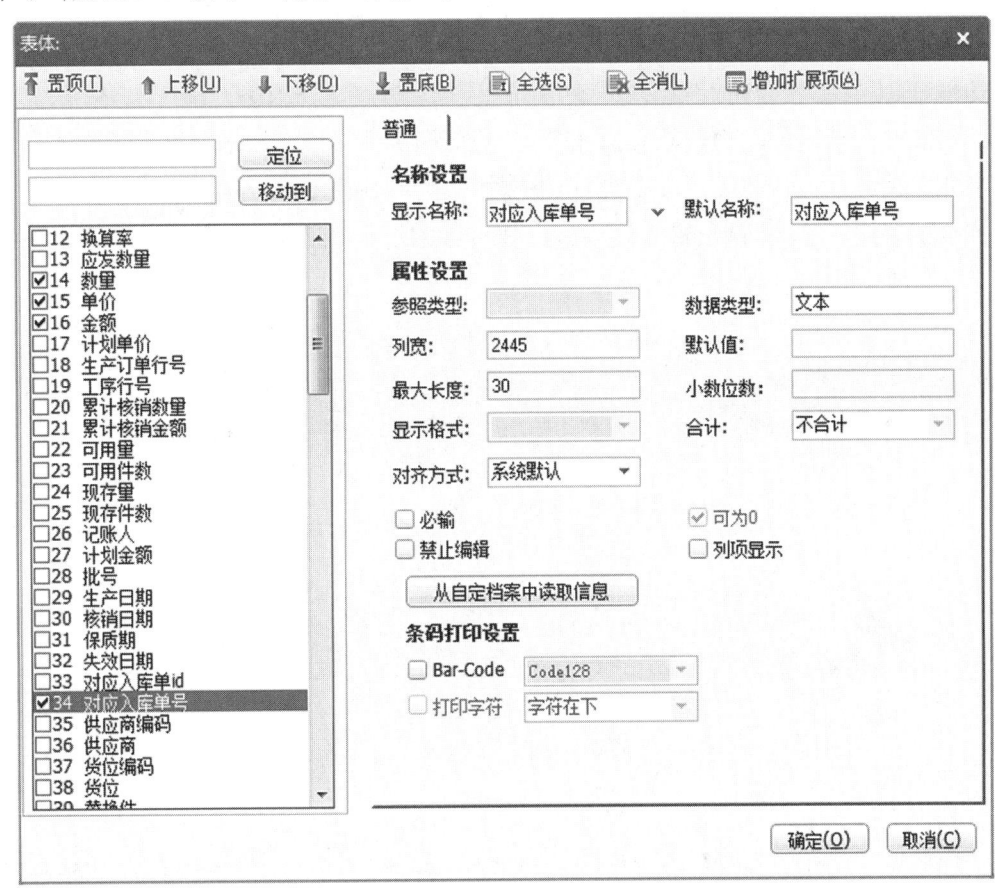

图8-30 单据格式设置

填制并审核采购入库单。操作员"004",以1月10日登录,库存管理→入库业务→采购入库单,进入"采购入库单"窗口→增加,按业务资料录入入库单,如图8-31所示,保存并审核,记住入库单号,完成后退出。1月15日入库单录入类似操作。

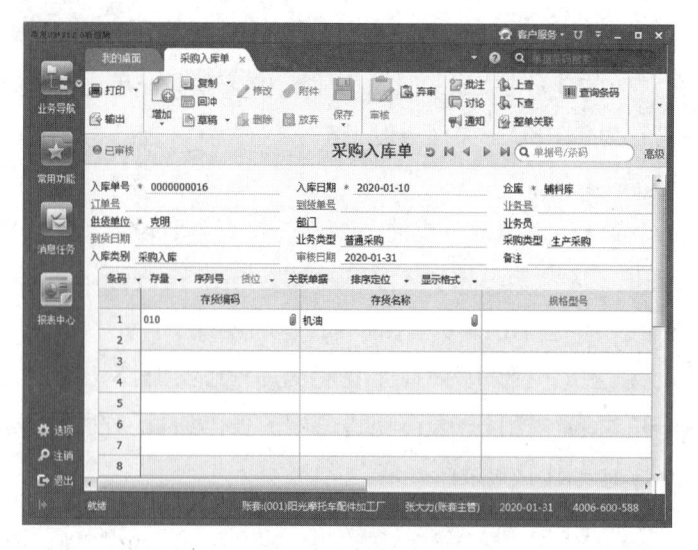

图 8-31 采购入库单

增加和复核采购专用发票。操作员"004",以1月15日登录,采购管理→采购发票→专用采购发票,进入"专用发票"窗口→增加→生单→入库单→过滤→选择要拷贝的入库单→确定→修改日期、输入发票号,如图8-32所示→保存→复核→退出。另一张发票的处理,重复上述操作。

图 8-32 采购发票

执行采购结算。采购管理→采购结算→自动结算,打开"采购自动结算"对话框→结算模式:入库单和发票→系统提示2笔业务结算成功→确定→退出。

采购入库单记账并生成凭证。存货核算→业务核算→正常单据记账→过滤→选择要记账的单据→记账→确定→退出。存货核算→财务核算→生成凭证,打开"生成凭证"窗口→选择,弹出"查询条件"→选"采购入库单(报销记账)"→确定→进入"生成凭证"窗口→转账凭证→生成→保存→退出。

审核采购专用发票并生成应付凭证:财务会计→应付款管理→采购专用发票审核,进入"单据处理"窗口(如果查询后,没有相关发票,则应拖动过滤条件下拉条的最下方,在结算方案中选择全部或未结算)→选择要审核的采购专用发票→审核→确定→退出。在选择制单处理功能,打开"制单处理"对话框→发票制单→确定,进入"制单"窗口→全选,转账凭证→制单,进入填制凭证窗口→保存→退出。

填制材料出库单并审核。操作员"004",以1月22日登录系统,库存管理→出库业务→材料出库单,进入"材料出库单"窗口→增加→仓库:辅料库,存货:机油,数量:40,领用部门:生产车间,填写对应入库单号(选择单行指定对应入库单),再增行,填写另外20盒机油的信息,选择单行指定对应入库单,选中对应的入库单号→保存→审核→退出。

对材料出库单记账并生成凭证。存货核算→日常业务→正常单据记账→材料出库单→记账→退出。存货核算→财务核算→生成凭证→借:生成成本——共同费用(方向杆),贷:原材料——辅料件→保存→退出。

注意:对于出库跟踪入库的存货,不允许超量出库,出库时需要输入相应的入库单号;设置自动入库跟踪出库时,系统分配入库单号的方式有"先进先出"和"后进先出"两种,可在库存管理→初始设置→选项→库存选项设置→通用设置下进行。

3.调拨业务

填制和审核调拨单。操作员"004",以1月15日登录,库存管理→调拨业务→调拨单,进入"调拨单"窗口→增加→录入资料内容(调拨单单价不需录入,系统自动计算),如图8-33所示→保存(保存后自动生成其它入库单和其它出库单,且不得被修改)→审核→退出。

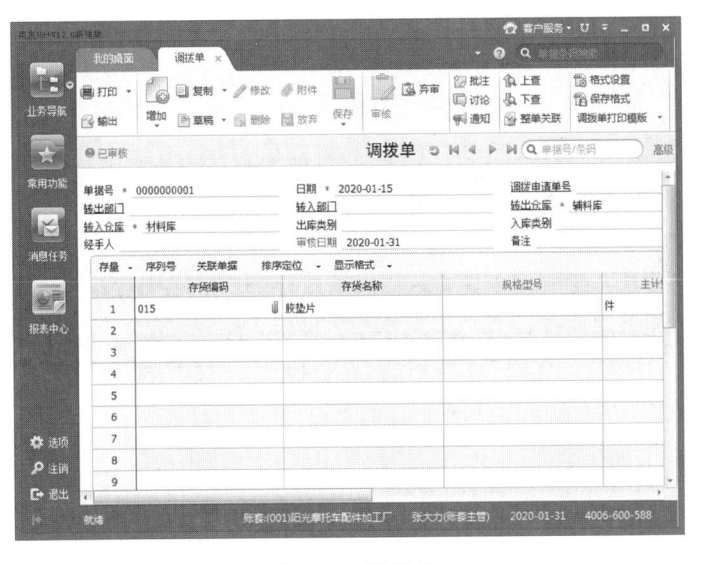

图8-33 调拨单

调拨单生成的其它入库单审核。库存管理→入库业务→其它入库单,进入"其它入库单"窗口→选择要审核的记录,如图8-34所示→审核→退出。

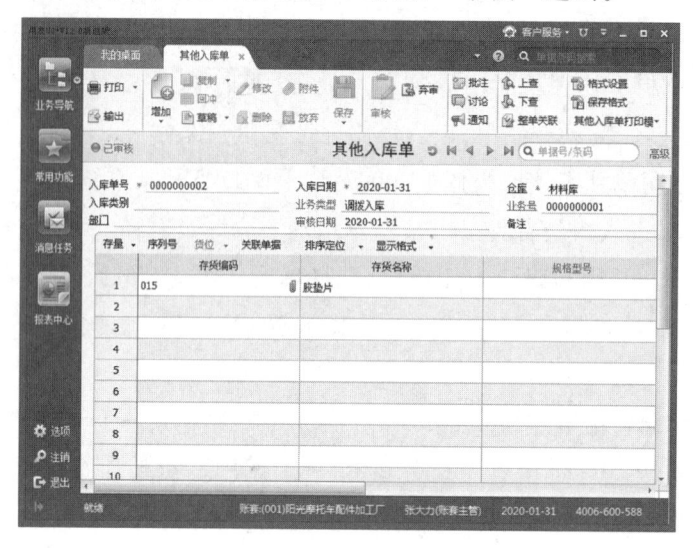

图8-34 其他入库单

其他入库单记账:存货核算→业务核算→特殊单据记账,打开"特殊单据记账"对话框→调拨单,确定,进入"特殊单据记账"窗口→选择要记账的调拨单,如图8-35所示→记账→退出。

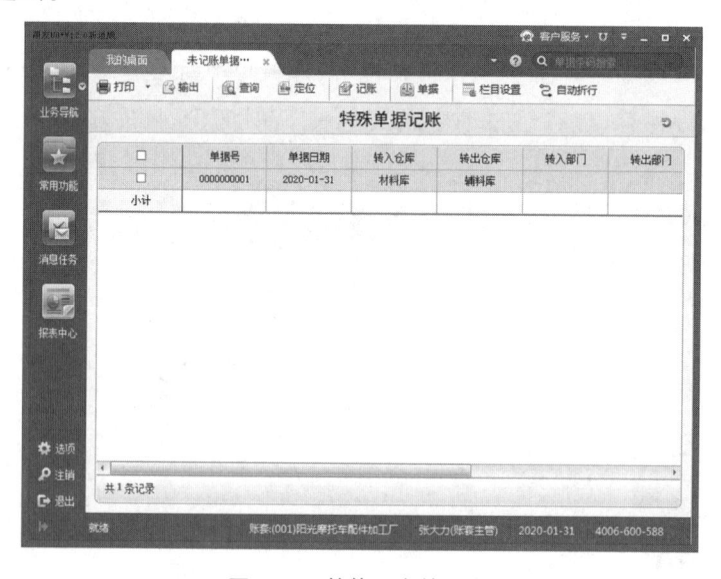

图8-35 其他入库单记账

4.盘点预警

相关选项设置。库存管理→初始设置→选项,打开"库存选项设置"对话框→选"专用设置"选项卡,如图8-36所示→选中"按仓库控制盘点参数"→确定。

图 8-36　库存选项设置

存货档案修改。在基础档案中,将精钢原胚件的盘点周期修改为周,每周第五天盘点。输入上次盘点日期为 2019-12-27,如图 8-37 所示。

检验。以一周后日期注册进入库存管理系统,若周五盘点该存货,系统会给出提示。

图 8-37　修改存货档案

5.盘点业务

增加和审核盘点单。库存管理→盘点业务,进入"盘点单"窗口→增加→2020-01-11,原料库,盘盈入库→盘库→是→按仓库盘点,确定→修改存货单价为78的精钢原胚件盘点数量,在原有的基础上增加2个,如图8-38所示→保存→审核→退出。

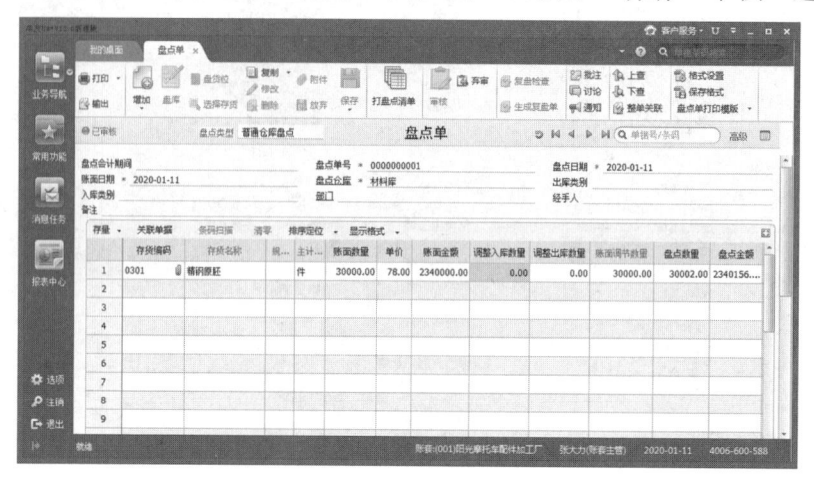

图8-38 盘点单

对盘点单生成的其它入库单审核。库存管理→入库业务→其它入库单,进入"其它入库单"窗口→找到要审核的单据,如图8-39所示→审核→退出。

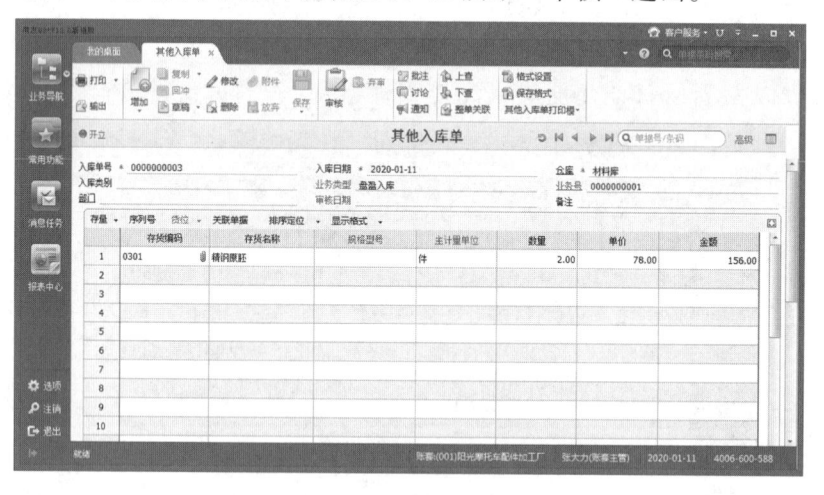

图8-39 其他入库单

对其他入库单记账并生成凭证。存货核算→记账→正常单据记账→查询→单据类型:其他入库单→选择要记账的其他入库单→记账→退出。存货核算→凭证处理→生成凭证,打开"生成凭证"窗口→查询,如图8-40所示→选"其他入库单"→确定→进入"生成凭证"窗口→转账凭证→生成,进入填制凭证窗口,转账凭证,借方科目为140303,贷方科目:1901→制单保存→退出。

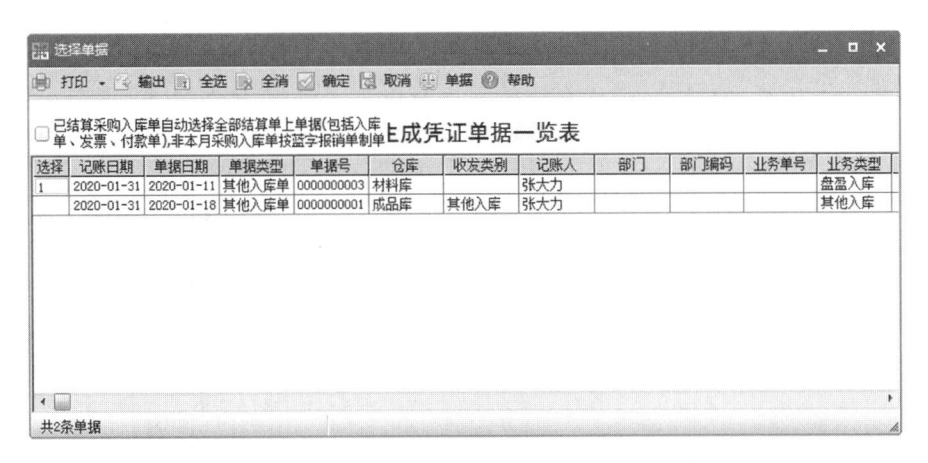

图 8-40 选择单据

6. 月末暂估

1月21日向长捷公司采购的精钢原胚件1 800个,1月25日收到该批货物,但月末该批货物对应的发票尚未收到。暂估入账,暂估单价为45元/个。

增加并审核采购订单。操作员"004",按1月21日登录系统→采购管理→业务→订货→采购订单→增加采购订单→供应商长捷公司,生铁原件,1 800,单价不填→保存→订单审核→退出。

增加并审核采购入库单。操作员"004",以1月25日登录,库存管理→入库业务→采购入库单,进入"采购入库单"窗口→增加→参照采购订单→仓库:原料库,单价不填→保存→审核→退出。

暂估成本录入与记账。存货核算→记账→暂估成本录入→查询,仓库:材料库→选择对应的入库单,输入暂估单价45,如图8-41所示→保存→退出。存货核算→记账→正常单据记账→查询,仓库:材料库→选择要暂估记账的采购入库单→记账→退出。

图 8-41 暂估成本录入

生成暂估凭证。存货核算→凭证处理→生成凭证,打开"生成凭证"窗口→查询→选择暂估采购记账→确定→选中对应的单据→确定→进入"生成凭证"窗口→转账凭证,应付暂估科目:应付账款→制单,进入填制凭证窗口,应付账款辅助信息,供应商:长捷;票号:987965;如图8-42所示→保存→退出。

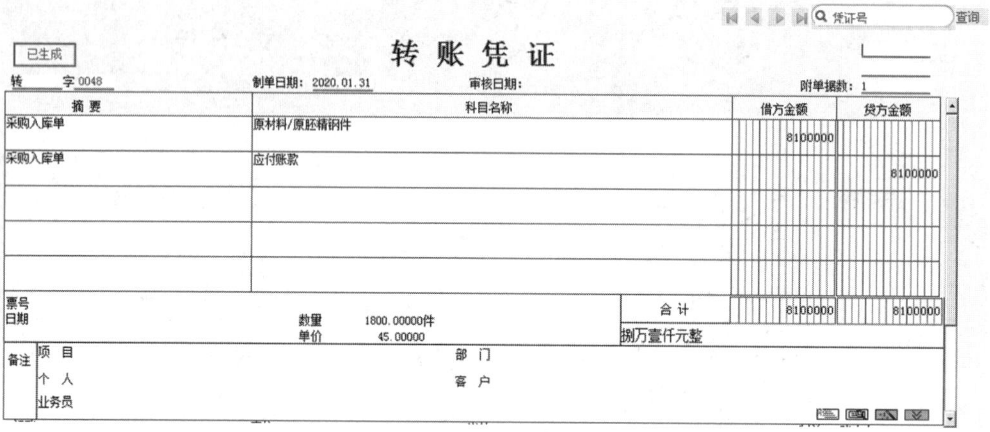

图8-42 暂估凭证

第九章 成本管理

本章实验目的

1. 了解成本管理系统主要内容。
2. 掌握成本管理系统的初始化设置。
3. 掌握成本管理系统日常业务流程和操作技能。
4. 熟练运用软件计算企业产品成本。

本章实验准备

引入第八章"实验八"账套数据。

本章实验环境

1. 操作系统:Windows 7等。
2. 软件系统:用友新道ERPU8+V12.0。

实验一　初始化设置

【实验内容】

1.成本管理系统初始化

2.相关基础档案设置

3.期初数据

【实验资料】

1.成本管理系统初始化参数设置

表9-1

项目	内容
核算体系	实际成本核算体系
计算方法	品种法或分步法
是否启用生产制造数据来源	否
数据精度	6
小数位	2
存货数据来源	手工输入
出库类别	生产耗用
入库类别	产成品入库,半成品入库
人工费用来源	手工输入
制造费用来源	手工输入
折旧数据来源	手工输入
其他费用	手工输入

2.相关基础档案设置

(1)成本中心

表9-2

序号	成本中心编码	成本中心名称	生产属性
1	01	方向杆车间	基本生产
2	02	连接杆车间	基本生产
3	03	辅助生产车间	辅助生产

(2)物料BOM(产品结构)

所有产品:设定子件损耗率0.0%,子件的产出品属于均为"否",子件的成本相关属于均为"是"。

表9-3 熟铁方向杆

子件行号	工序行号	子件名称	基本用量	基础数量	固定用量	供应类型	仓库名称	领料部门	部门名称
10	0000	熟铁原件	1	1.000	是	领用	原料库	0601	锻压车间
20	0000	生胶	0.2	1.000	是	领用	配套用品库	0601	锻压车间
30	0000	固化剂	0.3	1.000	是	领用	配套用品库	0602	加工车间
40	0000	包装盒	1	1.000	是	领用	配套用品库	0602	加工车间
50	0000	机油	0.2	1.000	是	领用	配套用品库	0602	加工车间

表9-4 熟铁连接杆

子件行号	工序行号	子件名称	基本用量	基础数量	固定用量	供应类型	仓库名称	领料部门	部门名称
10	0000	熟铁原件	0.5	1.000	否	领用	原料库	0601	锻压车间
20	0000	机油	0.1	1.000	否	领用	配套用品库	0602	加工车间
30	0000	胶垫片	1	1.000	否	领用	配套用品库	0602	加工车间
40	0000	生胶	0.1	1.000	否	领用	配套用品库	0602	加工车间

表9-5 精钢方向杆

子件行号	工序行号	子件名称	基本用量	基础数量	固定用量	供应类型	仓库名称	领料部门	部门名称
10	0000	精钢原胚	1	1.000	是	领用	材料库	0601	锻压车间
20	0000	生胶	0.2	1.000	是	领用	辅料库	0602	加工车间
30	0000	机油	0.2	1.000	是	领用	辅料库	0602	加工车间
40	0000	固化剂	0.5	1.000	是	领用	辅料库	0602	加工车间
50	0000	包装袋	1	1.000	是	领用	辅料库	0602	加工车间

表9-6 精钢连接杆

子件行号	工序行号	子件名称	基本用量	基础数量	固定用量	供应类型	仓库名称	领料部门	部门名称
10	0000	精钢原胚	0.2	1.000	是	领用	材料库	0601	锻压车间
20	0000	胶垫片	1	1.000	是	领用	辅料库	0602	加工车间
30	0000	机油	0.1	1.000	是	领用	辅料库	0602	加工车间
40	0000	固化剂	0.2	1.000	是	领用	辅料库	0602	加工车间

(3)成本中心对照

表9-7

序号	成本中心编码	成本中心名称	部门编码	部门名称
1	01	方向杆车间	0601	锻压车间
2	01	方向杆车间	0603	包装车间
3	02	连接杆车间	0602	加工车间
4	02	连接杆车间	0604	质检车间
5	03	辅助生产车间	0605	配套保障车间

(4)存货参考成本

表9-8

存货编码	存货名称	参考成本/元	最新结存价/元	最新结存差异/元	最新结存差异率(%)
002	熟铁原胚	50	50	0	0
010	熟铁方向杆	230	230	0	0
011	熟铁连接杆	25	25	0	0
001	精钢原胚	80	80	0	0
008	精钢方向杆	300	300	0	0
009	精钢连接杆	20	20	0	0
014	精钢半成品方向杆	181	181.6	-0.6	-0.33
015	精钢半成品连接杆	19	19.14	-0.14	-0.73
003	生胶	11	11	0	0
004	固化剂	10	10	0	0
005	机油	13	13	0	0
006	胶垫片	2	2	0	0
007	电渡液	30	30	0	0
012	包装盒	1	1	0	0
013	包装袋	0.2	0.2	0	0

3.期初数据

(1)定义核算对象

所有产品：设定订单状态属于为"正常"，维修订单标识为"否"，调整标志为"否"。

表9-9

序号	成本中心编码	成本中心名称	产品编码	产品名称	订单行号	工序行号	BOM版本号	停用标志	工序属性
1	01	方向杆车间	010	熟铁方向杆	0	0	10	启用	自制
2	02	连接杆车间	008	精钢方向杆	0	0	10	启用	自制
3	01	方向杆车间	011	熟铁连接杆	0	0	10	启用	自制
4	02	连接杆车间	009	精钢连接杆	0	0	10	启用	自制

(2)定义费用明细与总账系统接口

由于数据来源均来源于手工输入。只需要定义其他费用和共耗费用。其中：其他费用；费用名称：场地费；成本习性：固定成本。

共耗费用：配套保障车间。

表9-10

费用编码	名称	取数公式	成本习性
1000	电费	5000	固定成本
1001	机修费	10000	固定成本

(3)定义公共费用分配范围

表9-11

序号	成本中心名称	分摊方式	成本对象类型	费用类型	费用编码	费用名称	自动标识范围
1	方向杆车间	在范围内分配	按基本产品	共用材料	003	生胶	03
2	方向杆车间	在范围内分配	按基本产品	人工费用	0	直接人工	03
4	方向杆车间	在范围内分配	按基本产品	共耗费用	1000	电费	03
5	方向杆车间	在范围内分配	按基本产品	制造费用	1	折旧	03
6	方向杆车间	在范围内分配	按基本产品	制造费用	2	管理人员工资	03
7	连接杆车间	在范围内分配	按基本产品	共用材料	003	生胶	03
8	连接杆车间	在范围内分配	按基本产品	人工费用	0	直接人工	03
9	连接杆车间	在范围内分配	按基本产品	制造费用	1	折旧	03
10	连接杆车间	在范围内分配	按基本产品	制造费用	2	管理人员工资	03
11	连接杆车间	在范围内分配	按基本产品	共耗费用	1000	电费	03

(4)科目设置

表9-12

序号	业务类型	成本中心编码	成本中心名称	费用编码	费用名称	借方科目	贷方科目
1	结转制造费用	01	方向杆车间	1000	电费	50010105	510104
2	结转辅助生产成本	03	辅助生产车间	01	动车车间	50010105	510104
3	结转辅助生产成本	02	连接杆车间	02	机修车间	50010205	510104

(5)定义分配率

表9-13

名称	分配方法	备注
共耗费用分配率	按实际工时	
共同材料分配率	按产品产量	
直接人工分配率	按实际工时	
制造费用分配率	按实际工时	
在产品成本分配率	按实际工时	
辅助费用分配率	按产品产量	
辅助费用内部分配率	按固定比例	机修车间0.6,动力车间0.4

表9-14 在产品成本分配率产品权重系数

部门名称	产品名称	权重系数
方向杆车间	精钢方向杆	1
连接杆车间	精钢连接杆	1
方向杆车间	熟铁方向杆	1
连接杆车间	熟铁连接杆	1

(6)期初数据

表9-15 期初建账金额

部门编码	部门名称	产品编码	产品名称	数量	材料费用/元	直接人工费用/元	制造费用/元	辅助费用/元	其他费用/元
101	方向杆车间	010	熟铁方向杆	3 500	250 000	45 000	134 000	0	100 000
101	方向杆车间	008	精钢方向杆	1 500	160 000	35 000	104 000	0	80 000
102	连接杆车间	011	熟铁连接杆	21 000	128 000	158 080	148 800	0	119 230
102	连接杆车间	009	精钢连接杆	12 000	28 000	27 500	114 000	0	42 000

表9-16　期初材料费用明细1

熟铁方向杆				精钢方向杆			
材料名称	数量	单价/元	金额/元	材料名称	数量	单价/元	金额/元
熟铁原件	3 550	50	177 500	精钢原胚	1862	80	148 960
生胶	2 300	11	25 300	生胶	186	11	2 046
固化剂	1 700	10	17 000	机油	372	13	4 836
包装盒	4 200	1	4 200	固化剂	378	10	3 780
机油	2 000	13	26 000	包装袋	1890	0.2	378

表9-17　期初材料费用明细2

熟铁连接杆				精钢连接杆			
材料名称	数量	单价/元	金额/元	材料名称	数量	单价/元	金额/元
熟铁原件	2 353	50	117 650	精钢原胚	322	80	25 760
机油	235	13	3 055	胶垫片	405	2	810
胶垫片	2 355	2	4 710	机油	40	13	520
生胶	235	11	2 585	固化剂	91	10	910

表9-18　期初在产品制造费用分解表

产品编码	产品名称	废品分摊/元	折旧/元	管理人员工资/元	制造费用合计/元
010	熟铁方向杆	0	70 000	64 000	134 000
008	精钢方向杆	0	26 000	78 000	104 000
011	熟铁连接杆	0	68 000	80 800	148 800
009	精钢连接杆	0	58 000	56 000	114 000

【实验步骤与指导】

1.成本管理系统初始化

以管理员身份,登录企业应用平台,基础设置→基本信息→系统启用→打开系统启用界面,找到成本管理模块,检查成本管理系统是否启用,以及启用日期是否为2020-01-01,如果没有正确设置,则修改,完成后成本管理系统启用。

以管理员身份,登录成本管理系统→选项→如图9-1所示,按资料要求,进行相应设置→保存→退出。

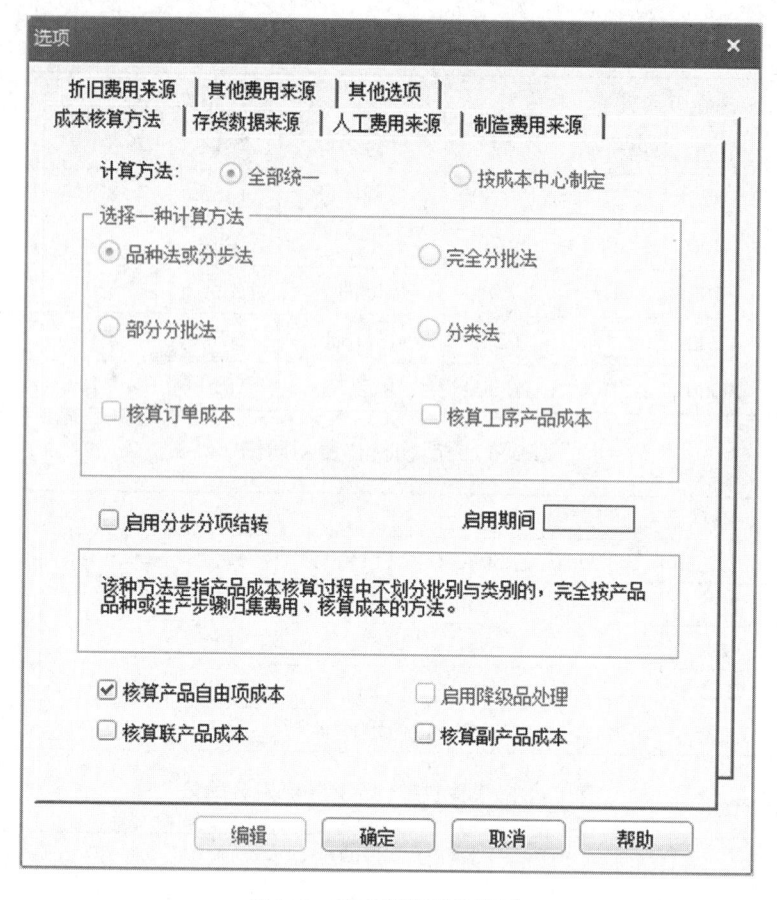

图9-1 成本管理系统选项

检查在基础设置中部门档案、存货档案、项目目录、仓库档案、收发类别等是否正确设置。

2.相关基础档案设置

1)成本中心录入。企业应用平台→业务导航→成本管理→初始设置导航,选择定义成本中心,如图9-2所示→单击→成本中心→增加→按资料进行相应的设置,如图9-3所示→保存→退出。也可在基础设置→基础档案→财务→成本中心→增加→按资料进行相应的设置(微课视频:9-1.MP4)。

9-1

2)物料BOM录入。基础设置→基础档案→业务→产品结构→产品结构资料维护→增加→分别录入母件编码、版本说明00、子件编码等信息,如图9-4所示→保存→审核→重复上述步骤,将其他产品结构录入系统→审核→退出(微课视频:9-2.MP4)。

9-2

说明:如果启用了物料清单模块,则产品结构在该系统中设置。

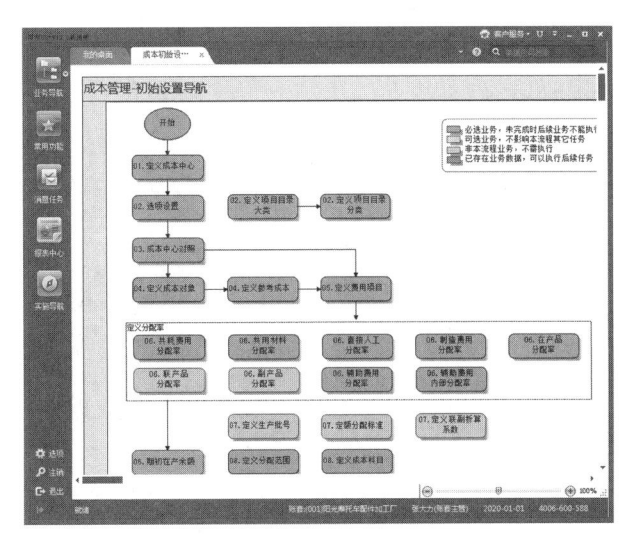

图 9-2 成本管理初始设置导航

图 9-3 成本中心档案

图 9-4 产品结构资料维护

3)成本中心对照录入。基础设置→基础档案→财务→成本中心对照→增行→按资料录入相应信息,如图9-5所示→保存→退出(微课视频:9-3.MP4)。

图9-5 成本中心对照

4)存货参考成本录入。方法1:基础设置→基础档案→存货档案→修改→按资料填入相应参考成本→保存→选中其它存货,重复上述步骤→退出。方法2:成本管理→初始业务导航→定义存货参考成本→录入存货参考成本和最新成本等→保存方案为001→确定→按资料填入相应参考成本,并保存相应方案,按顺序增加方案编码→退出。

5)定义核算对象。管理会计→成本管理→设置→定义核算对象→查询→确定→刷新,如图9-6所示→退出。

图9-6 定义核算对象

提示:刷新后,如果未出现核算对象,则相关选择均不打勾;核算对象必须定义正确,否则会影响后续操作与计算结果。

3.期初数据

1)定义费用明细与总账接口。成本管理→初始设置导航→05定义费用项目→选择共耗费用→选择相应部门→增行→按资料录入相应信息,取数公式为常数,并输入常数:5000,如图9-7所示→退出。

图9-7 定义费用明细

2)定义公共费用分配范围。企业应用平台→业务工作→管理会计→成本管理→设置→定义分配范围→查询→确定→打开定义公共费用分配范围界面→选择相应车间"共用材料"所在行→增行→分摊方式:在范围内分配。成本对象类型:按实际核算对象→刷新→选择相应的分配对象,如图9-8所示→重复上述步骤,按资料定义剩余费用和车间的分配范围→退出。

提示:定义后,检查是否作好相应的标识,标识栏是否正确打勾,方向杆车间对应产品为相应的方向杆,连接杆车间对应产品为连接杆。

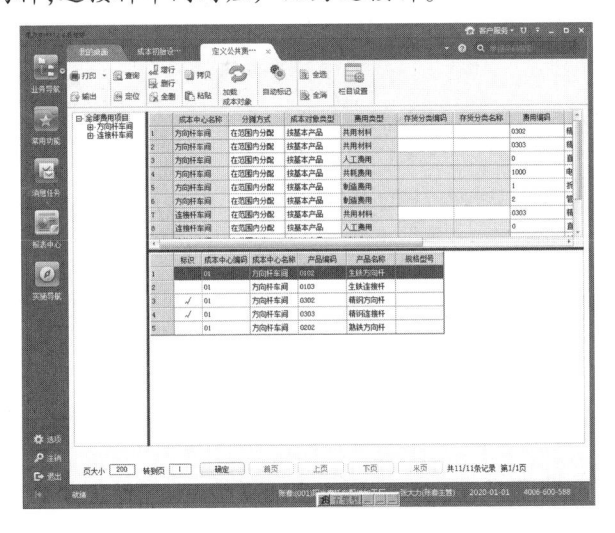

图9-8 定义公共费用分配范围

3)科目设置。企业应用平台→业务工作→管理会计→成本管理→设置→科目设置→增行→按资料输入相应信息,如图9-9所示→退出。

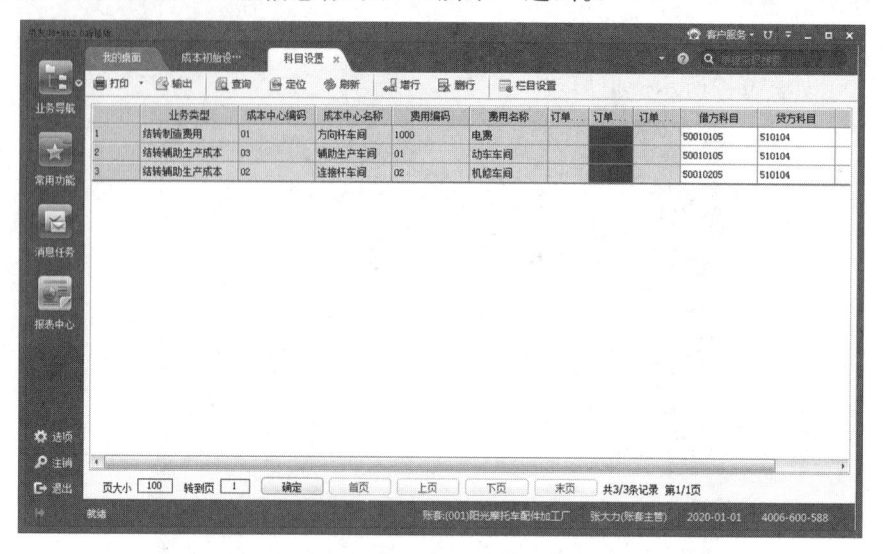

图9-9 科目设置

4)定义分配率。企业应用平台→管理会计→成本管理→设置→定义分配率→打开定义分配率界面→共耗费用分配率。选择全部统一,分配方法选择按实际工时,如图9-10所示→确定→重复上述步骤,完成其他共同费用的设置→退出。

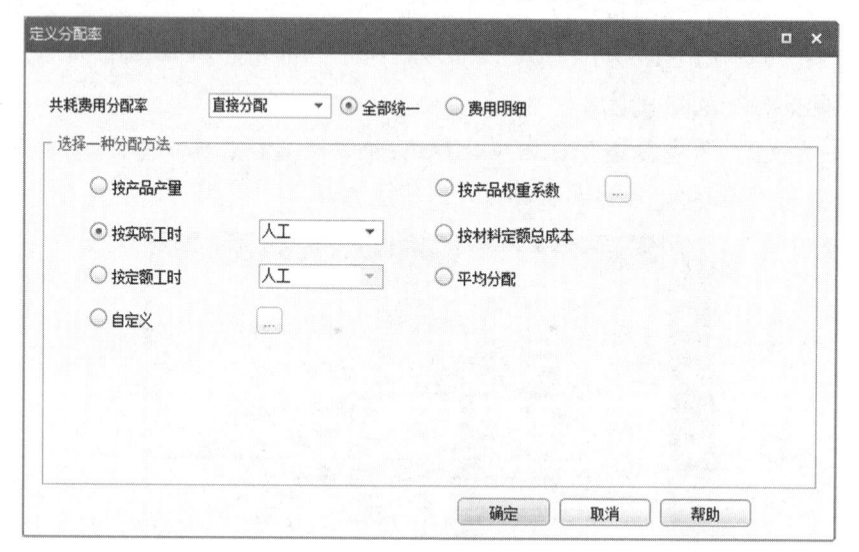

图9-10 定义分配率

5)期初余额数据。该功能要求输入期初在产品余额的详细数据。企业应用平台→业务工作→管理会计→成本管理→设置→期初余额调整→查询→确定→进入期初余额调整界面,双击材料费用,单击旁边的选择按钮→如图9-11所示→增加→按资料输入熟铁原胚数量和单价→保存→再按增加按钮,重复上述步骤,增加该期初产品的其它材料信息→确定→依次录入其他产品的期初成本数据,如图9-12所示→最后要进行记账操作→退出。

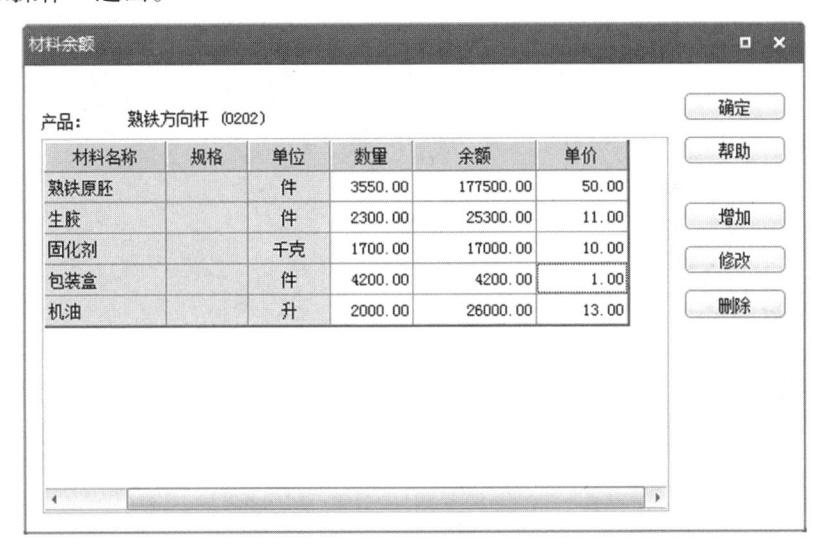

图9-11 产品材料明细录入

图9-12 期初余额录入

提示:期初材料、制造费用需要按业务资料录入详细的明细数据;直接人工费用、其他费用则直接录入数据。

实验二 各成本项目日常数据录入

【实验内容】

1. 材料耗用录入
2. 共耗费用录入

3. 人工费用录入

4. 折旧费用录入

5. 辅助费用录入

6. 其他费用录入

7. 废品回收录入

8. 本月实际工时录入

9. 完工产品数据录入

10. 在产品数据录入

【实验资料】

1. 本期投产产品耗用材料数量及单价

表9-19

成本中心名称	产品编码	产品名称	材料名称	单价/元	数量
方向杆车间	010	熟铁方向杆（投3000）	熟铁原件	50	3 000
			生胶	11	600
			固化剂	10	900
			包装盒	1	3 000
			机油	13	600
方向杆车间	008	精钢方向杆（4500）	精钢原胚	80	4 500
			生胶	11	900
			机油	13	900
			固化剂	10	2 250
			包装袋	0.2	4 500
连接杆车间	011	熟铁连接杆（2600）	熟铁原件	50	1 300
			机油	13	260
			胶垫片	2	2 600
			生胶	11	260
连接杆车间	009	精钢连接杆（投6000）	精钢原胚	80	1 200
			胶垫片	2	6 000
			机油	13	600
			固化剂	10	1 200

2.本期共耗费用表

表9-20

车间	电费/元	工时金额/元
机修车间	1 000	5 500
动力车间	4 000	4 500

3.人工费用表

表9-21

成本中心名称	直接人工费用/元	管理人员工资/元
方向杆车间	36 000	8 000
连接杆车间	21 000	6 000
辅助生产车间	6 000	2 000
合计	63 000	16 000

4.折旧费用表

表9-22

成本中心名称	折旧费用/元
方向杆车间	96 000
连接杆车间	126 000
辅助生产车间	35 000
合计	

5.辅助费用耗用表

表9-23

成本中心部门服务名称	动力车间<度><01>	机修车间<工时><02>
方向杆车间	2000	300
连接杆车间	2000	300
动力车间	——	400
机修车间	1000	——

6.其他费用明细表

表9-24

成本中心	产品名称	其他费用/元
方向杆车间	熟铁方向杆	1 500
方向杆车间	精钢方向杆	2 000

续表

成本中心	产品名称	其他费用/元
连接杆车间	熟铁连接杆	1000
连接杆车间	精钢连接杆	500

7. 废品回收表

表9-25

成本中心名称	产品名称	金额/元
方向杆车间	精钢方向杆	1 000
方向杆车间	精钢连接杆	600
方向杆车间	熟铁方向杆	450
连接杆车间	精钢连接杆	300

8. 本月实际工时日报表

表9-26

成本中心名称	产品编码	实际人工工时/时
方向杆车间	熟铁方向杆	500
方向杆车间	精钢方向杆	300
连接杆车间	熟铁连接杆	280
连接杆车间	精钢连接杆	600

9. 本期完工产品量和入库数量

表9-27

单位:件

成本中心名称	产品名称	本期完工产品数量	完工净产量	入库量
方向杆车间	熟铁方向杆	6 000	6 000	6 000
方向杆车间	精钢方向杆	5 500	5 500	5 500
连接杆车间	熟铁连接杆	4 600	4 600	4 600
连接杆车间	精钢连接杆	6 400	6 400	6 400

提示:假定月末在产品在线数量均为0。

10.在产品处理表

表9-28

单位:件

成本中心名称	产品名称	累计完工(在)产品产量	在线盘点数	在产品完工数量
方向杆车间	熟铁方向杆	500	0	500
方向杆车间	精钢方向杆	500	0	500
连接杆车间	熟铁连接杆	19 000	0	19 000
连接杆车间	精钢连接杆	11 500	0	11 500

【实验步骤与指导】

1.材料耗用录入

管理会计→成本管理→数据录入→材料及外购半成品耗用表→确定→选中相应的产品,如:精钢方向杆→增行→选择相应直接材料,录入单价和数据,再增行根据资料录入本产品本期其他直接材料投入信息,如图9-13所示→完成后,再选择其他产品,录入本期其他产品信息→退出。

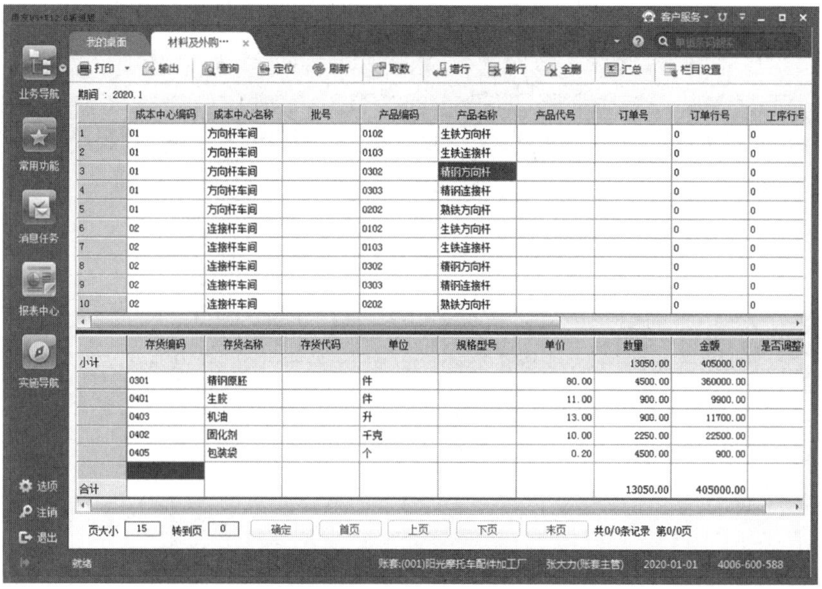

图9-13 直接材料录入

2.共耗费用录入

管理会计→成本管理→数据录入→共耗费用表→根据资料相应车间费用信息,如图9-14所示→完成后,再从下拉式列表框中选择另一个车间,输入相应信息→退出。

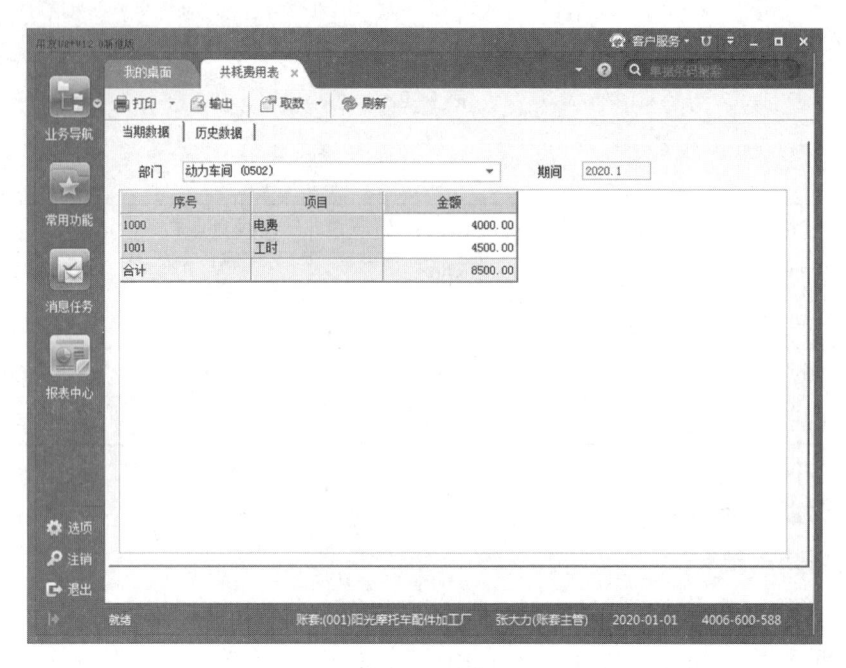

图9-14 共耗费用表

3.人工费用录入

管理会计→成本管理→数据录入→人工费用表→根据资料相应车间费用信息,如图9-15所示→退出(微课视频:9-4.MP4)。

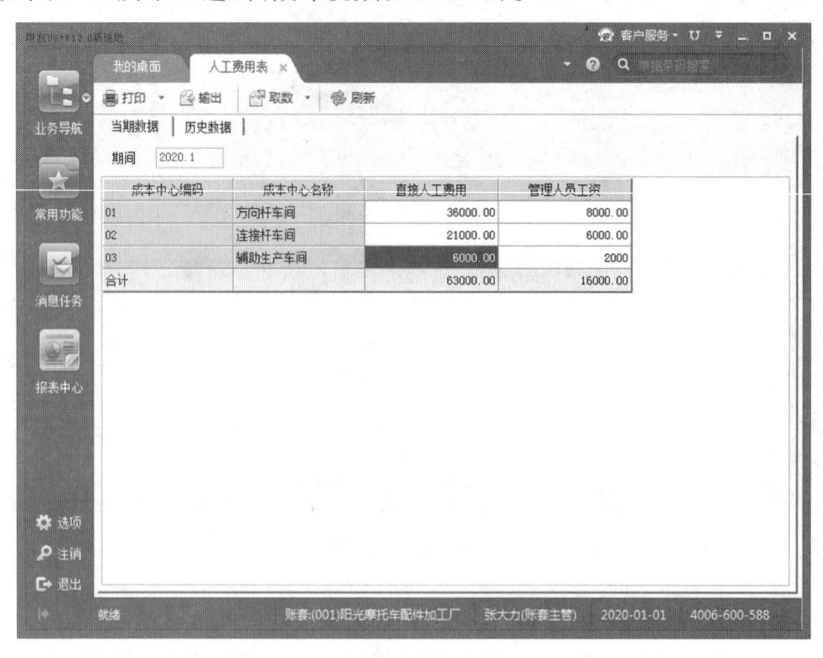

图9-15 人工费用表

第九章 成本管理

4.折旧费用录入

管理会计→成本管理→数据录入→折旧费用表→根据资料相应车间费用信息,如图9-16所示→退出。

图9-16 折旧费用表

5.辅助费用录入

管理会计→成本管理→数据录入→辅助费用耗用表→根据资料相应车间费用信息,如图9-17所示→退出

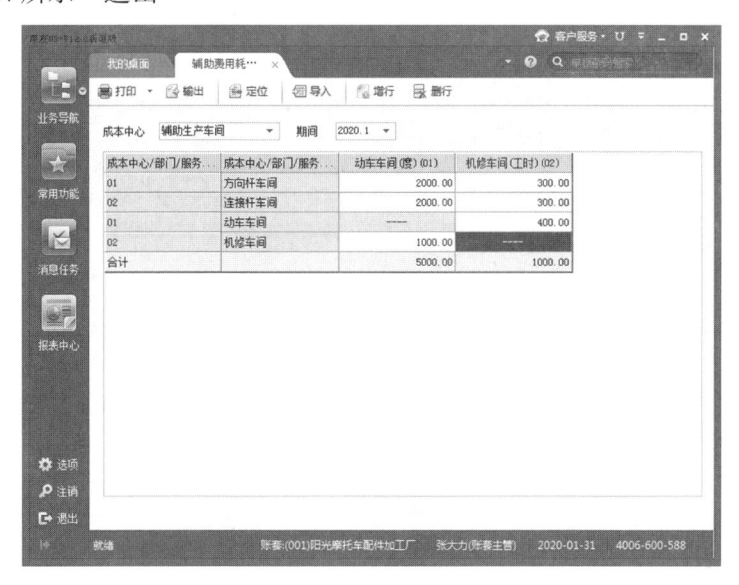

图9-17 辅助费用

· 215 ·

6.其他费用录入

管理会计→成本管理→数据录入→其他费用表→确定→选中相应的产品。如:精钢方向杆→录入该产品本期其他费用金额,如图9-18所示→完成后,再选择其他产品,录入本期其他产品信息→退出。

图9-18 其他费用

7.废品回收录入

管理会计→成本管理→数据录入→废品回收表→确定→选中相应的产品,如:精钢方向杆→录入该产品本期户口回收金额,如图9-19所示→完成后,再录入本期其他产品信息→退出。

图9-19 废品回收

8.本月实际工时录入、完工产品数据录入和在产品处理数据录入

管理会计→成本管理→数据录入→选择相应的项目,输入本章实验资料,具体操作同前类似,不再复述。

提示:用友ERPU8+V12.0工时日报表数据录入需要利用查询功能,将查询日期开始时间和到期时间定为同一天,然后再录入数据;日常业务数据录入也可以通过日常业务导航图表来实现,在图表中选择相应的项目,录入相关数据。

实验三 成本计算与验证等

【实验内容】

1.成本检查与成本计算

2.生成凭证

3.账表查询与分析

4.各子系统结账

【实验资料】

相关操作,无实验资料。

【实验步骤与指导】

1.成本检查与成本计算

管理会计→成本管理→成本计算→检查→根据检查结果,判断前述操作存在哪些不当或遗漏,是否会影响成本计算→在不影响成本计算的前提下,单击计算→系统执行相关成本计算,如图9-20所示→退出。

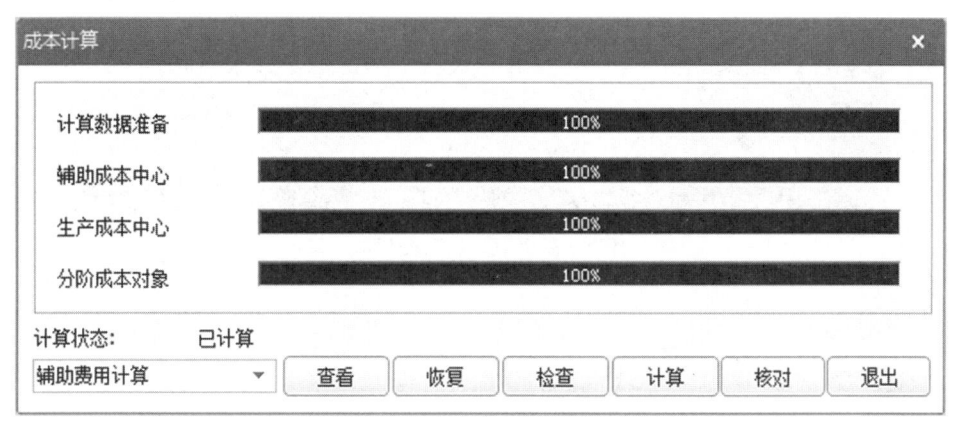

图9-20 成本计算

2.生成凭证

管理会计→成本管理→生成凭证→如图9-21所示,选中相应业务→单击制单,出现制单界面,如图9-22所示,要求输入相关会计科目的输入信息,单击凭证下方备注中的项目,出现钢笔图标,单击右键,选择对应的产品,如精钢方向杆,保存→其他凭证生成,操作类似→完成后,退出。

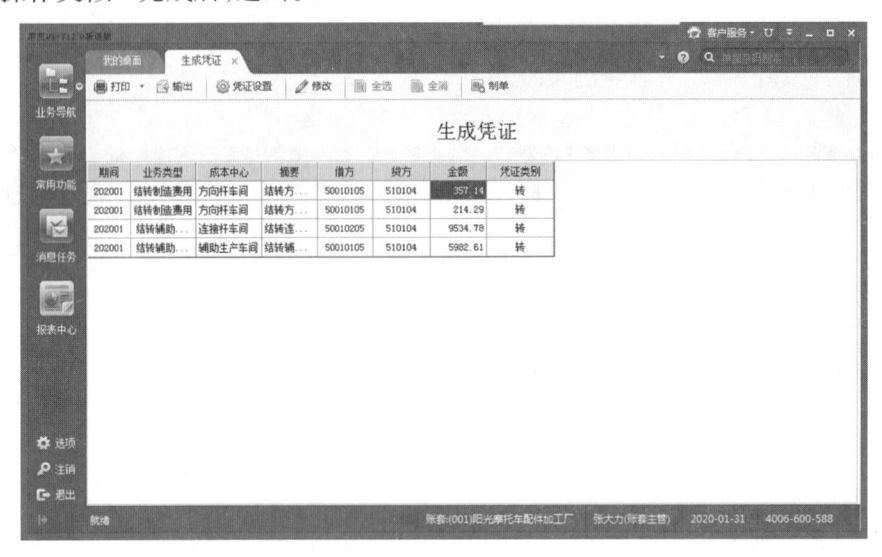

图9-21 相关业务选择

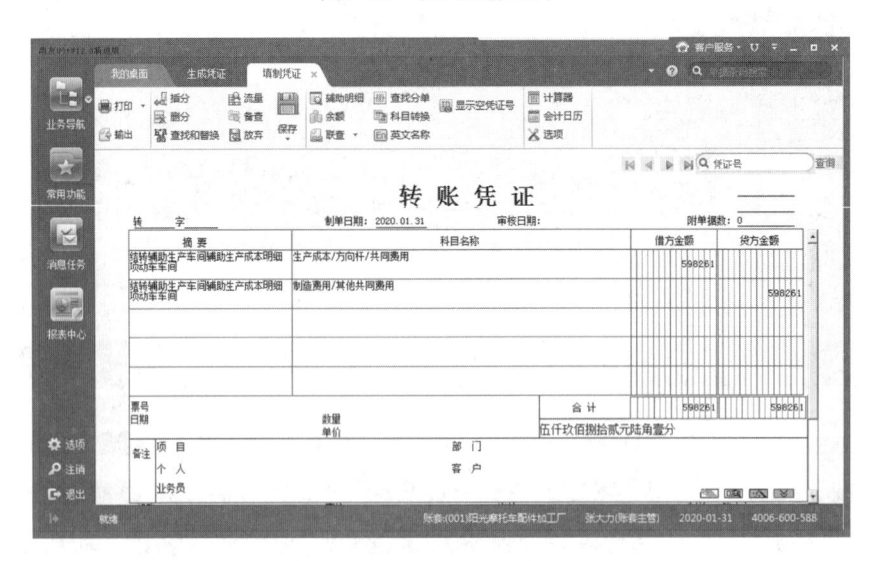

图9-22 转账凭证

3.账表查询与分析

业务导航→成本管理→账表→选择完成产品投入汇总→如图9-23所示→查看相关产品成本项目的汇总明细→退出。

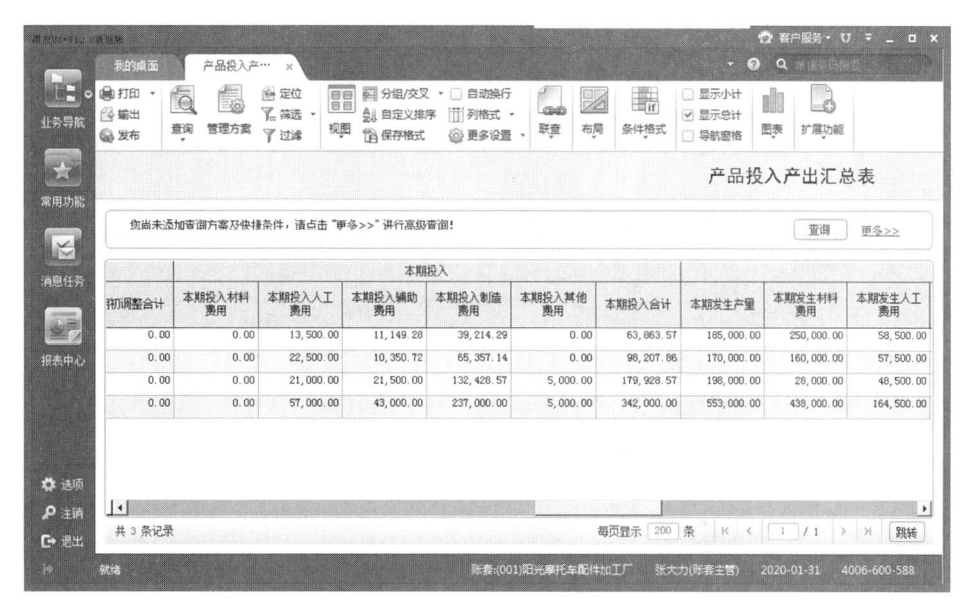

图9-23 产品投入产出汇总表

业务导航→成本管理→分析表→成本差异分析汇总→选择比较的标准:如参考成本或计划成本等,如图9-24所示→查看相关成本差异→退出。

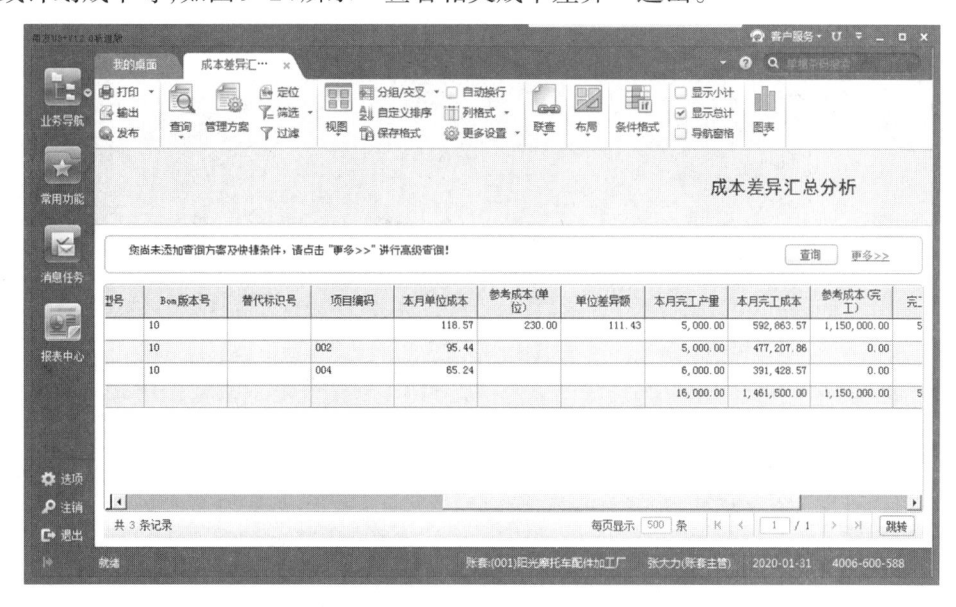

图9-24 成本差异汇总分析

4.各子系统结账

根据结账顺序,以账套主管身份,进入相应系统,选择"月末结账",进行结账操作。具体结算顺序为:工资管理→固定资产管理→采购管理→销售管理→库存管理→存货核算→应收款管理→应付款管理→成本管理→总账系统。

第十章 报表编制

本章实验目的

1. 理解报表编制的原理及操作流程。
2. 掌握报表格式定义、公式定义的操作方法。
3. 掌握报表单元公式、审核公式的用法。
4. 掌握报表数据处理、表页管理等操作。
5. 掌握如何利用报表模板生成一张报表。
6. 掌握如何利用现金流量表模块生成现金流量表。

本章实验准备

设置系统日期为"2020-01-01",并引入"第九章"实验的账套数据。

本章实验环境

1. 操作系统:windows7。
2. 软件系统:用友新道ERPU8+V12.0。

实验一　自定义报表设置与使用

【实验内容】

自定义一张产品生产成本计算表

【实验资料】

1.产品成本计算

方向杆、连接杆两种产品原材料均在投产时一次性投入,月末在产品在本工序的完工程度均为50%。采用约当产量法在完工产品和在产品之间分配生产费用。

表10-1　产量资料

单位:件

产品名称	月初在产品	本月投产	完工产品	月末在产品
精钢方向杆	10 000	75 000	65 000	20 000
精钢连接杆	5 000	25 000	20 000	10 000

2.报表格式

表10-2

	A	B	C	D
1			产品生产成本计算表	
2	单位名称:		年　　月	日
3		产品名称	精钢方向杆	精钢连接杆
4	成本项目			
5	期初额	数量	10 000	5 000
6		直接材料	QC("50010101",月,,,,"301",,,,,)	QC("50010201",月,,,,"302",,,,,)
7		直接人工	QC("50010102",月,,,,"301",,,,,)	QC("50010202",月,,,,"302",,,,,)
8		其他直接支出	QC("50010103",月,,,,"301",,,,,)	QC("50010203",月,,,,"302",,,,,)
9		折旧费	QC("50010104",月,,,,"301",,,,,)	QC("50010204",月,,,,"302",,,,,)
10		共同费用	QC("50010105",月,,,,"301",,,,,)	QC("50010205",月,,,,"302",,,,,)
11	本月发生额	数量	75 000	25 000

续表

	A	B	C	D
12		直接材料	FS("50010101",月,"借",,,"301",,)	FS("50010201",月,"借",,,"302",,)
13		直接人工	FS("50010102",月,"借",,,"301",,)	FS("50010202",月,"借",,,"302",,)
14		其他直接支出	FS("50010103",月,"借",,,"301",,)	FS("50010203",月,"借",,,"302",,)
15		折旧费	FS("50010104",月,"借",,,"301",,)	FS("50010204",月,"借",,,"302",,)
16		共同费用	FS("50010105",月,"借",,,"301",,)	FS("50010205",月,"借",,,"302",,)
17	月末在产品	数量	20 000	10 000
18		直接材料	(C6+C12)/(C17+C24)*C17	(D6+D12)/(D17+D24)*D17
19		直接人工	(C7+C13)/(C17*0.5+C24)*C17*0.5	(D7+D13)/(D17*0.5+D24)*D17*0.5
20		其他直接支出	(C8+C14)/(C17*0.5+C24)*C17*0.5	(D8+D14)/(D17*0.5+D24)*D17*0.5
21		折旧费	(C9+C15)/(C17*0.5+C24)*C17*0.5	(D9+D15)/(D17*0.5+D24)*D17*0.5
22		共同费用	(C10+C16)/(C17*0.5+C24)*C17*0.5	(D10+D16)/(D17*0.5+D24)*D17*0.5
23		总成本	C18+C19+C20+C21+C22	D18+D19+D20+D21+D22
24	完工产品	数量	65 000	20 000
25		直接材料	(C6+C12)/(C17+C24)*C24	(D6+D12)/(D17+D24)*D24
26		直接人工	(C7+C13)/(C17*0.5+C24)*C24	(D7+D13)/(D17*0.5+D24)*D24
27		其他直接支出	(C8+C14)/(C17*0.5+C24)*C24	(D8+D14)/(D17*0.5+D24)*D24
28		折旧费	(C9+C15)/(C17*0.5+C24)*C24	(D9+D15)/(D17*0.5+D24)*D24
29		共同费用	(C10+C16)/(C17*0.5+C24)*C24	(D10+D16)/(D17*0.5+D24)*D24
30		总成本	C25+C26+C27+C28+C29	D25+D26+D27+D28+D29
31		单位成本	C30/C24	D30/D24
32			制表人:	王二

说明:表4列32行。

表头:标题"产品生产成本计算表"设置为黑体、14号、居中,单位名称和年、月、日应设置为关键字。

表体：表体中文字设置为宋体、12号、居中。

表尾："制表人""王二"分列于第三、四列，设置为宋体10号、居中。

3.报表公式

(1)单元公式(依上图所示)

各成本项目分配方法：采用约当产量法在完工产品和月末在产品之间分配生产费用，原材料为一次性投入，用于分配直接材料的约当产量即为月末在产品数量；月末在产品的完工程度为50%，用于分配直接人工、其他直接支出、折旧费、共同费用的约当产量即为在产品数量*50%。

(2)审核公式

C23+C30=C6+C7+C8+C9+C10+C12+C13+C14+C15+C16，

D23+D30=D6+D7+D8+D9+D10+D12+D13+D14+D15+D16

MESS"期初额加本月发生额与期末合计不等！"

【实验步骤与指导】

以账套主管"001"的身份进行UFO报表管理操作。

1.启动UFO，建立报表

以账套主管"001"的身份进入企业应用平台，执行业务导航→财务会计→"UFO报表"命令。进入报表管理系统后，点击菜单栏"文件"中的"新建"命令或点击新建图标，建立一张空白报表，报表名默认为report1，也可按自己需要重新命名。

2.报表定义

查看空白报表底部左下角的"格式/数据"按钮，确认当前状态为格式状态。

3.报表格式定义

1)设置报表尺寸。选择菜单栏"格式"中的"表尺寸"命令，系统弹出"表尺寸"对话框，输入行数32，列数4，单击"确认"按钮，如图10-1所示。

图10-1　表尺寸设置

2)定义组合单元。选择需要合并的区域A1:D1,执行"格式"中的"组合单元"命令,系统弹出"表尺寸"对话框,选择组合方式为"整体组合"或"按行组合",该单元即组合成一个单元格,如图10-2所示。同理,定义A2:D2单元为组合单元。

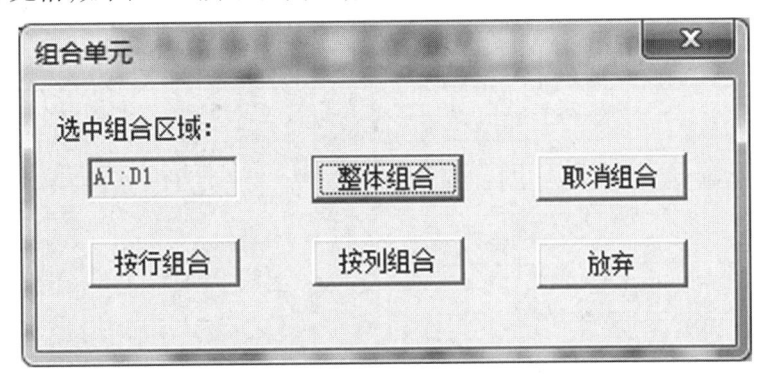

图10-2 组合单元设置

3)定义报表行高和列宽。选定需要调整的单元所在行A1,执行"格式"中的"行高"命令,系统弹出"行高"对话框,输入行高7,单击"确认",如图10-3所示。如需调整列宽,选定需要调整的单元所在列,执行"格式"中的"列宽"命令即可设置。

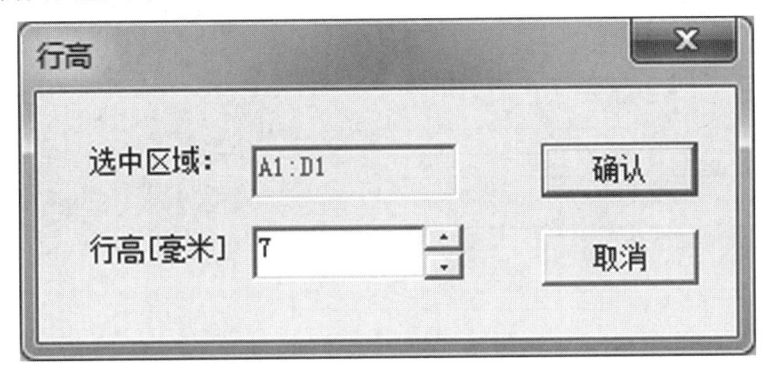

图10-3 行高和列宽设置

4)画网格线。选择报表需要画线的区域A3:D31,执行"格式"中的"区域画线"命令,系统弹出"区域画线"对话框,单击"网线"单选按钮,单击"确认"。另外选择需要画线的区域A3:B4,执行"格式"中的"区域画线"命令,单击"正斜线"单选按钮,再单击"确认"。

5)输入报表项目内容。双击选中需要输入内容的单元或组合单元,直接在单元格中输入内容,如图10-4所示。例如,在A1组合单元中输入"产品生产成本计算表"。

注意:报表项目是指报表的固定文字内容,主要包括表头内容、表体项目和表尾项目等,不包括关键字。单位名称和日期一般不作为文字内容输入,而需要设置为关键字。

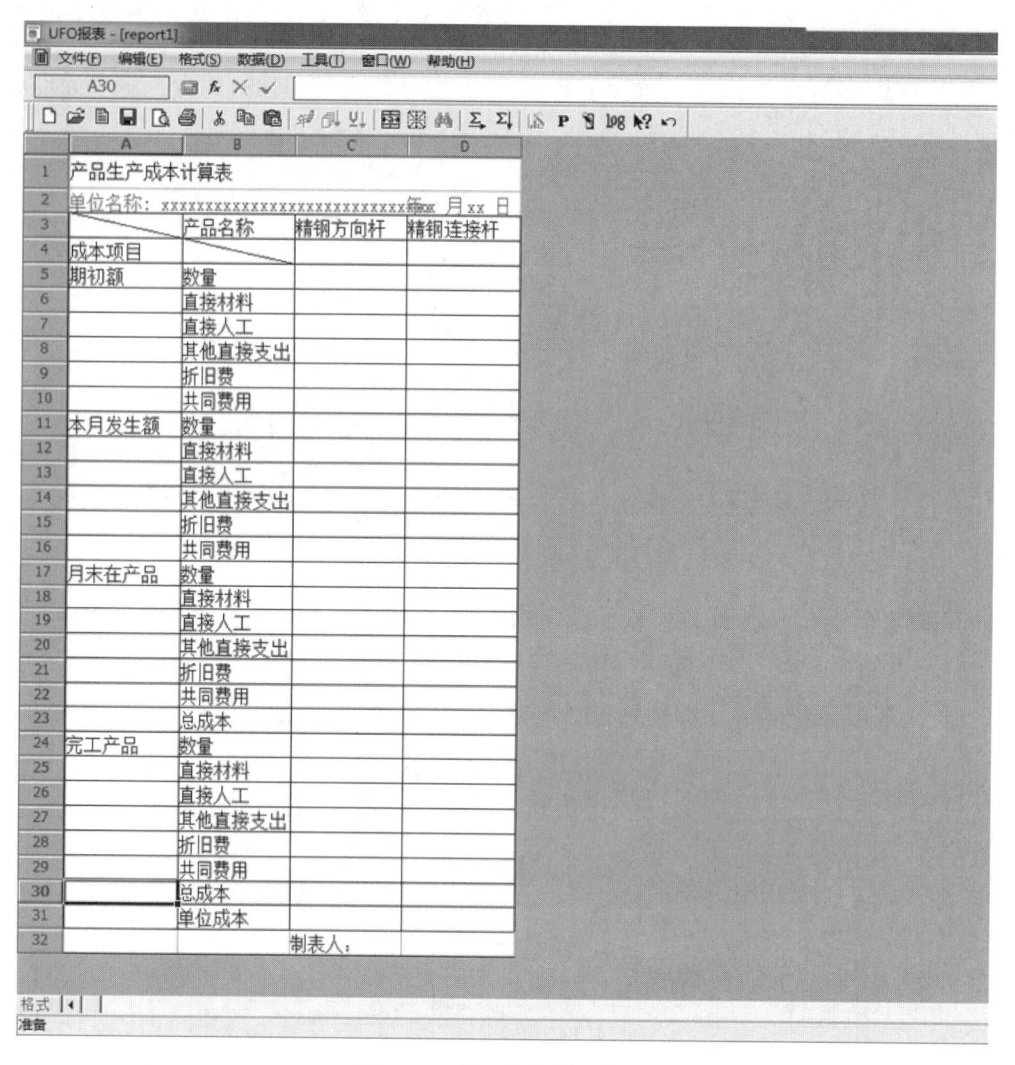

图10-4 输入报表项目内容

6）设置单元风格。选中标题所在组合单元A1，执行"格式"中的"单元属性"命令，系统弹出"单元格属性"对话框，打开"字体图案"选项卡，设置字体为黑体，字号为14；打开"对齐"选项卡，设置对齐方式为"居中"，单击"确定"按钮。同理按要求设置表体和表尾的单元风格。

7）设置单元属性。选定单元D32，执行"格式"中的"单元属性"命令，系统弹出"单元格属性"对话框，打开"单元类型"选项卡，选择"字符"选项，单击"确定"按钮，如图10-5所示。

注意：格式状态下输入内容的单元默认为表样单元，未输入内容的单元默认为数值单元，在数据状态下可输入数值。若在数据状态下需要输入字符，应将其定义为字符单元。

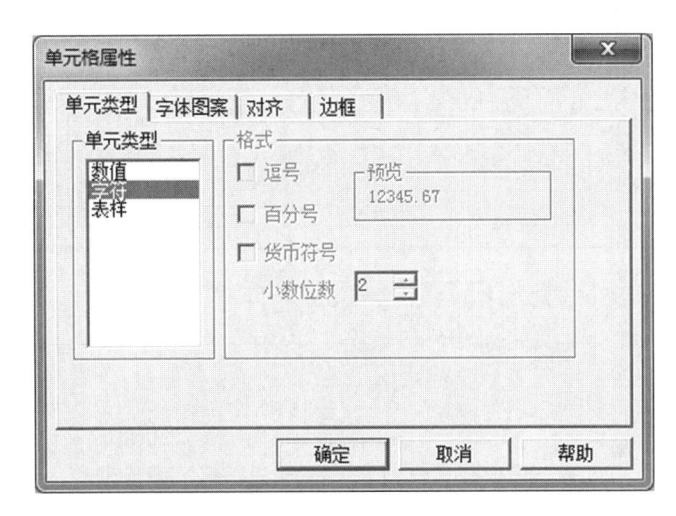

图10-5 单元属性设置

8)设置关键字。选中要输入关键字的组合单元A2,执行"数据"中的"关键字"→"设置"命令,系统弹出"设置关键字"对话框,选择"单位名称"单选按钮,单击"确定"按钮,如图10-6所示。同理,依次设置"年"、"月"、"日"为关键字。

注意:若要取消关键字,需执行"数据"中的"关键字"→"取消"命令。

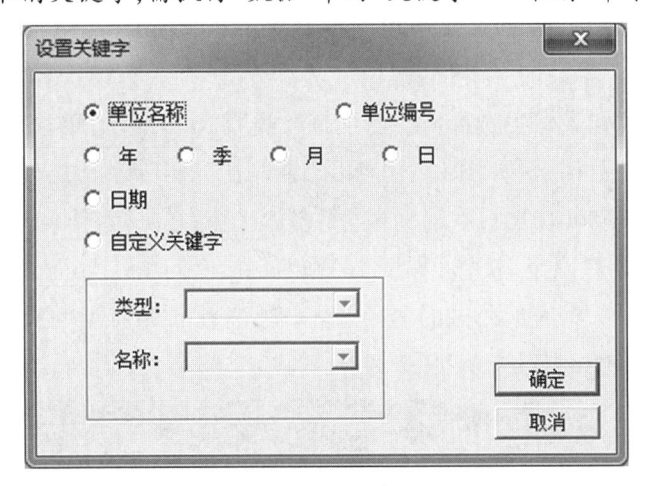

图10-6 关键字设置

9)调整关键字位置。执行"数据"中的"关键字"→"偏移"命令,系统弹出"定义关键字偏移"对话框,在需要调整位置的关键字后面输入偏移量,年"-60"、月"-35"、日"-5",单击"确定"按钮,如图10-7所示。

注意:单元偏移量的范围是[-300,300],负值表示左移,正值表示右移。关键字偏移量单位为像素。

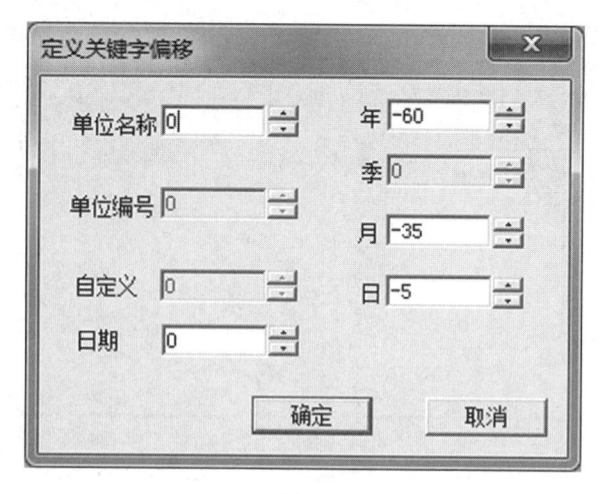

图10-7 关键字位置设置

4.报表公式定义

(1)定义单元公式

1)引导输入公式。选择要定义公式的单元C6,即"精钢方向杆直接材料的期初额",执行"数据"中的"编辑公式"→"单元公式"命令,系统弹出"定义公式"对话框(直接选定单元按"="键或单击FX按钮也能打开对话框),如图10-8所示,单击"函数向导"按钮,系统弹出"函数向导"对话框,在"函数分类"列表框中选择"用友账务函数",在右侧的"函数名"列表框中选择"期初(QC)",如图10-9所示,单击"下一步"按钮,出现"用友账务函数"对话框,如图10-10所示。单击"参照"按钮,出现"账务函数"对话框,在"科目"中选择50010101,在辅助核算中选择精钢方向杆,其余各项均采用系统默认值,单击"确定"按钮,如图10-11所示,返回上一界面,单击"确定",如图10-12所示,即完成公式的引导输入(微课视频:10-1.MP4)。

10-1

根据实验资料输入其他单元公式。

图10-8 定义公式

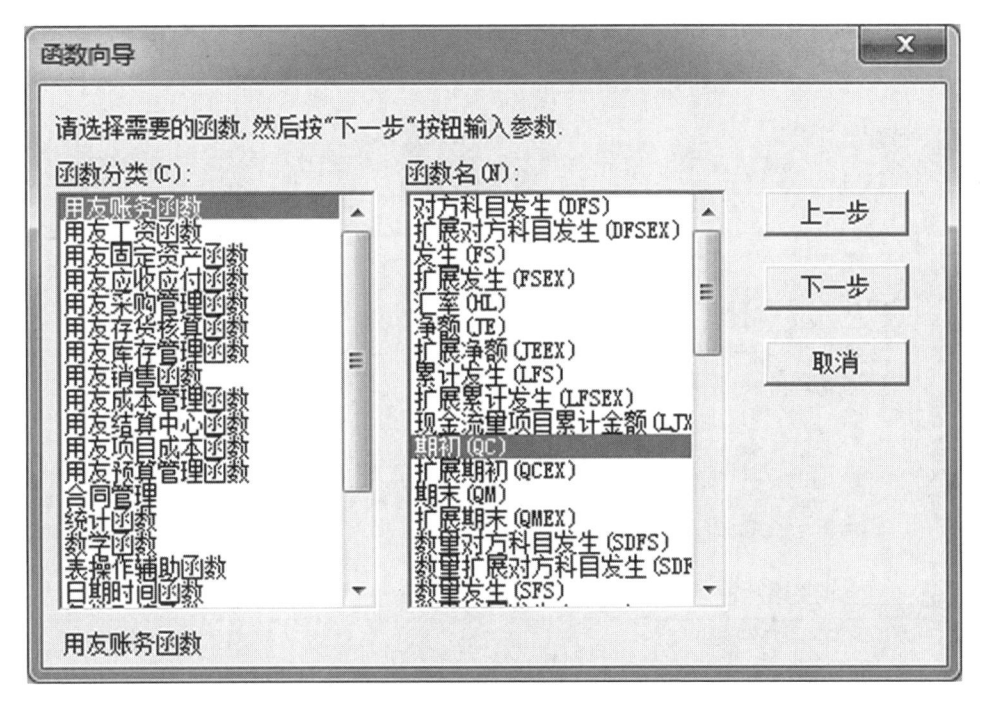

图 10-9　函数选择

图 10-10　"用友账务函数"对话框

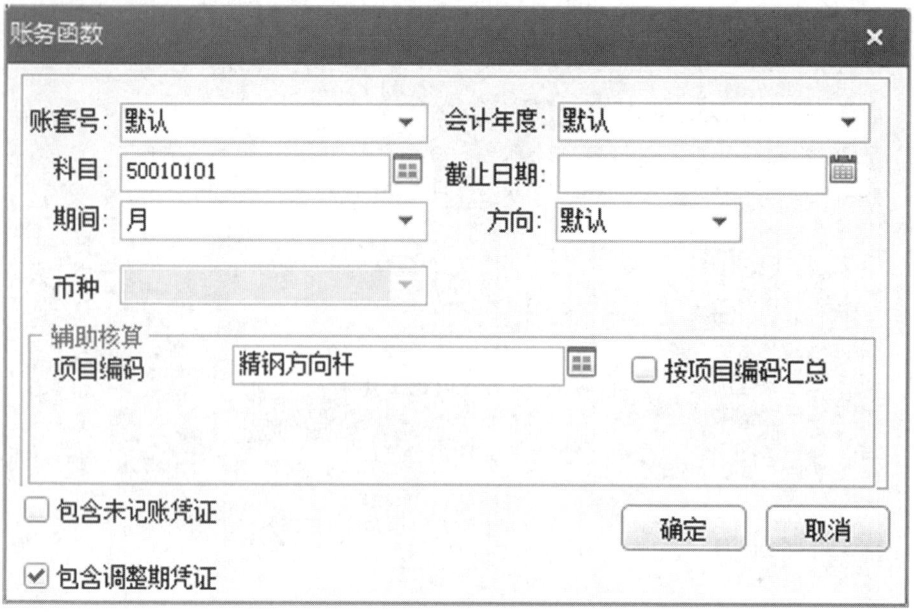

图10-11 函数参照

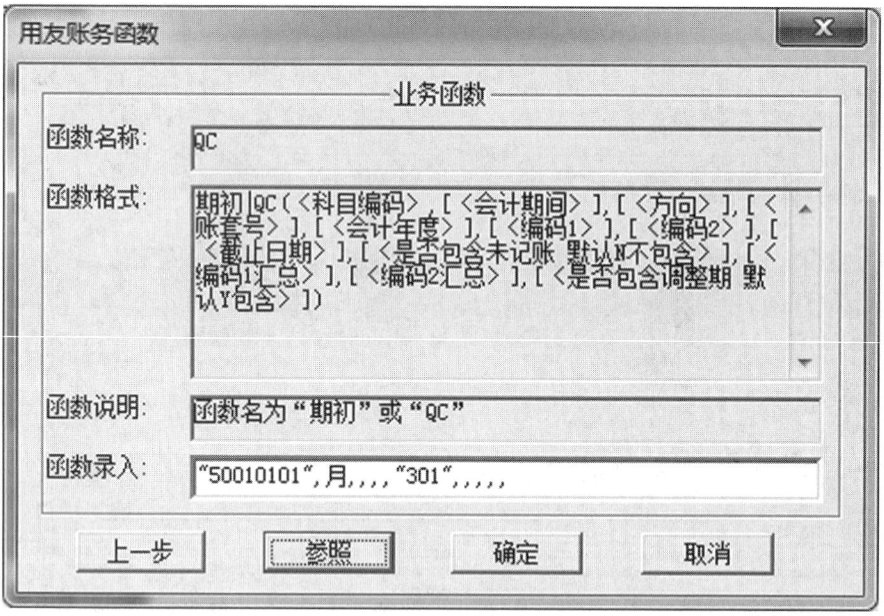

图10-12 公式输入确定

2)直接输入公式。按资料所给的成本分配方法输入公式分别计算月末在产品和完工产品的各项成本项目,例如选择要定义公式的单元C18,即"方向杆月末在产品直接材料",按同样的步骤打开"定义公式"对话框,直接输入计算公式(C6+C12)/(C17+C24)*C17,如图10-13所示,单击"确认"按钮完成公式输入。

根据实验资料输入其他单元公式。

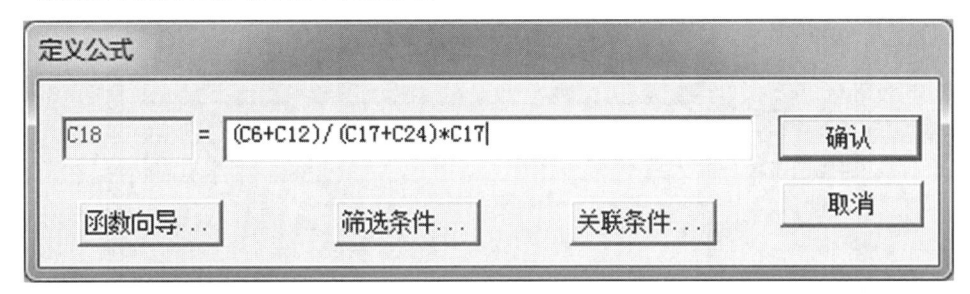

图 10-13 定义公式

(2)定义审核公式

执行"数据"中的"编辑公式"→"审核公式"命令,系统弹出"审核公式"对话框,输入审核关系:

C23+C30=C6+C7+C8+C9+C10+C12+C13+C14+C15+C16,

D23+D30=D6+D7+D8+D9+D10+D12+D13+D14+D15+D16

MESS"期初额加本月发生额与期末合计不等!"

审核产品成本期初额加本月发生额是否与月末在产品和完工产品的期末合计数相等,如图 10-14 所示(微课视频:10-2.MP4)。

10-2

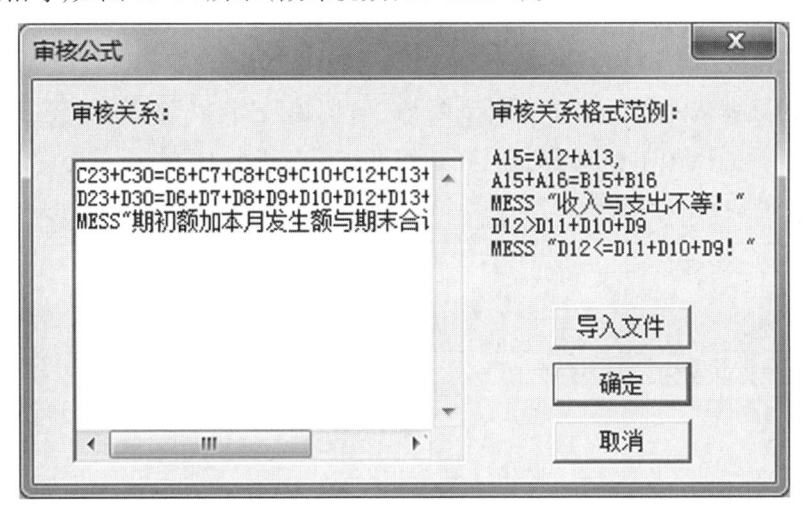

图 10-14 审核公式设置

(3)定义舍位平衡公式

舍位平衡公式是指用来重新调整报表数据进位后的小数位平衡关系的公式,在本实验"产品生产成本计算表"中不需要使用,若要定义舍位平衡公式,执行"数据"中的"编辑公式"→"舍位公式"命令,系统弹出"舍位平衡公式"对话框,如图 10-15 所示,确认表名、舍位范围、舍位位数,输入相应公式,单击"确定"按钮即可。

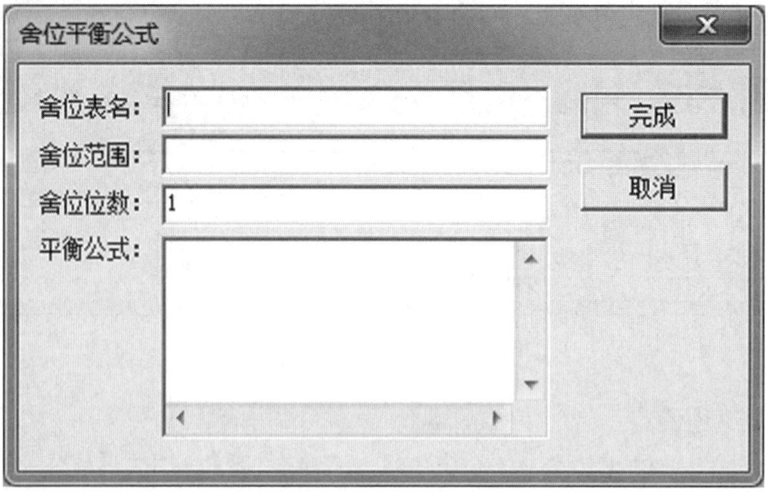

图10-15 舍位平衡公式设置

(4)保存报表格式

执行"文件"中的"保存"命令,如果是第一次保存,则会弹出"另存为"对话框,选择保存文件夹的目录,输入报表文件名"产品生产成本计算表",选择保存类型*.rep,单击"确定"按钮。

5.报表数据处理

1)打开报表。启动UFO系统,执行"文件"中的"打开"命令,选择存放报表格式的文件夹中的报表文件"产品生产成本计算表.rep",单击"打开"按钮,如图10-16所示。点击报表底部左下角的"格式/数据"按钮,使当前状态转换为"数据"状态。

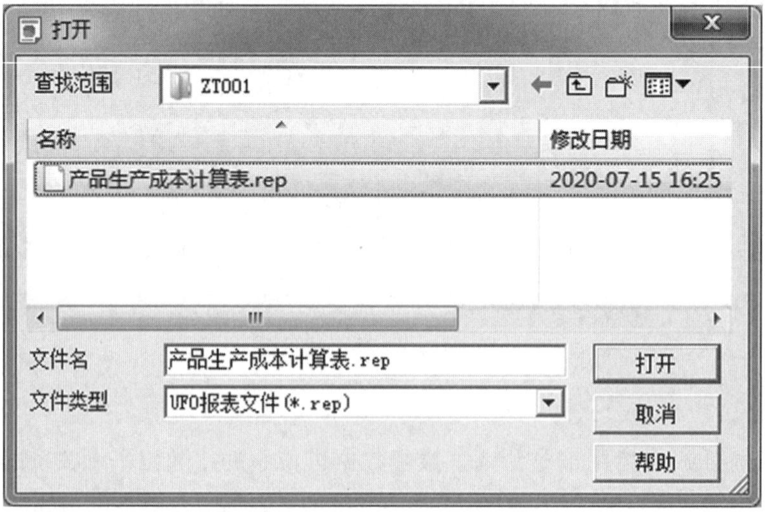

图10-16 选择自定义报表

2)输入数量值。依据实验资料在表中输入各自的数量。

3)输入关键字。执行"数据"中的"关键字"→"录入"命令,系统弹出"录入关键字"对话框,输入单位名称:阳光摩托配件加工厂,年2020,月1,日31,单击"确认"按钮,如图10-17所示,出现"是否重算第1页?"信息提示对话框,单击"是"按钮,系统会自动根据公式计算出数据,如图10-18所示。

图10-17 录入关键字

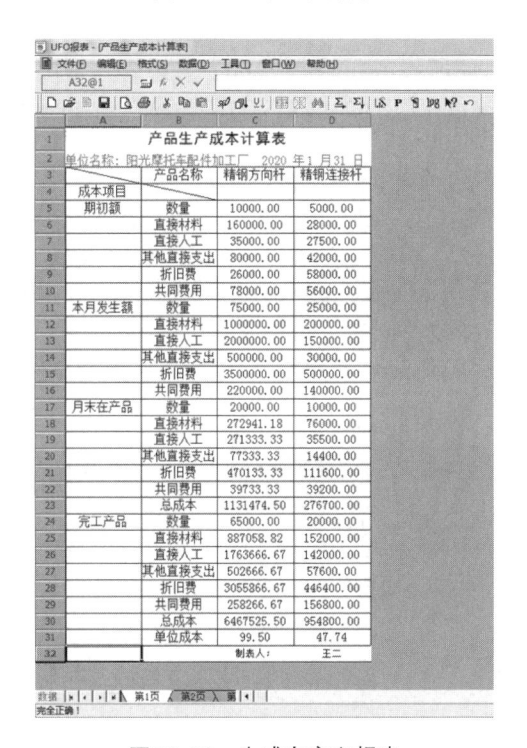

图10-18 生成自定义报表

4)报表审核公式操作。执行"数据"中的"审核"命令,系统会自动根据前面定义的审核公式进行审核,若不出现任何提示信息,表示该报表勾稽关系正确。

5)保存和打印报表。所有操作进行完毕后,保存报表文件,可根据需要选择相应报表或页面进行打印。

实验二　资产负债表和利润表的生成

【实验内容】

利用报表模板生成资产负债表与利润表

【实验资料】

用友新道ERPU8+V12.0的报表模板

【实验要求】

以账套主管"001"的身份进行UFO报表管理操作

【实验步骤与指导】

1.利用报表模板生成资产负债表(微课视频:10-3.MP4)

1)调用模板。在格式状态下,执行"格式"中的"报表模板"命令,系统弹出"报表模板"对话框,选择所在的行业为"2007年新会计制度科目",财务报表为"资产负债表",单击"确认"按钮,如图10-19所示,出现"模板格式将覆盖本表格式！是否继续？"信息提示对话框,单击"确定"按钮,如图10-20所示,即可打开"资产负债表"模板。

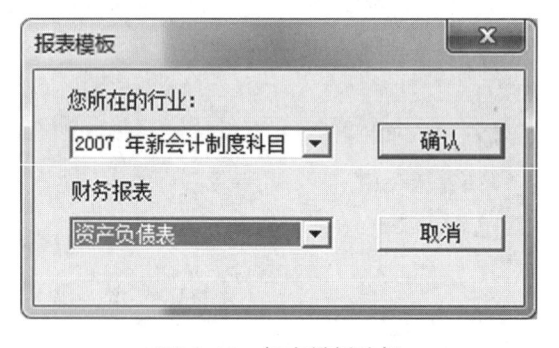

图10-19　报表模板选择

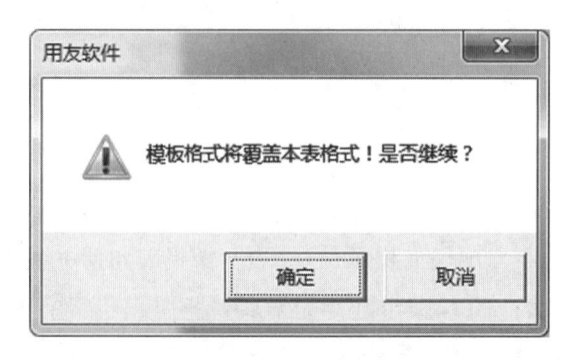

图10-20　模板格式覆盖

2)生成资产负债表数据。切换到数据状态,执行"数据"中的"关键字"→"录入"命令,系统弹出"录入关键字"对话框,输入年2020,月1,日31,单击"确认"按钮,如图10-21所示,出现"是否重算第1页?"信息提示对话框,单击"是"按钮,得到报表的计算结果,如图10-22所示。

图10-21 关键字设置

图10-22 利用模板生成报表

3)保存报表。选择"文件"中的"保存"命令,或单击工具栏上的"保存"按钮,保存生成的报表数据。

4)在调用模板时选择财务报表为"利润表",重复上述步骤生成利润表。

2.利用报表模板生成利润表

操作流程与利用报表模板生成资产负债表完成相同,不再复述。

实验三 现金流量表的定义与生成

【实验内容】

利用现金流量表模块编制现金流量表

【实验资料】

1.计算项目数据来源设置及说明

表 10-3

计算项目列	数据来源性质	说明
销售商品、提供劳务收到的现金	加第1数据来源	【凭证】借:现金 贷:主营业务收入,其他业务收入_材料销售,应收账款,应收票据,预收账款
	减第2数据来源	【凭证】借:主营业务收入,其他业务收入_材料销售,预收账款 贷:现金
收到税费返还	加第1数据来源	【凭证】借:现金 贷:应交税金_增值税(销项税额),营业税金及附加,营业外收入_税费返还,其他应收款_出口退税
收到的其他与经营活动有关的现金	加第1数据来源	【凭证】借:现金 贷:其他业务收入_固定资产出租,营业外收入_罚款收入,营业外收入_其他政府补助,其他应收款_租金
购买商品、接受劳务支付的现金	加第1数据来源	【凭证】借:材料采购,原材料 贷:现金
	加第2数据来源	【凭证】借:生产成本_直接人工 贷:现金
	加第3数据来源	【凭证】借:应付账款,应付票据,预付账款 贷:现金
	减第4数据来源	【凭证】借:现金 贷:材料采购,原材料,生产成本_直接人工,预付账款
支付给职工以及为职工支付的现金	加第1数据来源	【凭证】借:应付职工薪酬 贷:现金
	减第2数据来源	【凭证】借:应付职工薪酬 贷:现金(摘要中注明"在建工程人员")
支付的各项税费	加第1数据来源	【凭证】借:应交税金、管理费用_印花税 贷:现金
支付的其他与经营活动有关的现金	加第1数据来源	【凭证】借:管理费用_招待费 营业外支出_罚款支出 贷:现金

续表

计算项目列	数据来源性质	说明
收回投资所收到的现金	加第1数据来源	【凭证】借:现金 贷:交易性金融资产、其他债权投资、其他权益工具投资、长期股权投资
取得投资收益所收到的现金	加第1数据来源	【凭证】借:现金 贷:应收股利、应收利息、投资收益
处置固定资产、无形资产和其他长期资产而收到的现金	加第1数据来源	【凭证】借:现金 贷:固定资产清理
	加第2数据来源	【凭证】借:现金 贷:营业外收入_无形资产转让
	加第3数据来源	【凭证】借:现金 贷:其他应收款_赔付款
	减第4数据来源	【凭证】借:固定资产清理 贷:现金
收到的其他与投资活动有关的现金	加第1数据来源	【凭证】借:现金 贷:应收股利,应收利息 (摘要中注明"收回购买时支付的已宣告但尚未领取的现金股利或已到付息期但尚未领取的债券的利息")
购建固定资产、无形资产和其他长期资产所支付的现金	加第1数据来源	【凭证】借:固定资产、无形资产、在建工程 贷:现金
	加第2数据来源	【凭证】借:应付职工薪酬 贷:现金 (摘要中注明"在建工程人员")
投资所支付的现金	加第1数据来源	【凭证】借:交易性金融资产、其他债权投资、其他权益工具投资、长期股权投资 贷:现金
支付的其他与投资活动有关的现金	加第1数据来源	【凭证】借:应收股利,应收利息 贷:现金
吸收投资所收到的现金	加第1数据来源	【凭证】借:现金 贷:实收资本或股本,资本公积_股本溢价
	加第2数据来源	【凭证】借:现金 贷:应付债券
	减第3数据来源	【凭证】借:应付债券_利息调整 贷:现金
借款所收到的现金	加第1数据来源	【凭证】借:现金 贷:短期借款,长期借款
收到的其他与筹资活动有关的现金	加第1数据来源	【凭证】借:现金 贷:营业外收入_捐赠利得
偿还债务所支付的现金	加第1数据来源	【凭证】借:短期借款,长期借款_本金 贷:现金
	加第2数据来源	【凭证】借:应付债券_面值 贷:现金
分配股利、利润或偿付利息所支付的现金	加第1数据来源	【凭证】借:应付股利、应付利息 贷:现金
	加第2数据来源	【凭证】借:长期借款_应计利息,应付债券_应计利息 贷:现金
支付的其他与筹资活动有关的现金	加第1数据来源	【凭证】借:资本公积_股本溢价,长期应付款_分期付款 贷:现金
汇率变动对现金的影响额	加第1数据来源	系统将根据"汇率设置"中相应的设置自动完成

【实验步骤与指导】

（1）设置分析期间

启动现金流量表，系统弹出"现金流量表日期设置"对话框，选择"按月"单选按钮，设置分析期间：会计年度2020，1月至1月，如图10-23所示。

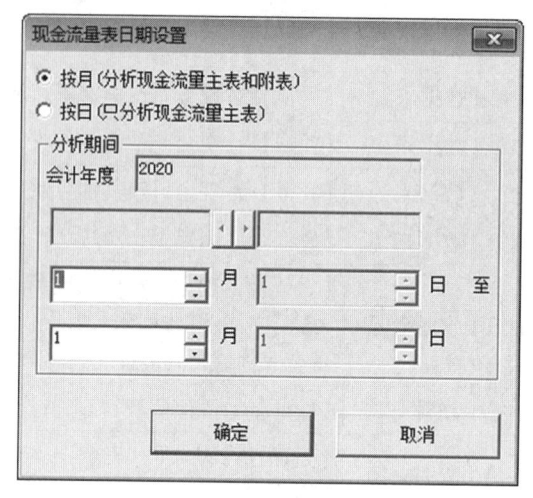

图10-23　分析期间设置

（2）选择会计制度

选择"初始化"的"模板选择"命令，系统弹出"选择会计制度"对话框，点击"新会计制度"单选按钮，点击"确定"，如图10-24所示。

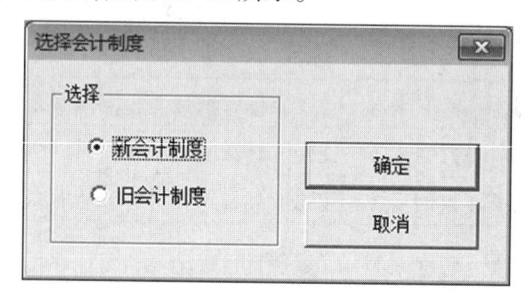

图10-24　会计制度选择

（3）定义科目

选择"初始化"的"基本科目设置"命令，如图10-25所示，点击"设置现金科目"选项，将待选科目中的库存现金、银行存款、其他货币资金选入已选科目，点击"确认"按钮，如图10-26所示。点击"设置应收科目"选项，将待选科目中的应收票据、应收账款、预收账款选入已选科目，点击"确认"按钮，如图10-27所示。点击"设置应付科目"选项，将待选科目中的预付账款、应付票据、应付账款选入已选科目，点击"确认"按钮，如图10-28所示。

注意：现金流量表要求企业将应收、应付账款中的货款和增值税款分别核算，并将其现金流入、流出填列到不同的项目中去，可很多企业并没有分别核算，因此需要由用户选择应收、应付科目。

但如果在账务系统中已经建立了应收、应付科目的价税明细科目进行核算，可跳过此步骤；如果在账务系统中没有建立应收应付科目的价税明细科目，则应该在此选择，系统将按在"税率设置"（见下一步）中指定的税率自动将选择的应收、应付科目的发生额分解成货款和税款。

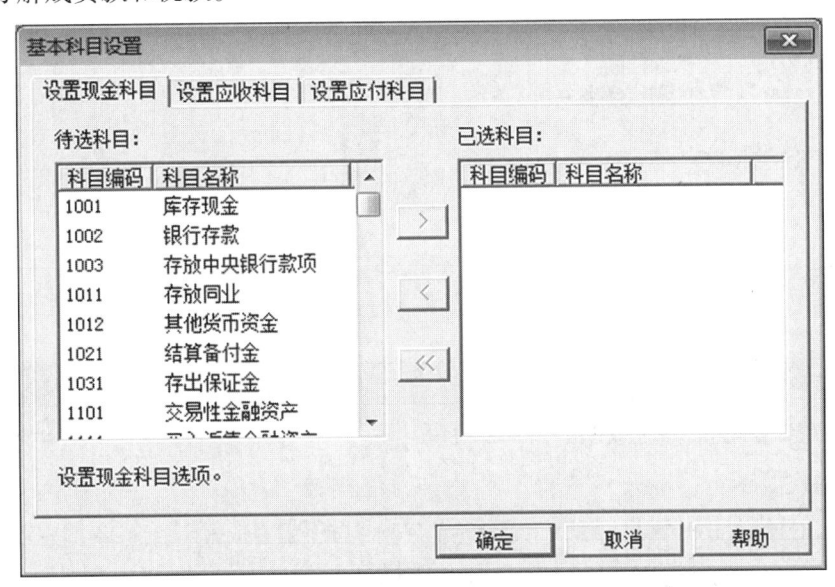

图10-25 基本科目设置

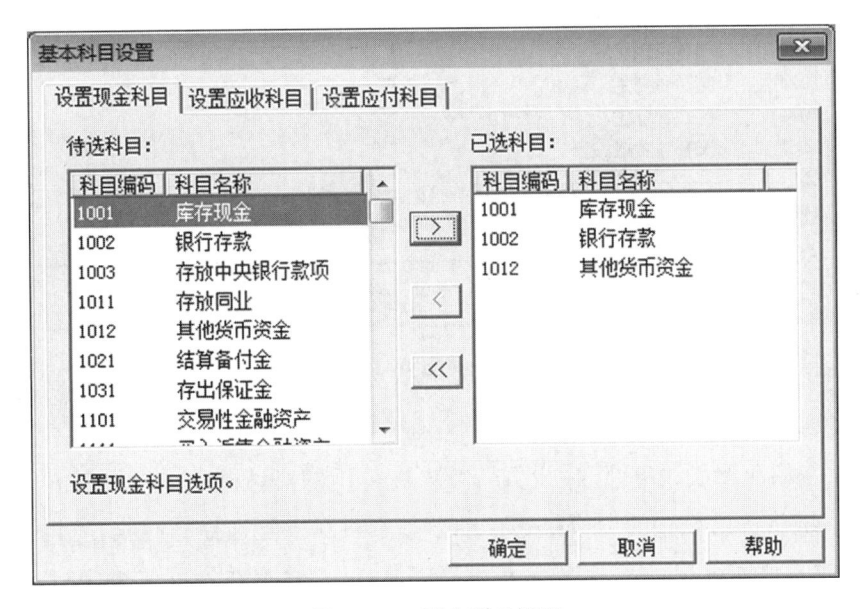

图10-26 现金科目设置

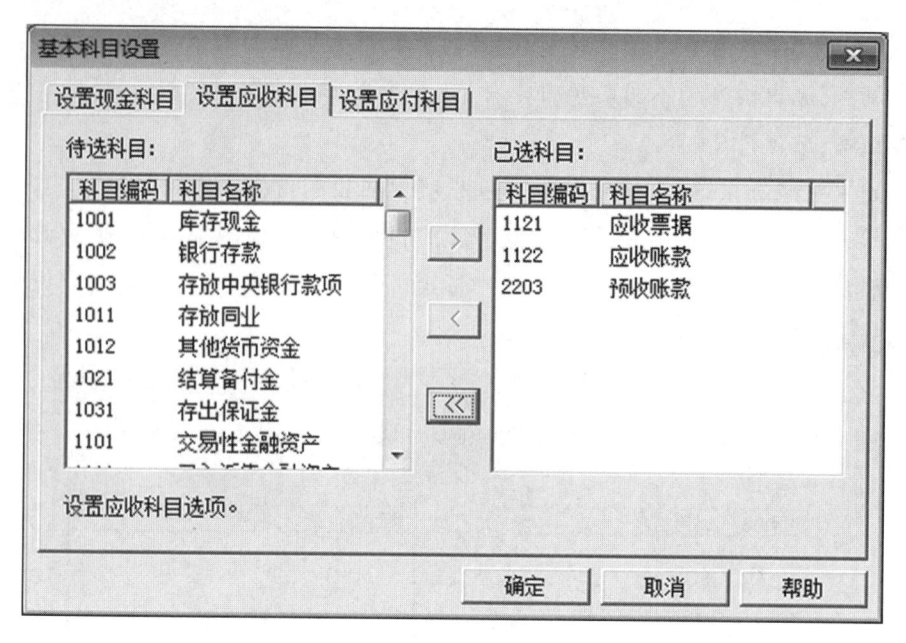

图10-27 应收科目设置

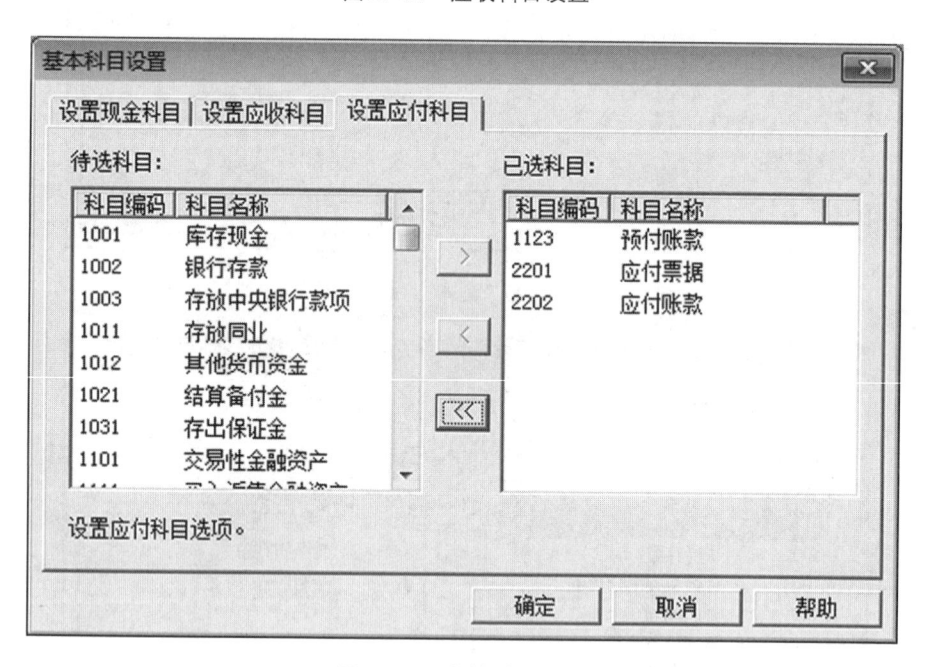

图10-28 应付科目设置

(4)税率及汇率设置

选择"初始化"的"税率、汇率设置"命令,在弹出的对话框中输入税率值,如图10-29所示,系统将按已设置的增值税率自动把基本科目设置选择的应收、应付科目的发生额分解成货款和税款。点击"设置汇率"选项,在"汇兑损益科目"中输入汇兑损益的科目代码,如图10-30所示。

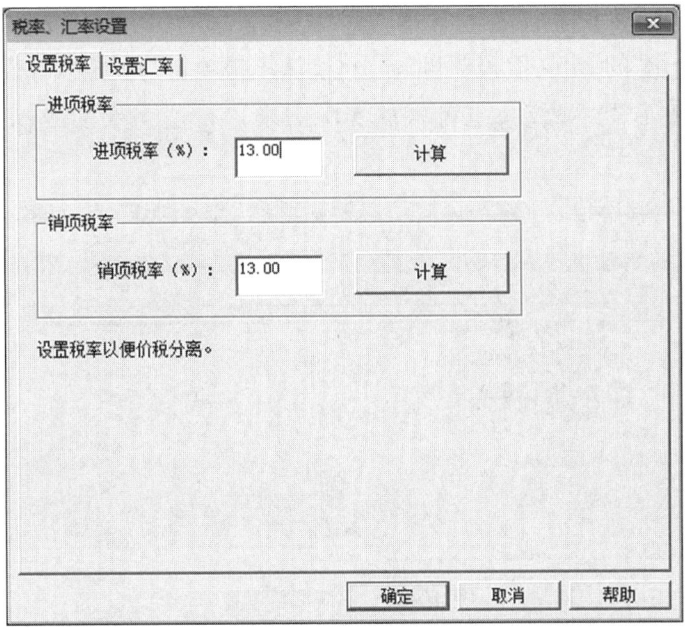

图 10-29 税率设置

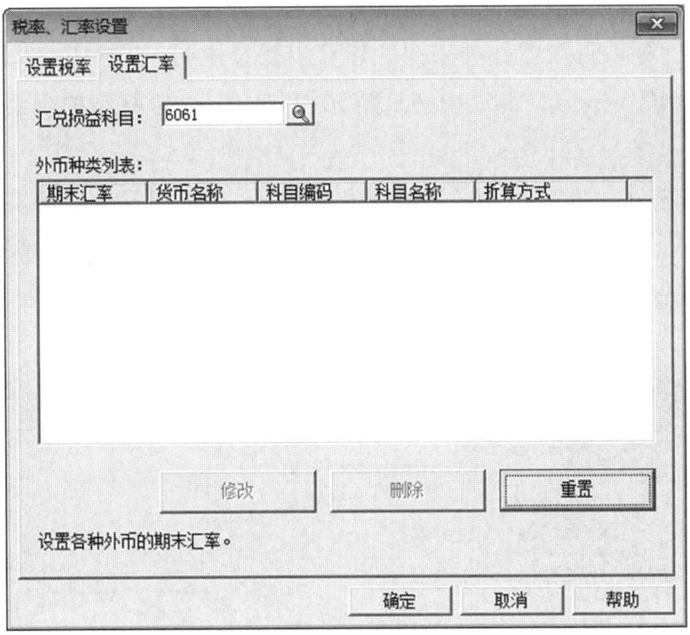

图 10-30 汇率设置

(5)拆分凭证

选择"初始化"的"拆分凭证"命令,将多贷多借凭证拆分为一借一贷、一借多贷或一贷多借的凭证。选择"凭证准备",系统将自动拆分"一借多贷"和"一贷多借"的凭证,自动进行"价税分离",最终把全部凭证拆分为"一借一贷"的形式。

(6)设置报表项目

选择"初始化"的"定义填报项目"命令,确认填报项目与要反映在现金流量表上的项目一致,一般不需要改动,也可根据实际需求进行适当增加或修改,如图10-31所示。

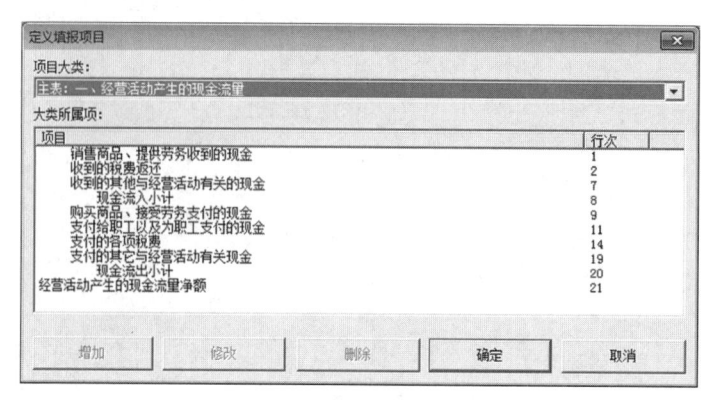

图10-31 报表项目设置

(7)设置项目公式

选择"初始化"的"定义计算项目来源"命令,为计算项目选择数据来源。根据实验资料为每一个计算项目设置数据来源的计算步骤及说明,如图10-32、图10-33所示,再按照说明进行凭证分析,如图10-34、图10-35所示,对于复杂的项目还可进行查账指定。

注意:数据来源中的"未定义"可将该计算步骤的所有设置重置清零。

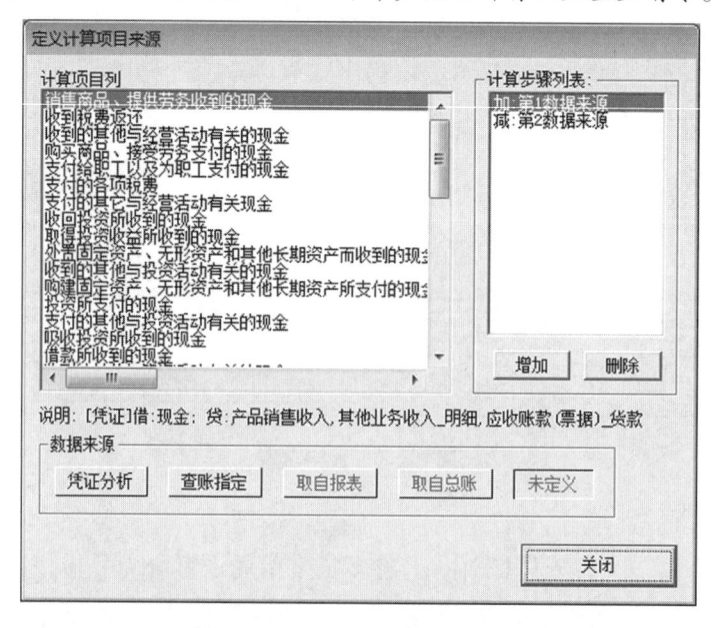

图10-32 计算步骤设置

· 242 ·

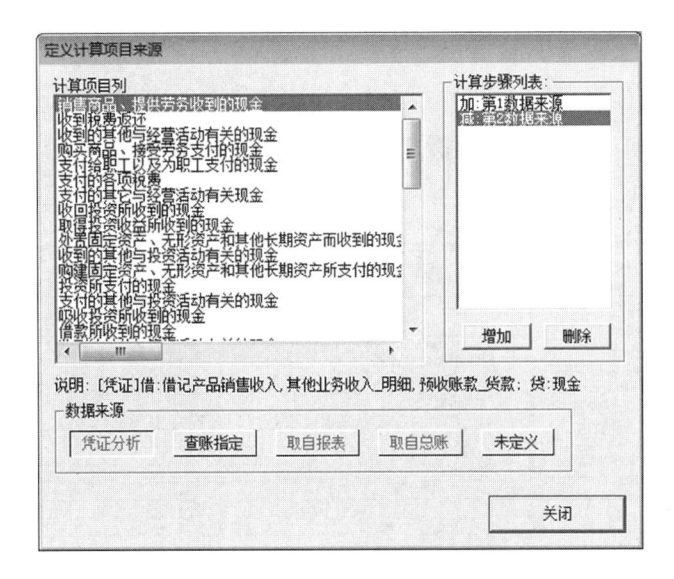

图 10-33　计算步骤设置

图 10-34　凭证分析

图 10-35　凭证分析

(8)生成现金流量表

选择"现金流量表"的"自动计算"命令,系统会根据以上设置自动生成现金流量表,如图10-36所示。若对自动计算的结果不满意,点击"手动调整",将部分或全部数据调整到正确的项目中。

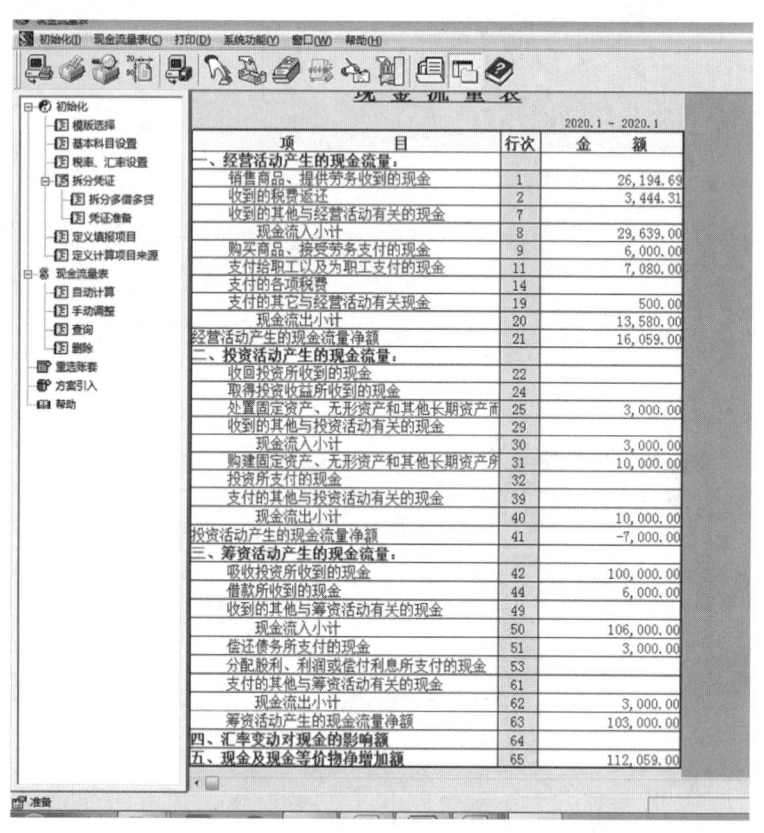

图10-36　生成现金流量表

(9)查询现金流量表

选择"现金流量表"的"查询"命令,输入日期,可查询特定日期的现金流量表。

第十一章 会计信息系统开发实例

本章实验目的

1. 了解会计信息系统开发阶段。
2. 掌握结构化开发方法。

本章实验准备

1. 阅读和学习管理信息系统开发相关理论和知识。
2. 本案例的系统规划、系统分析、系统设计阶段内容,因篇幅限制,在此省略。

本章实验环境

1. 操作系统:Windows 7等。
2. 软件系统:用友新道ERPU8+V12.0和Office,WPS办公软件。

实验一 业务流程与数据库构建

【实验内容】

1. 业务流程图
2. 用户表
3. 记账凭证表
4. 会计科目表
5. 凭证类别表
6. 账套简表
7. 账务选项表
8. 临时凭证表

【实验资料】

1. 会计核算工作流程如下。

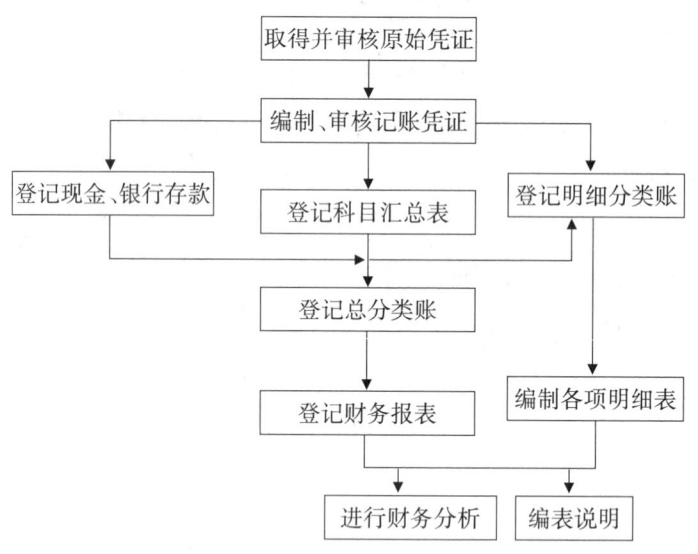

```
        取得并审核原始凭证
                │
                ▼
        编制、审核记账凭证
       ┌────────┼────────┐
       ▼        ▼        ▼
  登记现金、   登记科目    登记明细
  银行存款    汇总表      分类账
                │
                ▼
            登记总分类账
       ┌────────┴────────┐
       ▼                 ▼
   登记财务报表      编制各项明细表
       │                 │
       ▼                 ▼
   进行财务分析       编表说明
```

2. 用户表(YHB.DBF)

表 11-1

字段名	字段含义	类型	长度
YHM	用户名	C	16
KL	口令	C	10
YHLX	用户类型	C	10

· 246 ·

3. 记账凭证表(JZPZB.DBF)

表11-2

字段名	字段含义	类型	长度	小数位
PZLB	凭证类别	C	2	
PZBH	凭证编号	N	4	
RQ	凭证日期	D	8	
ZY	摘要	C	30	
JFDM1	借方科目代码1	C	16	
JFKM1	借方科目1	C	16	
JFJE1	借方金额1	N	10	2
J1SL	借1数量	N	8	2
JFDM2	借方科目代码2	C	16	
JFKM2	借方科目2	C	16	
JFJE2	借方金额2	N	10	2
JFDM3	借方科目代码3	C	16	
JFKM3	借方科目3	C	16	
JFJE3	借方金额2	N	10	2
DFDM1	贷方科目代码1	C	16	
DFKM1	贷方科目1	C	16	
D1SL	贷1数量	N	8	2
DFJE1	贷方金额1	N	10	2
DFDM2	贷方科目代码2	C	16	
DFKM2	贷方科目2	C	16	
DFJE2	贷方金额2	N	10	2
DFKM3	贷方科目3	C	16	
DFDM3	贷方科目代码3	C	16	
DFJE3	贷方金额3	N	10	2
JFHJ	借方合计	N	12	2
DFHJ	贷方合计	N	12	2
FJZS	附件张数	C	2	
ZDR	制单人	C	16	

续表

字段名	字段含义	类型	长度	小数位
CL	出纳	C	16	
SHR	审核人	C	16	
JZR	记账人	C	16	

4. 会计科目表（KJKMB.DBF）

表 11-3

字段名	字段含义	类型	长度	小数位
KMDM	科目代码	C	16	
KMMC	科目名称	C	60	
YEFX	余额方向	C	2	
QCFX	期初方向	C	2	
QCJE	期初金额	N	10	2
JFFSE	借方发生额	N	10	2
DFFSE	贷方发生额	N	10	2
YMYE	月末余额	N	10	2
QCSL	期初数量	N	10	2
BYZJL	本月增加量	N	10	2
BYJSL	本月减少量	N	10	2
YMSL	月末数量	N	10	2
JLDW	计量单位	C	10	
SLHS	数量核算	C	10	

5. 凭证类别表（PZLBB.DBF）

表 11-4

字段名	字段含义	类型	长度
PZZ	凭证字	C	16
PZLB	凭证类别	C	20
XZTJ	限制条件	C	10
XZKM1	限制科目1	C	16
XZKM2	限制科目2	C	16

6.账套简表(ztjb.dbf)

表 11-5

字段名	字段含义	类型	长度
ZTH	账套号	C	3
QYQJ	启用会计期间	D	8
HY	行业	C	10
DWMC	单位名称	C	40
DZ	地址	C	40
LXDH	联系电话	C	11
BZ	备注	C	10

7.账务选项表(zwxx.dbf)

表 11-6

字段名	字段含义	类型	长度
PZXSKZ	凭证序时控制	C	2
YHLXKZ	用户类型控制	C	2
PZZDBH	凭证自动编号	C	2

8.临时凭证表(lxpzb.dbf)

表 11-7

字段名	字段含义	类型	长度	小数位
zy	摘要	C	40	
Kjkm	会计科目	C	40	
kmdm	科目代码	C	16	
jfje	借方金额	N	8	2
dfje	贷方金额	N	8	2

【实验步骤与指导】

1.业务流程图

1)在我的计算机或资源管理器中,新建一个文件夹:D:\会计信息系统实习(班级)\自己的姓名及学号。用于存放本实验相关文件。

2)在WORD软件中,新建一个WORD文件,并保存命名为我的会计工作流程图→完成后,单击插入菜单页面→选择相关形状,并根据资料,画出会计工作流程图。

2.用户表

找到VFP6主程序并双击→文件→新建→如图11-1所示,选择表,然后单击新建文件→选择前述相应文件夹D:\会计信息系统实习(班级)\自己的姓名及学号,输入文件名为:用户表→确定→进入表结构输入界面,如图10-2所示→根据资料输入相关表结构(微课视频:11-1.MP4)。

11-1

完成后,系统提示是否输入记录→选择是,新增两条记录,第一条记录对应的用户名、口令和用户类型为:自己姓名、口令自设、管理员;第二条记录为:001,001,普通用户。

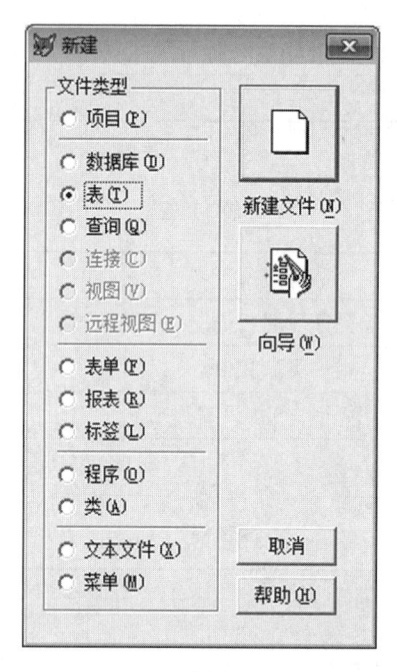

图11-1 新建表文件

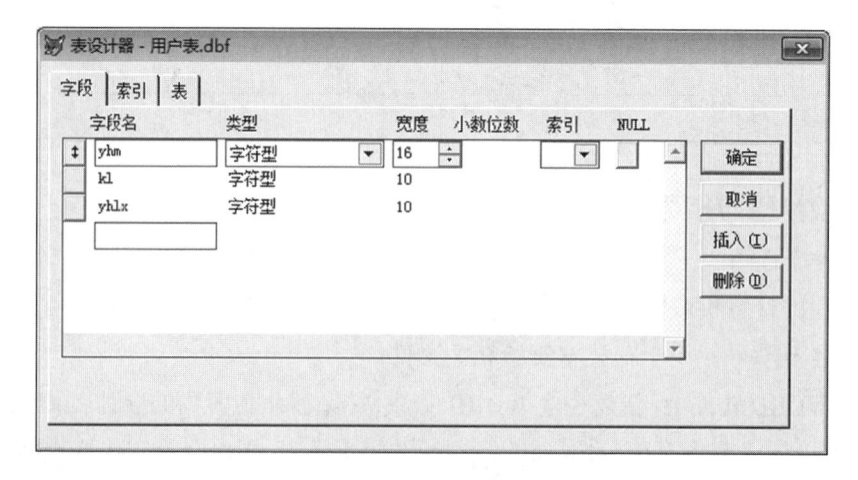

图11-2 表结构

3.记账凭证表

这表的建立与用户表建立类似,不再复述。此表暂不需要增加记录。

4.会计科目表

这表的建立与用户表建立类似,不再复述。此表需要增加记录,具体记录如下表所示。

说明:未列示字段,相应值默认为空;金额暂时不录入,可以后面初始余额表单中录入。

表 11-8

科目代码	科目名称	余额方向	期初方向	期初金额	期初数量	计量单位
1001	库存现金	借	借	1 000		
1002	银行存款	借	借	50 000		
1122	应收账款	借	借	0		
1403	原材料	借	借	30 000		
140301	原材料——A材料	借	借	10 000	500	公斤
140302	原材料——B材料	借	借	20 000	1 000	公斤
1601	固定资产	借	借	200 000		
1602	累计折旧	贷	贷	20 000		
2201	短期借款	贷	贷	5 000		
2202	应付账款	贷	贷	15 000		
22210101	应交税费——应交增值税(进项)	借	借	0		
22210106	应交税费——应交增值税(销项)	贷	贷	0		
4001	实收资本	贷	贷	271 000		
5001	生产成本	借	借	0		
6001	主营业务收入	贷	贷	0		
6002	主营业务成本	借	借	0		
6601	销售费用	借	借	0		
6602	管理费用	借	借	0		
6603	财务费用	借	借	0		

5.凭证类别表

这表的建立与用户表建立类似,不再复述。此表需要增加记录,具体记录如下表所示。

表 11-9

凭证字	凭证类别	限制条件	限制科目1	限制科目2
收	收款凭证	借方必有	1001	1002
付	付款凭证	贷方必有	1001	1002
转	转账凭证	借贷必无	1001	1002

6.账套简表

这表的建立与用户表建立类似，不再复述。此表需要增加记录，具体记录如下表所示。

表 11-10

账套号	启用会计期间	行业	单位名称	地址	电话	备注
001	01/01/2012	工业	缙云食品厂	重庆北碚歇马镇001号	13512345678	演示账套

7.账务选项表(zwxx.dbf)

表 11-11

凭证序时控制	用户类型控制	凭证自动编号
是	是	是

8.临时凭证表

实验二　表单设计

【实验内容】

1.登录表单

2.用户管理表单

3.系统说明表单

4.注销表单

5.会计科目维护表单

6.账务选项表单

7.期初余额录入表单

8.期初试算平衡表单

9.填制凭证表单

10. 出纳签字表单

11. 审核表单

12. 记账表单

13. 凭证查询表单

14. 分类账查询表单

【实验资料】

1. 登录表单

（1）表单的 Load 事件

PUBlic i

i=0

（2）Command1 的 Click 事件

Sele 1

USE D:\会计信息系统实习\ztjb.dbf

locate for ALLTRIM（zth）= ALLTRIM（Thisform.text1.Value）

If found（）

Else

=MESSAGEBOX（"无此账套号","信息窗口"）

Endif

Sele 2

USE D:\会计信息系统实习\kL.dbf

if i<3

LOCATE FOR ALLTRIM（yhm）= ALLTRIM（Thisform.text2.Value）

IF FOUND（）.AND. alltrim（kl）= alltrim（thisform.text3.Value）

do D:\会计信息系统实习\简易账务处理系统.mpr

ELSE

yn = messagebox（'无此用户或密码错误！','信息窗口"）

i=i+1

endif

else

=messagebox（'你已超过三次,是非法用户','信息窗口'）

 close all

 thisform.release

quit

endif

Thisform.text1.SetFocus( )

thisform.refresh( )

（3）Command2.Click 事件

thisform.release

2．用户管理表单

（1）Command1 的 Click 事件。

USE D:\会计信息系统实习\yhb.dbf EXCLUSIVE

yn=messagebox（'真的要增加吗？',4+48,'信息窗'）

if yn=6

locate for ALLTRIM(yhm) = ALLTRIM(Thisform.text1.Value)

If found( )

=MESSAGEBOX("已有相同用户号","信息窗")

Else

appe blan

repl yhm with thisform.text1.value

repl kl with thisform.text2.value

repl yhlx with thisform.text3.value

messagebox('增加成功','信息窗')

endif

else

thisform.text1.value=''

thisform.text2.value=''

thisform.text3.value=''

endif

use

thisform.refresh( )

（2）Command2.Click 事件

USE D:\会计信息系统实习\yhb.dbf EXCLUSIVE

yn=messagebox（'真的要删除吗？',4+48,'信息窗'）

if yn=6

locate for ALLTRIM(yhm) = ALLTRIM(Thisform.text1.Value)

If found()

dele

esle

=MESSAGEBOX("无此用户","信息窗")

endif

else

thisform.text1.value=""

thisform.text2.value=""

thisform.text3.value=""

endif

use

thisform.refresh()

(3)Command3.Click事件

thisform.release

3.系统说明表单

无须程度代码。

4.注销表单

程序代码与登录表单相同。

5.会计科目维护表单

(1)List1的Init事件代码

thisform.List1.additem("借")

thisform.List1.additem("贷")

(2)Combo1的Rowsourcetype属性设为值

Rowsource属性为:是,否

(3)Command1.Click事件

set talk off

USE D:\会计信息系统实习\kjkmb.dbf EXCLUSIVE

locate for ALLTRIM(kmdm) = ALLTRIM(Thisform.text1.Value)

If found()

=MESSAGEBOX("已有相同会计科目,请重新输入或放弃","信息窗")

Else

appe blan

repl kmdm with thisform.text1.value

repl kmmc with thisform.text2.value

repl yefx with thisform.List1.displayvalue

repl slhs with thisform.Combo1.displayvalue

repl jldw with thisform.text3.value

messagebox('保存成功','信息窗')

endif

use

thisform.refresh( )

（4）Command2.Click事件

USE D:\会计信息系统实习\kjkmb.dbf EXCLUSIVE

locate for ALLTRIM(kmdm) = ALLTRIM(Thisform.text1.Value)

If found( )

=MESSAGEBOX("已有相同会计科目,请重新输入或放弃","信息窗")

Else

appe blan

repl kmdm with thisform.text1.value

repl kmmc with thisform.text2.value

repl yefx with thisform.List1.displayvalue

repl slhs with thisform.Combo1.displayvalue

repl jldw with thisform.text3.value

messagebox('保存成功','信息窗')

thisform.text1.value=''

thisform.text2.value=''

thisform.text3.value=''

thisform.List1.displayvalue=""

thisform.Combo1.displayvalue=""

endif

use

thisform.refresh( )

（5）Command3.Click事件

thisform.release

6.账务选项表单

（1）表单的Init代码

SET TALK OFF

thisform.check1.enabled=.F.

thisform.check2.enabled=.F.

thisform.check3.enabled=.F.

（2）Command1.Click事件

thisform.check1.enabled=.T.

thisform.check2.enabled=.T.

thisform.check3.enabled=.T.

（3）Command2.Click事件

if thisform.check1.value=1

y1='是'

else

y1='否'

endif

if thisform.check2.value=1

y2='是'

else

y2='否'

endif

if thisform.check3.value=1

y3='是'

else

y2='否'

endif

USE e:\会计信息系统开发\zwxx.dbf EXCLUSIVE

go top

loca for pzxskz=y1 .and. yhlxkz=y2 .and. pzzdbh=y3

if found( )

=MESSAGEBOX("选项信息没有改动","信息窗口")

else

repl pzxskz with y1

repl yhlxkz with y2

repl pzzdbh with y3

=MESSAGEBOX("信息改动成功","信息窗口")

use

endif

（4）Command2.Click事件

thisform.release

7.期初余额录入表单

（1）表单的Init代码

thisform.grid1.enabled=.f.

thisform.refresh

（2）Command1.Click事件

thisform.grid1.enabled=.T.

（3）Command2.Click事件

=MESSAGEBOX("信息保存成功","信息窗口")

thisform.refresh

（4）Command3.Click事件

thisform.release

8.期初试算平衡表单

（1）Command1.Click事件

jfhj=0

dfhj=0

USE D:\会计信息系统实习\kjkmb.dbf EXCLUSIVE

go top

scan

if len(alltrim(kmdm))=4

if qcfx='是'

jfhj=jfhj+qcje

else

dfhj=dfhj+qcje

endif

endif

endscan

if jfhj=dfhj

=MESSAGEBOX("祝贺,期初试算成功！","信息窗口")

else

=MESSAGEBOX("对不起,期初试算不平衡,请检查错误！","信息窗口")

Endif

(2)Command2.Click 事件

thisform.release

9.填制凭证表单

(1)表单的 Init 代码

thisform.grid1.enabled=.f.

thisform.Combo1.enabled=.f.

thisform.text1.enabled=.f.

thisform.text2.enabled=.f.

thisform.text3.enabled=.f.

thisform.text7.enabled=.f.

(2)表单的 Load 代码

sele 1

USE d:\会计信息系统实习\lspzb.dbf EXCLUSIVE

(3)Command1(增加)的 Click 事件

thisform.grid1.enabled=.t.

thisform.Combo1.enabled=.t.

thisform.grid1.allowaddnew=.t.

thisform.text1.enabled=.t.

thisform.text2.enabled=.t.

thisform.text3.enabled=.t.

thisform.text7.enabled=.t.

i=0

sele 1

zap

appe blan

appe blan

appe blan

appe blan

appe blan

appe blan

```
thisform.grid1.visible=.t.
thisform.grid1.refresh
sele 3
use d:\会计信息系统实习\zwxx.dbf
go top
if pzzdbh="是"
sele 2
D:\会计信息系统实习\jzpzb.dbf EXCLUSIVE
go top
scan
if val(pzbh)>0
i=i+1
endif
endscan
i=i+1
k=alltrim(str(i,3,0))
thisform.text3.value='总字第'+k+'号'
use
else
thisform.text3.enabled=.t.
endif
sele 1
go top
```

（4）Command2（保存）的Click事件

```
sele 1
jfhj001=0
dfhj001=0
zy01=''
pzlb01=thisform.Combo1.displayvalue
set date to ansi
rq01=ctod(alltrim(thisform.text1.value))
zdr01=thisform.text7.value
fjzs01=thisform.text2.value
```

```
if len(thisform.text3.value)=9
pzbh01=substr(thisform.text3.value,7,1)
endif
if len(thisform.text3.value)=10
pzbh01=substr(thisform.text3.value,7,2)
endif
if len(thisform.text3.value)=11
pzbh01=substr(thisform.text3.value,7,3)
endif
fjzs01=thisform.text2.value
zdr01=thisform.text7.value
go top
zy01=zy
scan
if jfje=0 .and. dfje=0
else
if jfje>0
jfhj001=jfhj001+jfje
else
dfhj001=dfhj001+dfje
endif
endif
if jfje>0 .and. recn()=1
jfdm101=kmdm
jfkm101=kjkm
jfje101=jfje
pdbs=1
endif
if jfje>0 .and. recn()=2
jfdm201=kmdm
jfkm201=kjkm
jfje201=jfje
pdbs=1
```

```
else
    jfdm201=""
    jfkm201=""
    jfje201=0
endif
if jfje>0 .and. recn( )=3
    jfdm301=kmdm
    jfkm301=kjkm
    jfje301=jfje
    pdbs=1
else
    jfdm301=""
    jfkm301=""
    jfje301=0
endif
if dfje>0 .and. pdbs=1
    dfdm101=kmdm
    dfkm101=kjkm
    dfje101=dfje
    pdbs=2
endif
if dfje>0 .and. pdbs=2
    dfdm201=kmdm
    dfkm201=kjkm
    dfje201=dfje
    pdbs=3
else
    dfdm201=""
    dfkm201=""
    dfje201=0
endif
if dfje>0 .and. pdbs=3
    dfdm301=kmdm
```

```
dfkm301=kjkm
dfje301=dfje
pdbs=4
else
dfdm301=""
dfkm301=""
dfje301=0
endif
endscan
if jfhj001=dfhj001
sele 2
USE D:\会计信息系统实习\jzpzb.dbf EXCLUSIVE
appe blan
repl pzlb with pzlb01
repl rq with rq01
repl pzbh with pzbh01
repl zy with zy01
repl zdr with zdr01
repl fjzs with fjzs01
repl jfdm1 with jfdm101
repl jfdm2 with jfdm201
repl jfdm3 with jfdm301
repl dfdm1 with dfdm101
repl dfdm2 with dfdm201
repl dfdm3 with dfdm301
repl jfkm1 with jfkm101
repl jfje1 with jfje101
repl jfkm2 with jfkm201
repl jfje2 with jfje201
repl jfkm3 with jfkm301
repl jfje3 with jfje301
repl dfkm1 with dfkm101
repl dfje1 with dfje101
```

repl dfkm2 with dfkm201

repl dfje2 with dfje201

repl dfkm3 with dfkm301

repl dfje3 with dfje301

else

=messagebox('借贷不等,请重新输入',"信息窗口")

endif

use

sele 1

thisform.grid1.visible=.t.

thisform.grid1.setfocus

thisform.refresh

(5)日期对应的Text1的Lostfocus代码

sele 2

USE d:\会计信息系统实习\jzpzb.dbf EXCLUSIVE

go bottom

set date ansi

kk=dtoc(rq)

mm=val(kk)

zz=ctod(alltrim(thisform.text1.value))

zz1=dtoc(zz)

zz2=val(zz1)

if zz2<mm

=messagebox("凭证不序时,请重新输入日期","信息窗口")

endif

sele 1

(6)Command3(退出)的Click事件

thisform.release

10.出纳签字表单

(1)表单的Init代码

thisform.text1.enabled=.f.

thisform.text2.enabled=.f.

thisform.text3.enabled=.f.

thisform.text4.enabled=.f.

thisform.text7.enabled=.f.

thisform.text5.enabled=.f.

thisform.text6.enabled=.t.

thisform.grid1.enabled=.f.

thisform.Combo1.enabled=.f.

(2)表单的Load代码

sele 2

USE D:\会计信息系统实习\jzpzb.dbf EXCLUSIVE

go top

sele 1

USE D:\会计信息系统实习\lspzb.dbf EXCLUSIVE

(3)上一张(Command4)的Click事件

sele 2

skip −1

pbz=pzlb

set date to ansi

rq01=dtoc(rq)

pzbh01=alltrim(pzbh)

fjzs01=fjzs

zy01=zy

jfkm101=jfkm1

jfje101=jfje1

jfkm201=jfkm2

jfje201=jfje2

jfkm301=jfkm3

jfje301=jfje3

dfkm101=dfkm1

dfje101=dfje1

dfkm201=dfkm2

dfje201=dfje2

dfkm301=dfkm3

dfje301=dfje3

cl01=cl

zdr01=zdr

shr01=shr

if bof( )=.t.

thisform.Command5.enabled=.t.

thisform.Command4.enabled=.f.

else

thisform.Command4.enabled=.t.

endif

cl11=cl

if clll=''

thisform.Command1.enabled=.t.

thisform.Command2.enabled=.t.

else

thisform.Command1.enabled=.f.

endif

sele 1

thisform.Combo1.displayvalue=pbz

thisform.text1.value=rq01

thisform.text3.value="总字第"+pzbh01+"号"

thisform.text2.value=fjzs01

thisform.text5.value=shr01

thisform.text6.value=cl01

thisform.text7.value=zdr01

appe blan

appe blan

appe blan

appe blan

appe blan

appe blan

go top

if jfje101>0

repl zy with zy01

```
repl kjkm with jfkm101
repl jfje with jfje101
skip 1
endif
if jfje201>0
repl kjkm with jfkm201
repl jfje with jfje201
skip 1
endif
if jfje301>0
repl kjkm with jfkm301
repl jfje with jfje301
skip 1
endif
if dfje101>0
repl kjkm with dfkm101
repl dfje with dfje101
skip 1
endif
if dfje201>0
repl kjkm with dfkm201
repl dfje with dfje201
skip 1
endif
if dfje301>0
repl kjkm with dfkm301
repl dfje with dfje301
endif
if pbz='收' or pbz='付'
thisform.Command1.enabled=.t.
else
thisform.Command1.enabled=.f.
endif
```

thisform.refresh

(4)下一张(Command5)的 Click 事件

sele 2

skip 1

pbz=pzlb

set date to ansi

rq01=dtoc(rq)

pzbh01=alltrim(pzbh)

fjzs01=fjzs

zy01=zy

jfkm101=jfkm1

jfje101=jfje1

jfkm201=jfkm2

jfje201=jfje2

jfkm301=jfkm3

jfje301=jfje3

dfkm101=dfkm1

dfje101=dfje1

dfkm201=dfkm2

dfje201=dfje2

dfkm301=dfkm3

dfje301=dfje3

cl01=cl

zdr01=zdr

shr01=shr

jzr01=jzr

if eof( )=.t.

thisform.Command5.enabled=.f.

else

thisform.Command5.enabled=.t.

endif

if bof( )=.f.

thisform.Command4.enabled=.t.

```
endif
cl11=cl
if clll=''
thisform.Command1.enabled=.t.
thisform.Command2.enabled=.t.
else
thisform.Command1.enabled=.f.
endif
sele 1
thisform.Combo1.displayvalue=pbz
thisform.text1.value=rq01
thisform.text3.value="总字第"+pzbh01+"号"
thisform.text2.value=fjzs01
thisform.text5.value=shr01
thisform.text6.value=cl01
thisform.text7.value=zdr01
appe blan
appe blan
appe blan
appe blan
appe blan
go top
if jfje101>0
  repl zy with zy01
  repl kjkm with jfkm101
  repl jfje with jfje101
  skip 1
endif
if jfje201>0
  repl kjkm with jfkm201
  repl jfje with jfje201
  skip 1
endif
```

if jfje301>0

repl kjkm with jfkm301

repl jfje with jfje301

skip 1

endif

if dfje101>0

repl kjkm with dfkm101

repl dfje with dfje101

skip 1

endif

if dfje201>0

repl kjkm with dfkm201

repl dfje with dfje201

skip 1

endif

if dfje301>0

repl kjkm with dfkm301

repl dfje with dfje301

endif

if pbz='收' or pbz='付'

thisform.Command1.enabled=.t.

else

thisform.Command1.enabled=.f.

endif

thisform.refresh

(5)出纳签字(Command1)的 Click 事件

sele 2

cl11=cl

if cl11=''

repl cl with alltrim(thisform.text6.value)

thisform.Command2.enabled=.t.

thisform.Command1.enabled=.f.

else

=messagebox('不能对已签字的凭证进行再次出纳签字',"信息窗口")

endif

sele 1

(6)取消签字(Command2)的 Click 事件

sele 2

repl cl with ""

thisform.text5.value=''

thisform.Command2.enabled=.t.

thisform.Command1.enabled=.f.

thisform.refresh

sele 1

(7)退出(Command3)的 Click 事件

thisform.release

11.审核表单

(1)表单的Init代码

thisform.text6.enabled=.f.

thisform.text5.enabled=.t.

其他的与出纳表单的Init代码相同,不再复述。

(2)表单的load代码

与出纳表单的Load代码相同,不再复述

(3)上一张(Command4)的 Click 事件

与出纳表单的上一张(Command4)的 Click 事件类似,不再复述

(4)下一张(Command5)的 Click 事件

与出纳表单的上一张(Command4)的 Click 事件类似,不再复述

(5)审核(Command1)的 Click 事件

sele 2

shr11=shr

if shr11=''

repl shr with alltrim(thisform.text5.value)

thisform.Command2.enabled=.t.

thisform.Command1.enabled=.f.

else

=messagebox('不能审核他人已审核凭证',"信息窗口")

endif

sele 1

(6)弃审(Command2)的 Click 事件

sele 2

repl shr with ""

thisform.text5.value=''

thisform.Command2.enabled=.t.

thisform.Command1.enabled=.f.

thisform.refresh

sele 1

(7)退出(Command3)的 Click 事件

thisform.release

12.记账表单

(1)表单的 Init 代码

thisform.text1.enabled=.f.

thisform.text2.enabled=.f.

thisform.text3.enabled=.f.

thisform.text4.enabled=.t.

thisform.text7.enabled=.f.

thisform.text5.enabled=.f.

thisform.text6.enabled=.f.

thisform.grid1.enabled=.f.

thisform.Combo1.enabled=.f.

(2)表单的 Load 代码

sele 3

USE D:\会计信息系统实习\kjkmb.dbf EXCLUSIVE

sele 2

USE D:\会计信息系统实习\jzpzb.dbf EXCLUSIVE

go top

sele 1

USE D:\会计信息系统实习\lspzb.dbf EXCLUSIVE

(3)上一张(Command4)的 Click 事件

与出纳表单的上一张(Command4)的 Click 事件类似,不再复述

(4)下一张(Command5)的 Click 事件

与出纳表单的上一张(Command4)的 Click 事件类似,不再复述

(5)单张记账(Command2)的 Click 事件

```
sele 2
jzr11=jzr
if jzr11=''
repl jzr with alltrim(thisform.text4.value)
thisform.Command2.enabled=.f.
thisform.Command1.enabled=.t.
else
=messagebox('不能对已记账凭证进行再次记账',"信息窗口")
endif
jfdm101=jfdm1
jfdm201=jfdm2
jfdm301=jfdm3
dfdm101=dfdm1
dfdm201=dfdm2
dfdm301=dfdm3
jfkm101=jfkm1
jfje101=jfje1
jfkm201=jfkm2
jfje201=jfje2
jfkm301=jfkm3
jfje301=jfje3
dfkm101=dfkm1
dfje101=dfje1
dfkm201=dfkm2
dfje201=dfje2
dfkm301=dfkm3
dfje301=dfje3
sele 3
go top
loca for kmdm=jfdm101
```

```
if found( )
   repl jffse with jffse+jfje101
endif
if jfje201>0
   go top
   loca for kmdm=jfdm201
   if found( )
      repl jffse with jffse+jfje201
   endif
endif
if jfje301>0
   go top
   loca for kmdm=jfdm301
   if found( )
      repl jffse with jffse+jfje301
   endif
endif
go top
loca for kmdm=dfdm101
if found( )
   repl dffse with dffse+dfje101
endif
if dfje201>0
   go top
   loca for kmdm=jfdm301
   if found( )
      repl dffse with dffse+dfje201
   endif
endif
if dfje301>0
   go top
   loca for kmdm=dfdm301
   if found( )
```

repl dffse with dffse+dfje301

endif

endif

sele 1

(6)取消记账(Command2)的 Click 事件

sele 2

repl jzr with ""

thisform.text5.value=''

thisform.Command2.enabled=.t.

thisform.Command1.enabled=.f.

thisform.refresh

jfdm101=jfdm1

jfdm201=jfdm2

jfdm301=jfdm3

dfdm101=dfdm1

dfdm201=dfdm2

dfdm301=dfdm3

jfkm101=jfkm1

jfje101=jfje1

jfkm201=jfkm2

jfje201=jfje2

jfkm301=jfkm3

jfje301=jfje3

dfkm101=dfkm1

dfje101=dfje1

dfkm201=dfkm2

dfje201=dfje2

dfkm301=dfkm3

dfje301=dfje3

sele 3

go top

loca for kmdm=jfdm101

if found( )

```
repl jffse with jffse-jfje101
endif
if jfje201>0
go top
loca for kmdm=jfdm201
if found( )
repl jffse with jffse-jfje201
endif
endif
if jfje301>0
go top
loca for kmdm=jfdm301
if found( )
repl jffse with jffse-jfje301
endif
endif
go top
loca for kmdm=dfdm101
if found( )
repl dffse with dffse-dfje101
endif
if dfje201>0
go top
loca for kmdm=jfdm301
if found( )
repl dffse with dffse-dfje201
endif
endif
if dfje301>0
go top
loca for kmdm=dfdm301
if found( )
repl dffse with dffse-dfje301
endif
```

endif

sele 1

(7)退出(Command3)的 Click 事件

thisform.release

13.凭证查询表单

(1)表单的 Init 代码

thisform.text1.enabled=.f.

thisform.text2.enabled=.f.

thisform.text3.enabled=.f.

thisform.text4.enabled=.f.

thisform.text7.enabled=.f.

thisform.text5.enabled=.f.

thisform.text6.enabled=.f.

thisform.grid1.enabled=.f.

thisform.Combo1.enabled=.f.

(2)表单的 Load 代码

sele 2

USE D:\会计信息系统实习\jzpzb.dbf EXCLUSIVE

go top

sele 1

USE D:\会计信息系统实习\lspzb.dbf EXCLUSIVE

(3)Command1 的 Click 代码

sele 2

cxh=alltrim(thisform.text8.value)

loca for pzbh=cxh

if found( )

pbz=pzlb

set date to ansi

rq01=dtoc(rq)

pzbh01=alltrim(pzbh)

fjzs01=fjzs

zy01=zy

jfkm101=jfkm1

jfje101=jfje1

jfkm201=jfkm2

jfje201=jfje2

jfkm301=jfkm3

jfje301=jfje3

dfkm101=dfkm1

dfje101=dfje1

dfkm201=dfkm2

dfje201=dfje2

dfkm301=dfkm3

dfje301=dfje3

cl01=cl

zdr01=zdr

shr01=shr

jzr01=jzr

sele 1

thisform.Combo1.displayvalue=pbz

thisform.text1.value=rq01

thisform.text3.value="总字第"+pzbh01+"号"

thisform.text2.value=fjzs01

thisform.text5.value=shr01

thisform.text6.value=cl01

thisform.text7.value=zdr01

thisform.text4.value=jzr01

appe blan

appe blan

appe blan

appe blan

appe blan

go top

if jfje101>0

repl zy with zy01

repl kjkm with jfkm101

repl jfje with jfje101

skip 1

endif

if jfje201>0

repl kjkm with jfkm201

repl jfje with jfje201

skip 1

endif

if jfje301>0

repl kjkm with jfkm301

repl jfje with jfje301

skip 1

endif

if dfje101>0

repl kjkm with dfkm101

repl dfje with dfje101

skip 1

endif

if dfje201>0

repl kjkm with dfkm201

repl dfje with dfje201

skip 1

endif

if dfje301>0

repl kjkm with dfkm301

repl dfje with dfje301

endif

else

=messagebox("查无此凭证,请重新输入","信息窗口")

endif

thisform.refresh

(4)Command2 的 Click 代码

thisform.release

14. 分类账查询表单

（1）Command1 的 Click 代码

tt=alltrim(thisform.text1.value)

if left(tt,1)="1" or left(tt,1)="4"

lbpd=1

else

lbpd=0

endif

sele 1

USE D:\会计信息系统实习\kjkmb.dbf

go top

loca for kmdm=tt

if found( )

thisform.text2.value=kmmc

thisform.text3.value=qcfx

thisform.text4.value=qcje

thisform.text5.value=jffse

thisform.text6.value=dffse

if lbpd=1

thisform.text7.value=qcje+jffse-dffse

else

thisform.text7.value=qcje+dffse-jffse

endif

else

=messagebox("无此会计科目代码,请重新输入",'信息窗口')

endif

thisform.refresh

（2）Command2 的 Click 代码

thisform.release

【实验步骤与指导】

1.登录表单

VFP6→文件→新建→表单→新建文件,命名为:登录表单.scx,并保存在前述文件夹中→根据图11-3,该表单建立3个标签,3个文本框,两个命令按钮。完成后,选中相应的控件，单击右键，选择属性，进行相应的属性设置。其中表单的Caption为：登录表单，在Ico属性中更换图标；Label1的Caption为：请输入账套号；Label2的Caption为：用户名；Label3的Caption为：口令；Command1的Caption：确定；Command2的Caption：取消。所有控件的字体大小均为9号（微课视频：11-2.MP4）。

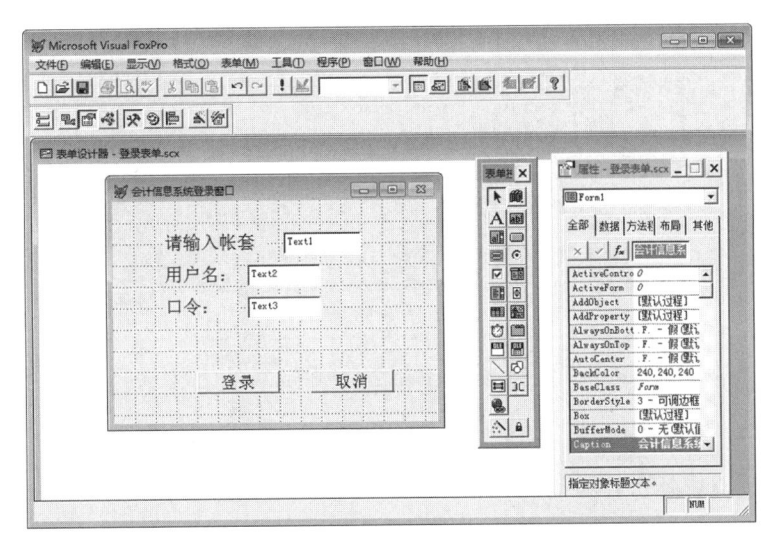

图11-3　登录表单

在表单空白处，单击右键→代码→对象选择Form1，过程选择Load，如图11-4所示，根据资料，输入相应的程序代码。

图11-4　表单的load过程

同理,对象选择Command1,过程选择Click,根据资料,输入相应的程序代码,如图11-5所示。

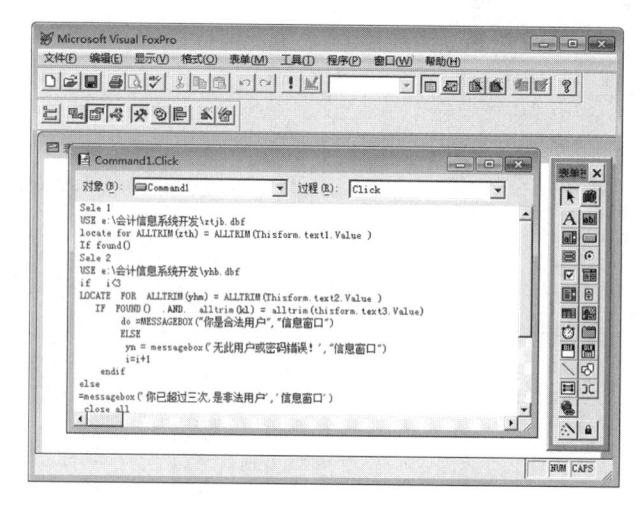

图 11-5　Command1 的 Click 事件

类似地,对象选择Command2,过程选择Click,输入thisform.release.并保存。完成后,执行表单,检查是否存在运行错误。

2.用户管理表单

VFP6→文件→新建→表单→新建文件,命名为:用户管理.scx,并保存在前述文件夹中→根据图11-6,该表单建立3个标签,3个文本框,3个命令按钮。完成后,选中相应的控件,单击右键,选择属性,进行相应的属性设置。其中表单的Caption为:用户管理,在Ico属性中更换图标;Label1的Caption为:用户名;Label2的Caption为:口令;Label3的Caption为:用户类型;Command1的Caption:增加;Command2的Caption:删除;Command3的Caption:退出。所有控件的字体大小(Fontsize)均为9号.

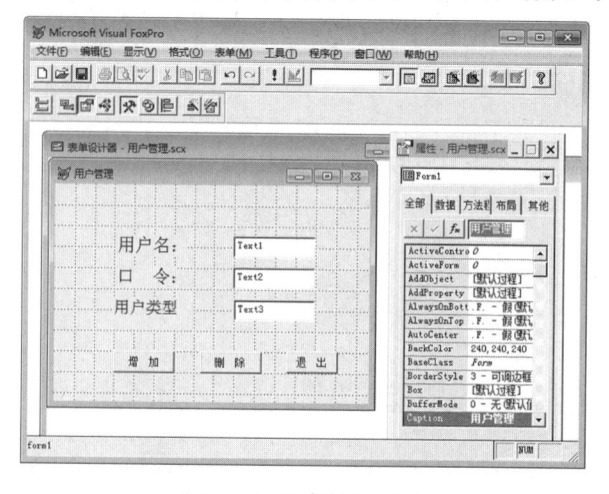

图 11-6　用户管理表单

Command1、Command2、Command3 的 Click 事件代码输入同前类似，不再复述。

3. 系统说明表单

VFP6→文件→新建→表单→新建文件，命名为：系统说明.scx，并保存在前述文件夹中→根据图 11-7，该表单建立 2 个标签。完成后，选中相应的控件，单击右键，选择属性，进行相应的属性设置。其中表单的 Caption 为：系统说明，在 Ico 属性中更换图标；Label1 的 Caption 为：本系统是简易账务系统 1.0 版；用户名；Label2 的 Caption 为：西南大学《会计信息系统实验教材》编写组；Label1 字体大小（Fontsize）：16 号；Label2 字体大小（Fontsize）：12 号。

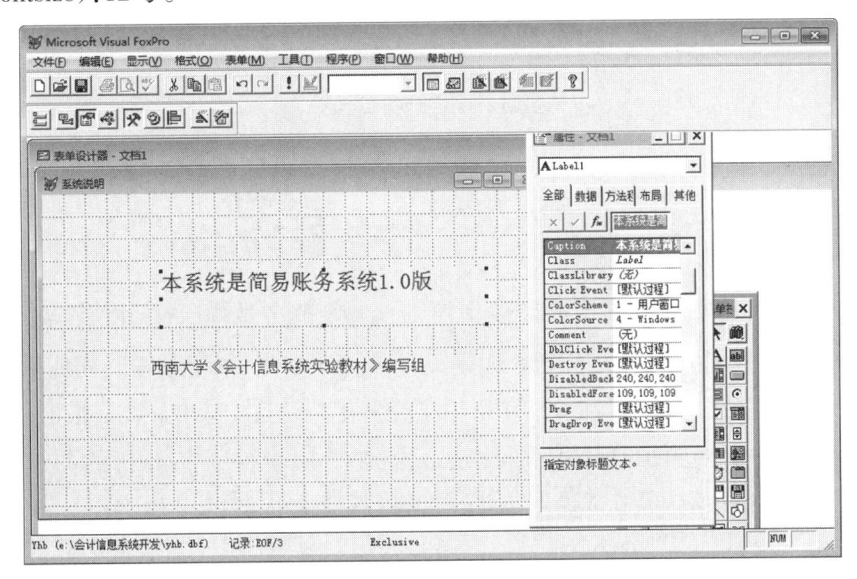

图 11-7　系统说明

4. 注销表单

与登录表单完全相同，不再复述。

5. 会计科目维护表单

VFP6→文件→新建→表单→新建文件，命名为：会计科目维护.scx，并保存在前述文件夹中→根据图 11-8，该表单建立 5 个标签，1 个列表框，1 个组合框，3 个命令控件。完成后，选中相应的控件，单击右键，选择属性，进行相应的属性设置。其中表单的 Caption 为：会计科目维护，在 Ico 属性中更换图标；Label1 的 Caption 为：科目代码；Label2 的 Caption 为：科目名称；Label3 的 Caption 为：余额方向；Label4 的 Caption 为：是否数据核算；Label5 的 Caption 为：计量单位；所有标签的字体大小（Fontsize）：12 号；Command1 的 Caption：保存；Command2 的 Caption：保存并新增；Command3 的 Caption：退出。所有 Commad 字体大小（Fontsize）：11 号。

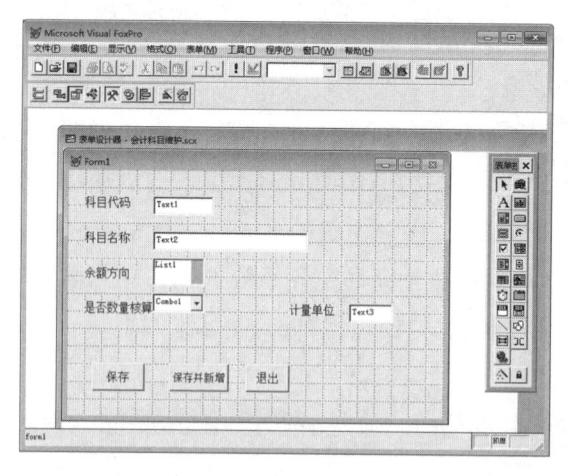

图 11-8　会计科目维护

Command1、Command2、Command3 的 Click 事件代码见实验资料,输入操作同前类似,不再复述。

6.账务选项表单

VFP6→文件→新建→表单→新建文件,命名为:账务选项.scx,并保存在前述文件夹中→根据图 11-9,该表单建立 3 个标签,3 个复选框,3 个命令控件。完成后,选中相应的控件,单击右键,选择属性,进行相应的属性设置。其中表单的 Caption 为:账务选项,在 Ico 属性中更换图标;Label1 的 Caption 为:制单序时控制;Label2 的 Caption 为:用户类型控制;Label3 的 Caption 为:凭证自动编号;所有标签的字体大小(Fontsize):12号;Command1 的 Caption:编辑;Command2 的 Caption:确定;Command3 的 Caption:退出。所有 Commad 字体大小(Fontsize):11号。

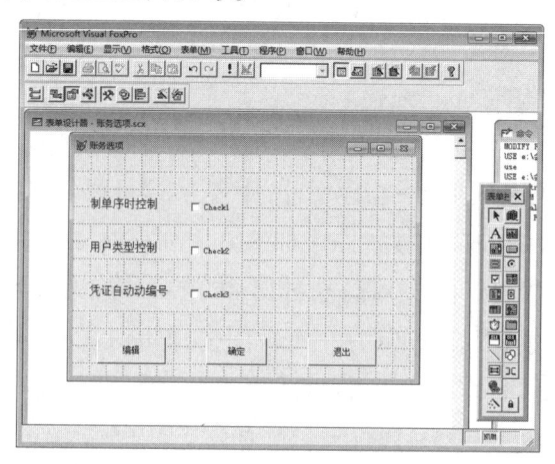

图 11-9　账务选项

Command1、Command2、Command3 的 Click 事件代码输入操作同前类似,不再复述。

7.期初余额录入表单

VFP6→文件→新建→表单→新建文件,命名为:期初余额录入.scx,并保存在前述文件夹中→根据图11-10,该表单1个表格控件,3个命令控件。完成后,选中相应的控件,单击右键,选择属性,进行相应的属性设置(如图11-11)。其中表单的Caption为:期初余额录入,在Ico属性中更换图标;Command1的Caption:修改;Command2的Caption:保存;Command3的Caption:退出。所有Commad字体大小(Fontsize):11号(微课视频:11-3.MP4)。

11-3

图11-10 新增表格控件和命令按钮

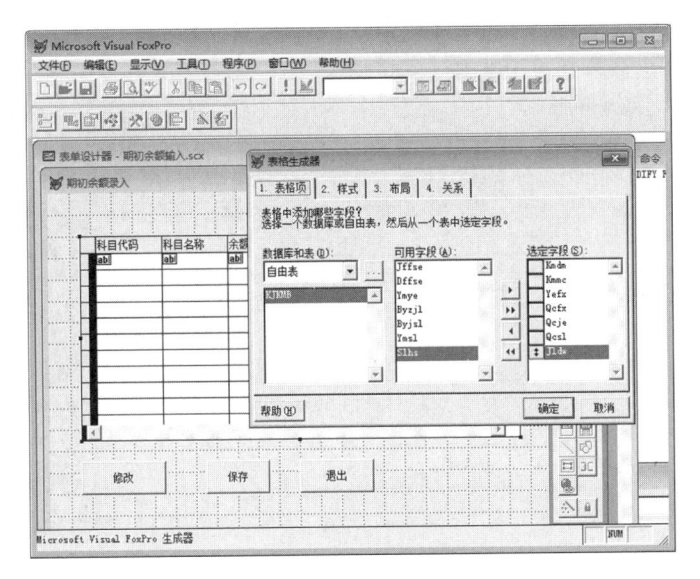

图11-11 表格项设置

选中表格控件,单击右键,选择生成器,如图所示,数据库和表中,选择 kjkmb.dbf,将 kmdm、kmmc、yefx、qcfx、qcje、qcsl、jldw 选入选定字段中,然后单击布局,如图 11-12 所示,将标题进行相应修改,分别为科目代码、科目名称、余额方向、期初方向、期初余额、期初数量、计量单位。

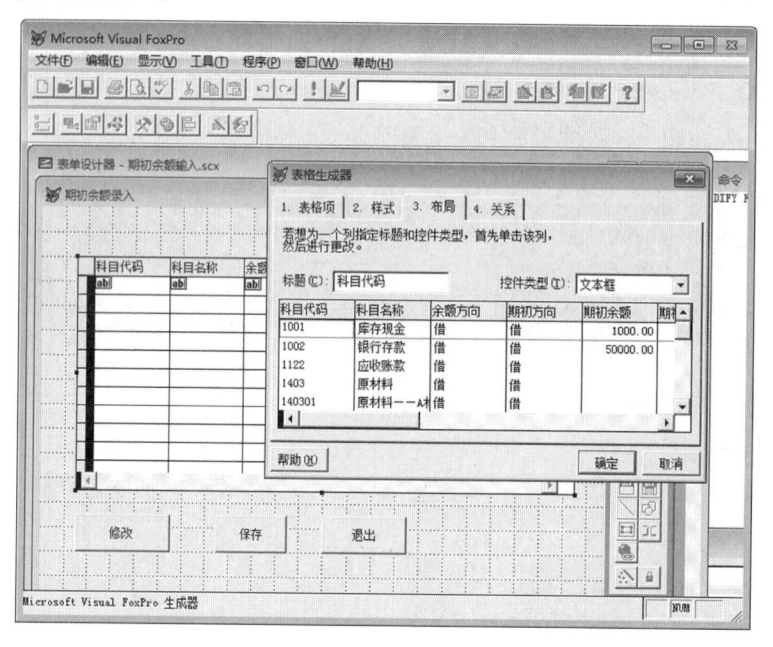

图 11-12 布局设置

单击确定,调整表格边界,得到图 11-13。

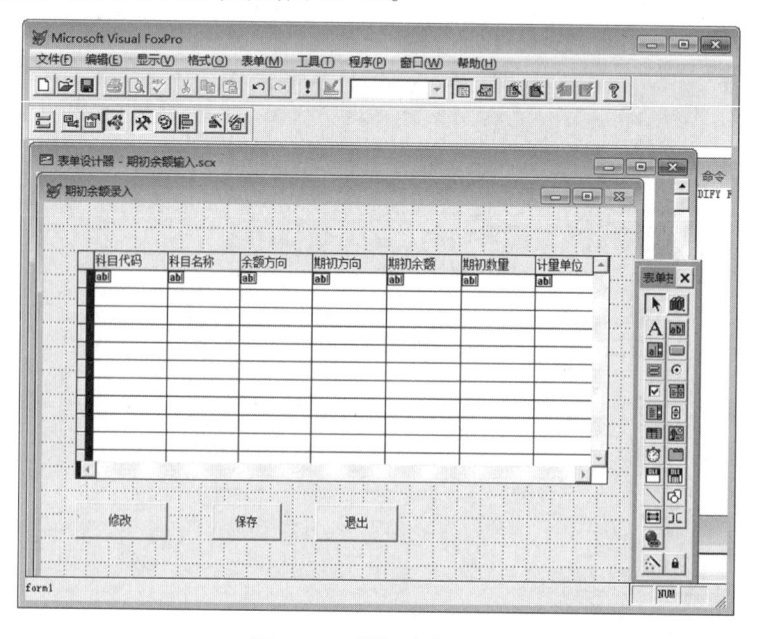

图 11-13 期初余额录入

表单的 Init 过程代码,以及 Command1、Command2、Command3 的 Click 事件代码见前述实验资料,输入操作同前类似,不再复述。

8.期初试算平衡表单

VFP6→文件→新建→表单→新建文件,命名为:期初试算平衡.scx,并保存在前述文件夹中→根据图 11-14,为该表单增加 1 个标签,2 个命令控件。完成后,选中相应的控件,单击右键,选择属性,进行相应的属性设置。其中表单的 Caption 为:期初试算平衡,在 Ico 属性中更换图标;Label1 的 Caption 为:期初试算平衡是会计初始化工作的重要环节之一,是检验期初余额是否存在错误的方法之一;Label1 的 WordWrap 属性设为"T";Command1 的 Caption:试算平衡测试;Command2 的 Caption:退出。所有 Commad 字体大小(Fontsize):11 号。

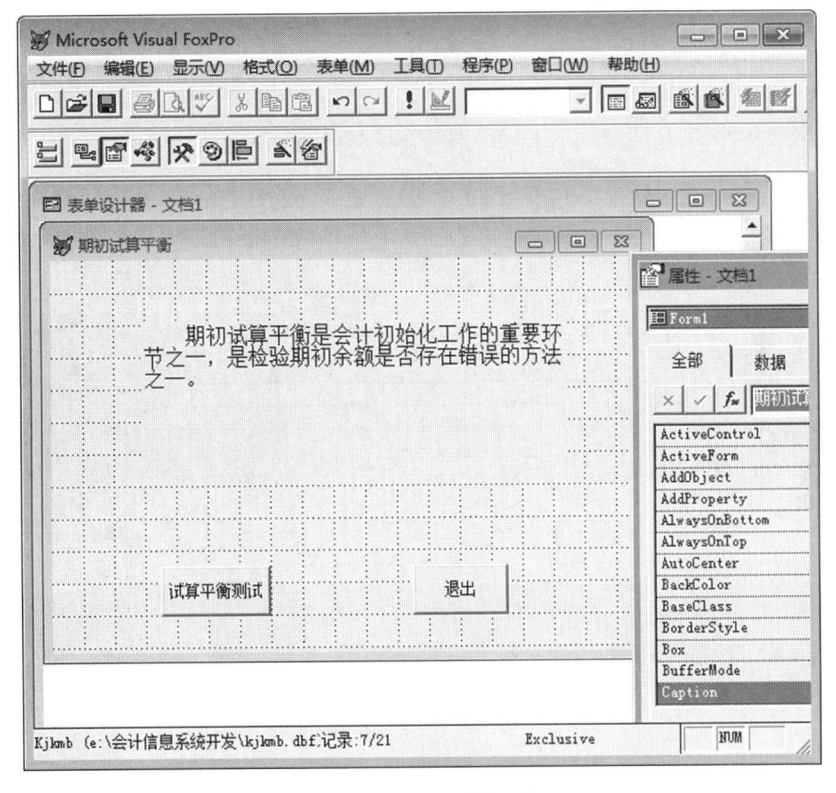

图 11-14 期初试算平衡

表单的 Command1 和 Command2 的 Click 事件代码见前述实验资料,输入操作同前类似,不再复述。

9.填制凭证表单

VFP6→文件→新建→表单→新建文件,命名为:填制凭证.scx,并保存在前述文件夹中→根据图 11-15,为该表单增加 9 个标签、3 个命令控件、1 个组合框和 1 个表格控件。完成后,选中相应的控件,单击右键,选择属性,进行相应的属性设置。其中表单的 Caption 为:填制凭证,在 Ico 属性中更换图标;Label1 的 Caption 为:记账凭证;Label2 至 Label9 的 Caption 为分别为凭证字、日期、凭证编号、附件张数、记账人、审核、出纳、制单;Command1 至 Command2 的 Caption 分别为:增加、保存、退出。所有 Commad 字体大小(Fontsize):10 号。Combo1 的 Rowsourcetype 属性设为值,Rowsource 属性为:收,付,转。

  选中表格控件,单击右键,选择生成器,在数据库和表中,选择 lspzb.dbf,将 zy、kmdm、kmmc、jfje、dfje 选入选定字段中,然后单击布局,将标题进行相应修改,分别修改为摘要、科目代码、科目名称、借方金额、贷方金额。完成后,退出生成器。

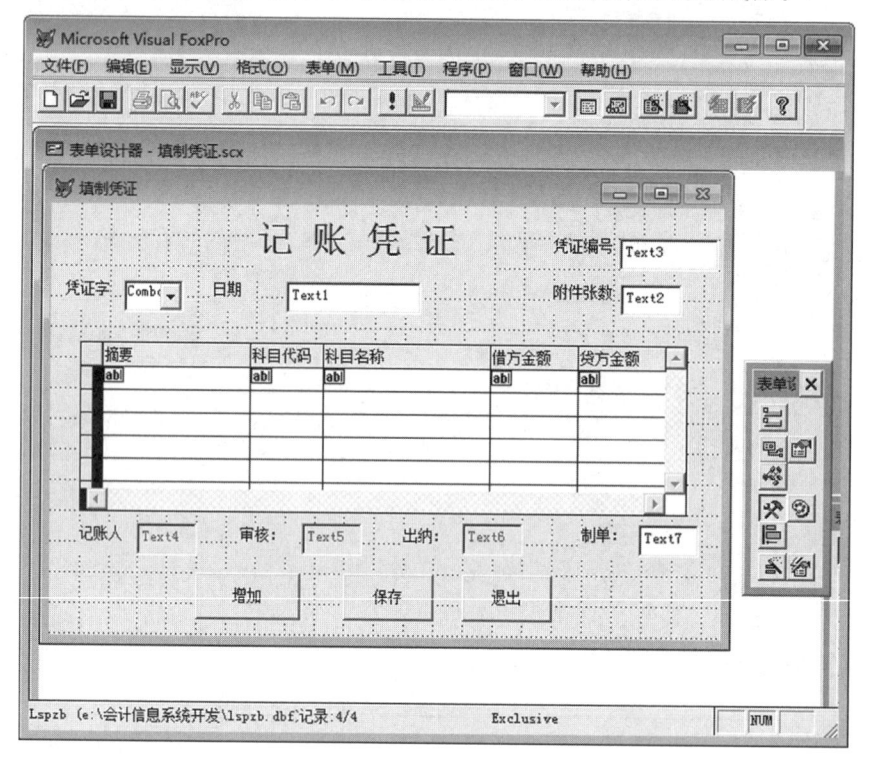

图 11-15 填制凭证

  表单 Init、load 的代码,Text1 的 Lostfocus 代码,以及 Command1 至 Command3 的 Click 事件代码见前述实验资料,输入操作同前类似,不再复述。

10.出纳签字表单

  VFP6→文件→打开→表单→选择→填制凭证.scx→文件菜单项中,选择另存为,表单文件名为出纳签字,保存在相应文件夹中→根据图 11-16,再增加 2 个命令控件,分别为 Command4 和 Command5。Command1 至 Command5 的 Caption 分别改为:出纳签字、取消签字、退出、上一张、下一张。

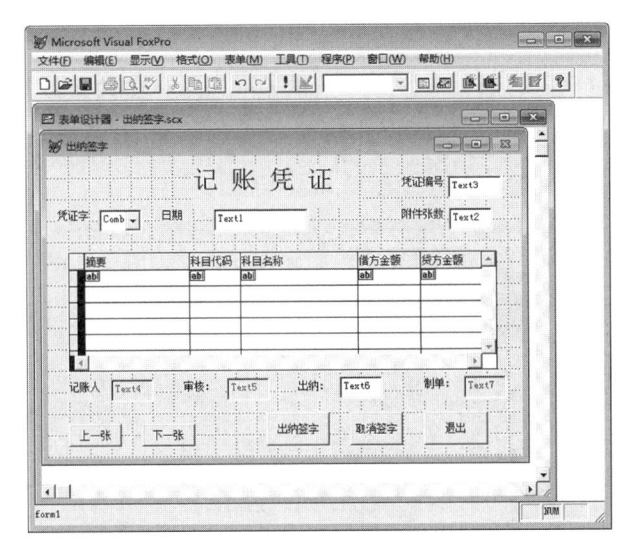

图 11-16　出纳签字

表单 Init、Load 的代码，以及 Command1 至 Command5 的 Click 事件代码见前述实验资料，输入操作同前类似，不再复述。

11.审核表单

VFP6→文件→打开→表单→选择→出纳签字.scx→文件菜单项中，选择另存为，表单文件名为审核凭证.scx，保存在相应文件夹中→根据图 11-17，将 Command1 至 Command2 的 Caption 分别改为：审核、弃审。

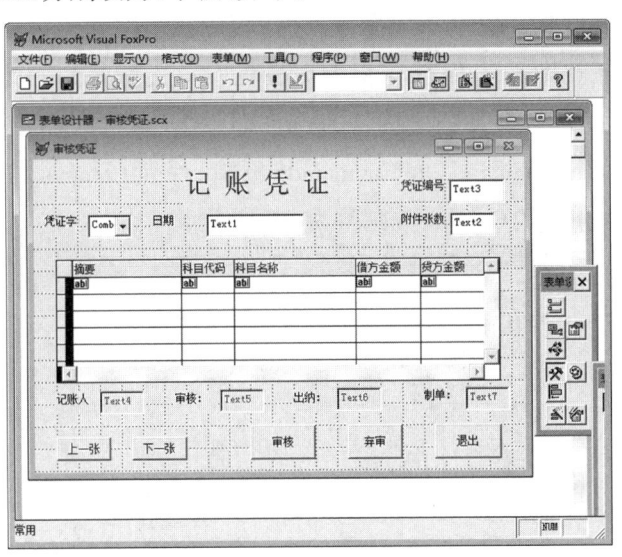

图 11-17　审核凭证

表单 Init、Load 的代码，以及 Command1 至 Command5 的 Click 事件代码见前述实验资料，输入操作同前类似，不再复述。

· 289 ·

12.记账表单

VFP6→文件→打开→表单→选择→出纳签字.scx→文件菜单项中,选择另存为,表单文件名为凭证记账1.scx,保存在相应文件夹中→根据图11-18,将Command1至Command2的Caption分别改为:单账记账、取消记账。

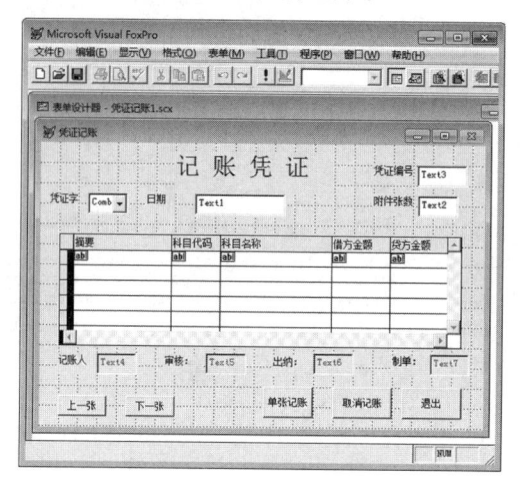

图11-18 凭证记账

表单Init、Load的代码,以及Command1至Command5的Click事件代码见前述实验资料,输入操作同前类似,不再复述。

13.凭证查询表单

VFP6→文件→打开→表单→选择→出纳签字.scx→文件菜单项中,选择另存为,表单文件名为凭证查询.scx,保存在相应文件夹中→根据图11-19,增加1个文本框text8、增加1个标签label10,将新增标签的Caption设为:请输入你要查询的凭证号;将表单中的Command3、Command4和Command5删除,保留Command1和Command2,将Command1至Command2的Caption分别改为:查询、退出。

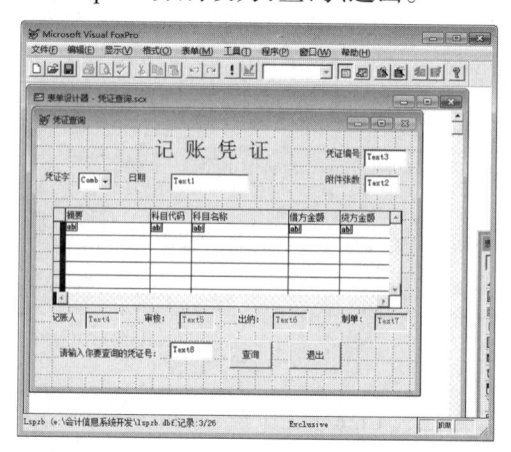

图11-19 凭证查询

表单 Init、Load 的代码,以及 Command1 至 Command2 的 Click 事件代码见前述实验资料,输入操作同前类似,不再复述。

14.分类账查询表单

VFP6→文件→新建→表单→新建文件,命名为:分类账查询.scx,并保存在前述文件夹中→根据图 11-20,为该表单增加 7 个标签,2 个命令控件,以及 7 个文本框。完成后,选中相应的控件,单击右键,选择属性,进行相应的属性设置。其中表单的 Caption 为:分类账查询,在 Ico 属性中更换图标;Label1 至 Label7 的 Caption 分别为:请输入会计科目代码、科目名称、期初方向、期初余额、借方发生额、贷方发生额、月末余额;Command1 的 Caption:确定;Command2 的 Caption:退出。所有 Commad 字体大小(Fontsize):11 号。

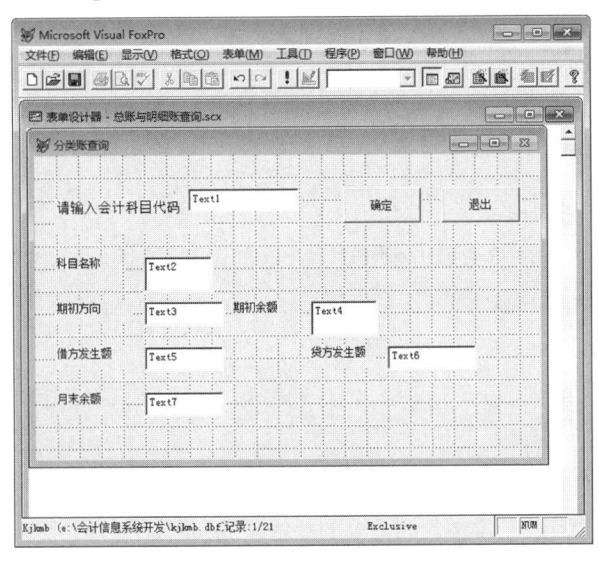

图 11-20 分类账查询

Command1 至 Command2 的 Click 事件代码见前述实验资料,输入操作同前类似,不再复述。

实验三 菜单设计与主程序生成

【实验内容】

1.新建菜单

2.美化菜单

3.运行主程序并打包

【实验资料】

1.菜单目录

简易账务系统主菜单

表11-12

系统管理	初始维护	凭证管理	账表查询
用户维护	会计科目维护	填制凭证	凭证查询
系统说明	系统选项	出纳签字	分类账查询
注销	初始余额录入	审核凭证	
退出	初始试算平衡	记账	

2.美化菜单代码

SET SYSMENU OFF

SET SYSMENU TO

_SCREEN.CLOSABLE=.F.

_SCREEN.PICTURE='CLOUDS.BMP'

_SCREEN.IcoN='CHAP5.Ico'

_SCREEN.Caption='简易账务处理系统'

【实验步骤与指导】

1.新建系统的主菜单

VFP6→文件→新建→菜单→新建文件,命名为:简易账务处理系统.mnx,并保存在前述文件夹中→根据图11-21,分别输入相关的主菜单名→完成后,选择相应的子菜单→创建→根据资料创建相应的子菜单,如图11-22所示,其他子菜单创建重复操作即可(微课视频:11-4.MP4)。

11-4

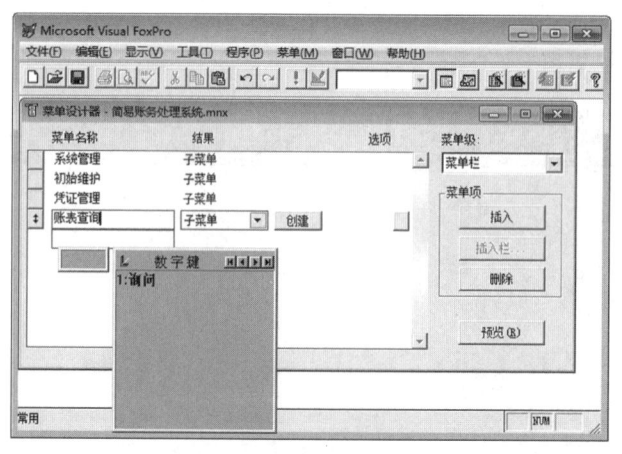

图11-21 菜单构建

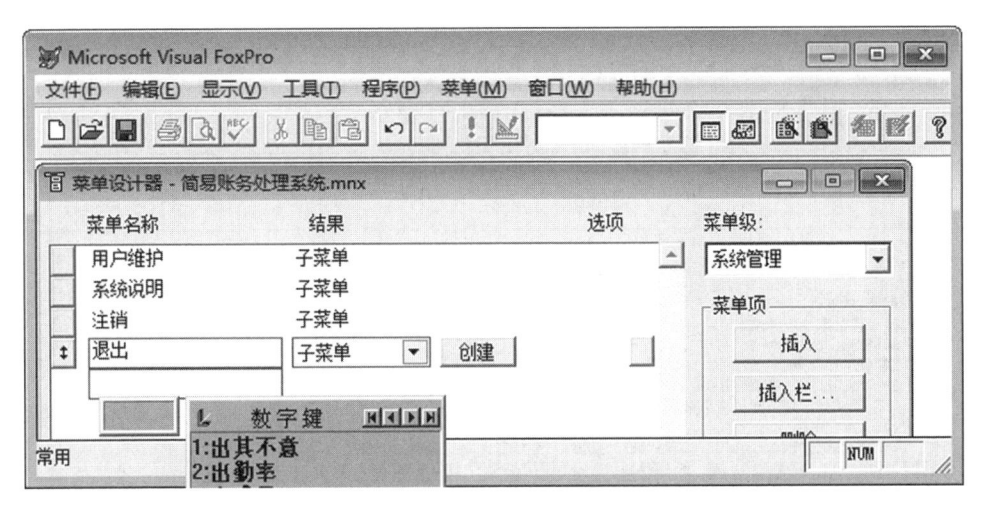

图11-22 子菜单创建

完成后,将各子菜单的选项结果分别选择为命令,据此选择对应的表单,输入相应的命令,如"用户维护"选项的命令为DO FORM D:\会计信息系统实习\用户管理.scx。(如图11-23)

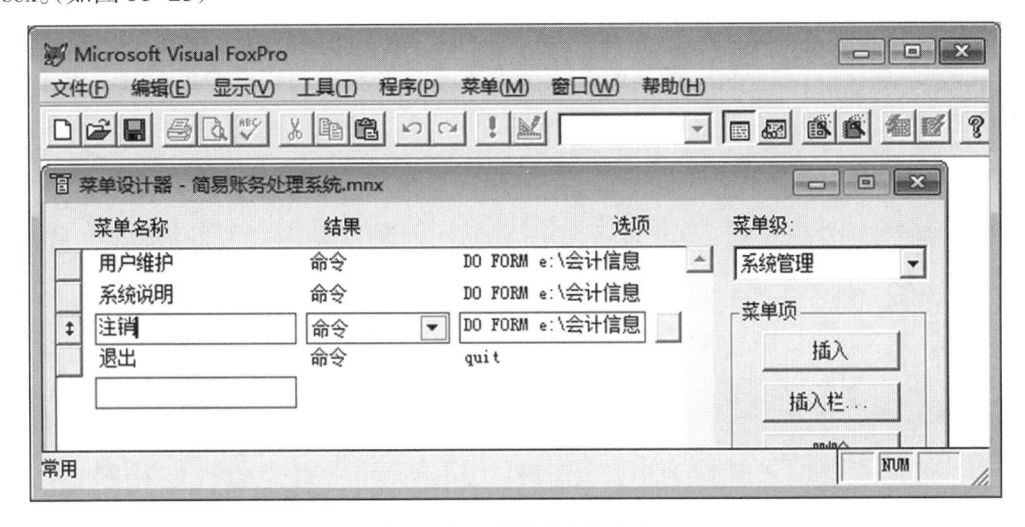

图11-23 创建对应的命令

2.美化该主菜单

VFP6→文件→打开→菜单→简易账务处理系统.mnx→选择"菜单"→生成→输入文件的命名为简易账务处理系统.mpr→文件→打开→选择程序→打开简易账务处理系统.mpr→根据资料添加相应的程序代码,如图11-24所示。分别找1张背景图片和图标文件,分别命名为clouds.bmp、chap5.ico,并拷贝到本地文件夹D:\会计信息系统实习中。

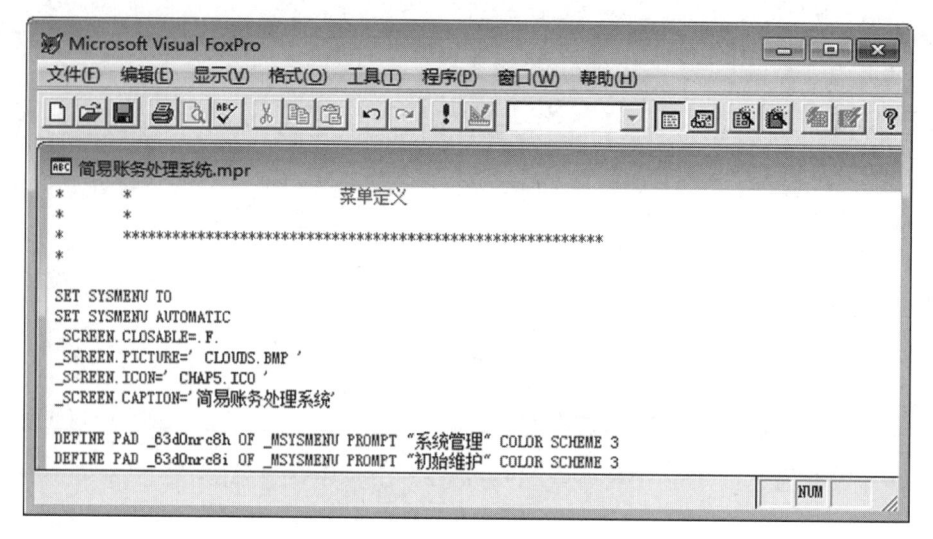

图 11-24　主程序

3.运行主程序并打包

VFP6→文件→打开→选择程序→打开简易账务处理系统.mpr→程序→运行,检查是否存在运行错误并修改。完成后,利用专业版 VF 进行打包,生成安装程序。

说明:数据库、表单及主程序的生成与发布亦可以利用 FOXPRO 提供的项目管理器实现,受篇幅限制,不再赘述。

参考文献

1. 王新玲,汪刚.会计信息系统实验教程(第2版)[M].北京:清华大学出版社,2019.
2. 唐建.会计信息系统[M].北京:科学出版社,2016.
3. 惠楠,李冬梅,陈晨.用友ERP财务与成本管理实务[M].北京:清华大学出版社,2018.
4. 李俊德.Visual Foxpro 6.0入门与应用实例[M].北京:清华大学出版社,2001.
5. 张贵仓.会计软件实务教程[M].西安:西安电子科技大学出版社,2001.
6. 李湘琳,傅仕伟.供应链管理系统实验教程[M].北京:清华大学出版社,2010.